U0051400

ISBN:978-986-6431-51-7

執著離念靈知心爲實相心而不肯捨棄者，即是畏懼解脫境界者，即是畏懼無我境界者，即是凡夫之人。謂離念靈知心正是意識心故，若離**俱有依**（意根、法塵、五色根），即不能現起故；若離**因緣**（如來藏所執持之覺知心種子），即不能現起故；復於眠熟位、滅盡定位、無想定位（含無想天中）、正死位、悶絕位等五位中，必定斷滅故。夜夜眠熟斷滅已，必須依於**因緣**、**俱有依緣**等法，方能再於次晨重新現起故；夜夜斷滅後，已無離念靈知心存在，成爲無法，無法則不能再自己現起故；由是故言**離念靈知心是緣起法**、**是生滅法**。不能現觀離念靈知心是緣起法者，即是未斷我見之凡夫；不願斷除**離念靈知心常住不壞之見解**者，即是恐懼解脫無我境界者，當知即是凡夫。

—**平實導師**—

一切誤計**意識心為常**者，皆是佛門中之常見外道，皆是凡夫之屬。意識心境界，依層次高低，可略分爲十：一、處於欲界中，常與五欲相觸之離念靈知；二、未到初禪地之未到地定中，暗無覺知而不與欲界五塵相觸之離念靈知，常處於不明白一切境界之暗昧狀態中之離念靈知；三、住於初禪等至定境中，不與香塵、味塵相觸之離念靈知；四、住於二禪等至定境中，不與五塵相觸之離念靈知；五、住於三禪等至定境中，不與五塵相觸之離念靈知；六、住於四禪等至定境中，不與五塵相觸之離念靈知；七、住於空無邊處等至定境中，不與五塵相觸之離念靈知；八、住於識無邊處等至定境中，不與五塵相觸之離念靈知；九、住於無所有處等至定境中，不與五塵相觸之離念靈知；十、住於非想非非想處等至定境中，不與五塵相觸之離念靈知。如是十種境界相中之覺知心，皆是意識心，計此爲常者，皆屬常見外道所知所見，名爲佛門中之常見外道，不因身現出家相、在家相而有不同。

——**平實導師**——

如聖教所言，成佛之道以親證阿賴耶識心體（如來藏）爲因，《華嚴經》亦說**證得阿賴耶識者獲得本覺智**，則可證實：證得阿賴耶識者方是大乘宗門之開悟者，方是大乘佛菩提之眞見道者。經中、論中又說：證得阿賴耶識而轉依**識上所顯真實性**、**如如性**，能安忍而不退失者即是**證真如**、即是大乘賢聖，在二乘法解脫道中至少爲初果聖人。由此聖教，當知親證阿賴耶識而確認不疑時即是開悟眞見道也；除此以外，別無大乘宗門之眞見道。若別以他法作爲大乘見道者，或堅執**離念靈知**亦是實相心者（堅持意識覺知心離念時亦可作爲明心見道者），則成爲實相般若之見道內涵有多種，則成爲實相有多種，則違實相絕待之聖教也！故知宗門之悟唯有一種：親證第八識如來藏而轉依如來藏所顯眞如性，除此別無悟處。此理正眞，放諸往世、後世亦皆準，無人能否定之，則堅持離念靈知意識心是眞心者，其言誠屬妄語也。

——**平實導師**——

目次

第二輯：

第三輯：

第七輯：

第八輯：

第九輯：

自序

《金剛經》原名為《金剛般若波羅蜜經》，意為證得金剛不壞心而產生了實相智慧，由此智慧而到達無生無死彼岸底經典。本經是中國大乘佛法地區佛教徒中，家喻戶曉之大乘經典，在家居士及出家諸僧，多有人以本經作為日課而持誦不斷者。本經是將大品般若及小品般若的實相教理，濃縮成為一部文字較少而簡要的般若經典；若再將此經加以濃縮，則成為二百餘字的極精簡經典，即是大眾耳熟能詳的《心經》，如是亦可證知本經所說的內涵是金剛心，並非解說一切法空。以此金剛心如來藏的實證，能使人看見本來就無生無死的解脫彼岸，由此實證而發起本來自性清淨涅槃的智慧。有了這個無生無死的本來自性清淨涅槃的現觀，知道阿羅漢們捨壽入了無餘涅槃中的境界以後，再現觀此時猶未捨壽之際，自己與眾生的金剛心如來藏，依舊不改其本來自性清淨涅槃的境界，那麼死後入無餘涅槃或不入無餘涅槃，就無所差別了。菩薩因為如是實證、如是現觀，因此發起大悲心，願意盡未來際不入無餘涅槃，願意盡未來際利樂眾生永無窮盡，不辭勞苦。

然而《金剛經》之宗義，漸至末法時期，由於六識論的凡夫臆想中觀流行於世，同將本經解釋爲一切法空之說，致使本經中所說的第八識金剛心密意全面失傳；縱使有善知識繼出於人間，欲將本經之眞實義廣爲弘傳，亦屬難以達成之目標。由是緣故，必須先將禪宗之開悟實證法門推廣，眾皆信有開悟之事，亦信自身可能有緣開悟，然後教以禪宗之開悟即是親證第八識如來藏妙心之眞義，最後方得以本經之宗義如實闡揚，令大眾周知本經中所說「此經」者，實即第八識金剛心如來藏。然後依金剛心如來藏之清淨自性、離世間相自性、離出世間相自性、離三界六道自性……等，一一鋪陳敷演，得令已證金剛心之大眾隨聞入觀，一一現前證實 佛之所說誠屬眞實語；亦令未證金剛心之大眾歡喜信受，願意盡形壽求證之，以期得入大乘見道位中，眞成實義菩薩。以是緣故，應當講授本經，如實顯示本經之眞實義。

又，《金剛經》屬於破相顯宗之經典，是故講解本經時，除了顯宗以外，亦應同時摧破各種邪見相，令今世後世一切眞正學佛之人，讀後快速遠離各種外道常見、斷見相，亦得同時遠離各種佛門凡夫相。以是緣故，講解本經時，必須於顯示大乘自宗勝法時，同時破斥各種外道相及凡夫相，方能使聞此經典眞實義者同獲大利；由此顯宗同時破相之故，永離無因唯緣論的緣起性空、一切法空邪見，則此一世實證大乘般若實智即有可能。

又，若能如實理解本經中之眞實義，則能深入證實「宗、教不離」之正理，由是得以藉教驗宗、藉宗通教，漸次成就宗通與說通之自利利他功德，非唯自通得以自利而已。從此以後即能爲人解說宗門與教門非一非異之理，則人間有緣眾生即得大利，不久即得因如是善知識之弘化而得實證大乘般若，是故應當講授本經，並應於顯宗之際同時破相，令末法時代佛門四眾同得法利。

又因本經所說皆是直指金剛心之本來涅槃境界，然而未證金剛心之凡夫位菩薩，雖讀而不能現觀金剛心之本來解脫境界，於是不免臆想分別而產生偏差，終究無法如實理解本經中的 世尊意旨。爲救此弊，乃出之以宗通之方式而爲大眾講授，是故名之爲《金剛經宗通》；即以各段經文中與中國禪宗互有關聯之公案等，附於每一段經文解說之後說之，藉以引生讀者未來見道而實證《金剛經》宗義之因緣，是故即以宗通方式而作講授。復次，以《金剛經宗通》爲名而講授本經者，亦因鑑於明朝曾鳳儀居士所講《金剛經宗通》並不符實，顯違佛門宗通之智慧，後人讀之難免爲其所誤，以是緣故，亦應於經文中與其有關之處加以拈提，條分縷析而令佛門四眾了知其錯謬所在，不復以其錯謬之宗通註解作爲依止，後日參究眞如本心時，庶能遠離偏斜，則親證本經宗旨即有可能，是故即採宗通方式講授之。今者《金剛經宗通》之錄音已整理成文字，並已略加潤色，刪除口語中重複之贅言，總共達到一百三十餘萬言；今已將之編輯成書，總有九冊，仍以成本價流通之，以利當代學人；即以如是感言及緣起之說明，以爲序言。

佛子 **平實** 謹序

公元二〇一一年初冬 於竹桂山居

第八輯：

《金剛般若波羅蜜經》

〈了身非相分〉第二十六（上承第七輯未完內容）

接下來引述《佛祖綱目》卷三：【世尊因靈山會上五千比丘得四禪定、具五神通，未得法忍；以宿命智通，各各自見殺父、害母及諸重罪，於自心內各各懷疑，於甚深法不能證入；於是文殊承佛神力，遂手握利劍，持逼如來。世尊乃謂文殊曰：「住！住！不應作逆，勿得害『吾』。『吾』必被害，為善被害。文殊師利！爾從本已來無有我、人，但以內心見有我、人，內心起時，『我』必被害，即名為害。」於是五百比丘自悟本心，如夢如幻；於夢幻中無有我、人乃至能生、所生、父、母。於是五百比丘同讚嘆曰：「文殊大智士，深達法源底；自手握利劍，持逼如來身。如劍佛亦爾，一相無有二；無相無所生，是中云何殺？」】眞的不知道要怎麼殺啦！

有一天 世尊因爲靈山會上說法的時候，看見五千位比丘（編案：依據所引經文應爲五百比丘，疑爲手民之誤）已經證得第四禪了，而且也發起了五神通了，可是他們一直都沒有辦法開悟，不曉得大乘的三三昧是什麼內容；因爲他們還沒有找到金剛心如來藏，所以「未得法忍」。這五千比丘因爲有四禪也有五神通，所以就使用宿命智通觀察往昔多劫以前的事情，想要找出自己爲何有障道因緣，導致今生已得四禪及五神通了，竟然還無法開悟實相妙法以致不能得忍。宿命通爲什麼又叫作宿命智？因爲這也是一種智慧，以禪定爲支持而發起能知宿命的智慧；是藉禪定力而經由智慧的了知發起神通，所以叫作宿命智通。這五千比丘以宿命通，各個看見自己在往昔多劫之中或者是殺父、或者是害母、或者有犯重罪；由於每一個人各自都有過去世所犯的重罪，所以自心之中就對自己無法起信，覺得自己是不可能開悟般若的愚人。因爲這個緣故，所以對於大乘法就無法悟入。

這個時候 文殊菩薩，由於 佛陀給他一個念頭，叫他要作一件事情；所以他就拿起一把劍，指向 佛陀一直進逼過來。各寺院彫刻的 文殊菩薩不是都手拿寶劍嗎？典故就是從這裡來的。他手握利劍，持逼 如來——指著 如

來而向 如來進逼過來，然後 如來就講話了。這就是說，師徒合演一齣無生法的戲，利益那些已得四禪及五神通而有往世惡業所以障道的菩薩們。如來就說：「停止啊！停止啊！你不要作逆事啊！不要害死『我』。」我故意把「吾」字用個雙引號括起來，因為一般人都誤以為 如來在這裡講的我是應身佛那個五蘊我。其實不是，是在說不要害死這個眞實『我』。可是下一句又說：「『吾』必被害。」這個『吾』又同時講五蘊了，說：「『我』這個五蘊一定會被害。『我』這個五蘊為什麼被害？因為『為善』所以『被害』。」當你修學佛法是不是「為善」？是嘛！你修學佛法，總不可能是為惡；修學佛法目的就是要把自己抹脖子，把自己徹底殺掉；不但要殺一世，而且無量世都要殺掉；所以「為善被害」，一定會被害死。從另一個方向來說也眞的是「為善被害」，因為當眾生的五陰造作各種善事時，一定是為了求後世生天享福、求眷屬圓滿、求闔家平安等流轉生死的種種法，於是死後必然要再世世流轉不停；那麼眞實的「吾」就無法脫離三界生死流轉，豈不也是「為善被害」了嗎？

然後 佛陀接著說：「文殊師利啊！你的眞實『我』的境界之中，從本以來就沒有三界世間裡的『我』，也沒有三界世間所說的『人』；當你滅除無明你的智慧從你內心看見眞實『我』、眞實『人』的時候，當這個親見眞我的智慧從你內心現起的時候，這個三界世俗的五陰我、這個三界世俗的五陰人，一定會被害死，這就叫作『爲害』。」原來要害死的應該是這個五陰，不是要害死這個眞實如來，於是那五千比丘裡面的五百位比丘終於聽懂了，因此就悟得本心了！這時候從本心眞我來看世界、我、人等一切法，全都是如夢如幻；在如夢如幻當中看自己的五陰、一切有情的五陰，看起來根本不是眞實法，都是「一合相」，都是假合而成的，所以一切有情的五陰就沒有我也沒有別人的分別，乃至能生自己的父親、母親也都是假的，何曾有過去無量劫的眾生五陰被自己所害。由於這樣的開示而悟得眞我金剛心如來藏，再從如來藏的境界中作出這樣的現觀，於是眞的「害死」自己的三世五陰，也「害死」一切有情的三世五陰。所悟的佛法是甚深極甚深的實相妙法，當然是善法；悟了這個道理就是「爲善」，這樣「爲善」而使一切有情的五陰我「被害」，因爲全都不再認定自己或有情的五陰是眞實我了，全都否定了，所以說一切五陰全都被害死了，這當然是「爲善被害」；如此現觀實相理地，於是就生起了無生法忍。這時五百比丘就同聲讚歎說：「文殊菩薩眞是有大智慧的賢士，很深刻、很深入地通達了法的源底，對於一切法的根源以及一切法，都已經徹底究竟了，所以他以自己的手握著利劍來持逼如來之身。」

（編案：講經時所引述之文字係《佛祖綱目》所載，整理成書時補貼原文如下）《大寶積經》卷一〇五〈神通證說品〉：【爾時會中有五百菩薩，已得四禪成就五通；然是菩薩依禪坐起，雖未得法忍亦不誹謗。時諸菩薩宿命通故，自見往昔所行惡業，或殺父、殺母、殺阿羅漢，或毀佛寺、破塔、壞僧。彼等明見如是餘業，深生憂悔常不離心，於甚深法不能證入，我心分別，彼罪未忘，是故不能獲深法忍。

爾時世尊爲欲除彼五百菩薩分別心故，即以威神覺悟文殊師利；文殊師利承佛神力，從座而起，整理衣服偏袒右髆，手執利劍直趣世尊，欲行逆害；時佛遽告文殊師利言：「汝住！汝住！不應造逆，勿得害『我』。『我』必被害，爲善被害。何以故？文殊師利！從本已來無我、無人、無有丈夫，但是內心見有我、人；內心起時，彼已害我，即名爲害。」時諸菩薩聞佛說已，咸作是念：「一切諸法悉如幻化，是中無我、無人、無眾生、無壽命，無丈夫、無摩奴闍、無摩那婆，無父、無母、無阿羅漢，無佛、無法、無僧，無有是逆，無作逆者，豈有墮逆？所以者何？今此文殊師利聰明聖達智慧超倫，諸佛世尊稱讚此等已得無礙甚深法忍，已曾供養無量百千億那由他諸佛世尊，於諸佛法巧分別知，能說如是眞實之法，於諸如來等念恭敬；而忽提劍欲逼如來，世尊遽告：『且住！且住！文殊師利！汝無害我。若必害者，應當善害。』所以者何？是中若有一法和合集聚決定成就得名爲佛、名法、名僧，名父、名母、名阿羅漢定可取者，則不應盡。然而今此一切諸法無體無實，非有非眞，虛妄顚倒空如幻化；是故於中無人得罪，無罪可得，誰爲殺者而得受殃？」彼諸菩薩如是觀察明了，知已，即時獲得無生法忍。】

這就是佛法，也許你心裡想：「唉呀！文殊菩薩眞是大逆不道！」既然是大逆不道，爲什麼佛陀要叫他持劍逼迫如來呢？所以說，就如同持這一把劍一樣，佛陀也是這樣的。那麼持這一把劍這樣逼過來，跟佛陀自心如來是同樣的一相而沒有二相；既然都是沒有二相，同樣都是一相的無相，那麼這個自心如來就是無所生；這個無所生的眞我的法，你要怎麼能殺祂呢？

也許有人說：「奇怪！你怎麼會這樣講解？跟我師父講的不一樣。」如果我講的跟你以前追隨的師父講的一樣，就是依文解義，那你又何必來聽？你只要聽以前的師父說的就好了。不是嗎？一定是因爲我講的不同，不是依文解義，你才要來聽我講經說法；若是一模一樣的話，你聽過一遍也就夠了，還需要聽兩遍、三遍、四遍嗎？既然不論到哪裡聽經時所講的全都一樣，那你不斷地聽到耳朵長繭了，也不會有增長智慧的作用。所以眞實法就是這樣，眞實如來無可害，眞悟了金剛心而證解「此經」以後，要害死的是有身相的五陰；所以不論是誰，一旦證悟不退了，五陰必定被害。證得眞我而完成「爲善」的過程以後——譬如 文殊菩薩仗劍逼佛也是「爲善」；「爲善」而開悟，導致五陰我被害了以後，法身慧命就活轉過來，這時重新再來看這個五陰我的時候，又說五陰我永遠不會被殺死了；因爲你殺了這個五陰我，這個眞實如來又會再出生來世另一個五陰我，看你什麼時候殺得完？你永遠都殺不完。殺不完的人，就表示他是依止眞實如來的。依止眞實如來的人，就是已經殺完了五陰的賢聖——在無法殺完之中把五陰殺盡了。既然已經殺盡全部五陰，也沒有一個五陰被殺，所以『吾必被害』。「吾」被害了以後，「吾」又如何殺？所以一個「吾」是從理上講眞實如來，另一個「吾」是從事相上來講五陰我。

五陰我如果死不掉，老是認定識陰中的離念靈知或細意識是眞實我，就不可能找到眞實如來，法身慧命一定不可能出生，所以「我必被害」。可是當五陰我「被害」了以後，再也不認定五陰是眞實我了，遲早一定會找到眞實我金剛心，法身慧命就活過來了，於是「我」就不死。如果只聽到這兩句說：「吾必被害，害了以後吾即不死。」不能理解前面說的眞實理，光只聽到我說的這兩句，有人就會這樣說：「你講話七顚八倒！」其實不是，一個吾是事相的五陰身，另一個吾是法界體性的眞實如來。所以如果想要證悟般若，一定要死盡五陰。如果不肯死盡五陰，老是把識陰這個離念靈知或細意識抱得緊緊的，死也不肯放，根本就不肯死；既然認定這個識陰是常住法，就不可能再起心動念去尋找眞實如來，那要怎麼能開悟呢？所以一定要把寺院裡面的那個對聯給改過來，他們都說：「打得念頭死，許汝法身活。」我們要改過來：「打得五陰死，許汝法身活。」一定要把五陰給打死，如果老是把離念靈知、細意識抱得緊緊地，死也不肯自我否認，永遠無法脫離五陰的侷限，那就永遠都會落在五陰中；五陰不死，眞實如來就找不到，法身慧命就無從出生。

你們看，人家這五百比丘好大的福報，親值 如來，又有 文殊菩薩這樣的大士爲他們表演一場無生大戲。但是他們悟入時的條件與水準也很高。因爲他們的水準或條件很高，個個都已證得第四禪，又各有五神通，佛陀才幫他們悟入。如果我也規定這樣的條件，那你們要怎麼辦？且不說規定那麼多，也不要神通，只規定說：「你們得要先證得初禪，我才要幫你們開悟。」那我們正覺可就要關門了！因爲你們看看現在的佛教界大師們，有哪個人是證得初禪的？一個也無。打從台灣有佛教以來，就沒有找到過一個有初禪的人。你要是不信，去找找看；看到有誰說他有初禪的，拿他的證境來，咱們核計核計看看；如果眞的有，我就改口。可是我所看見的，打從台灣有佛教以來，沒有看過哪個善知識，不管他寫說他有初禪或者口中講有初禪，其實都沒有，全都是誤會了。

因此，我們教大家修學無相念佛，轉成看話頭的功夫；我們只規定要有動中看話頭的純熟功夫，有這種動中的未到地定功夫就行了。如果要規定先證得初禪的條件，我看大乘了義法就無法傳下去了。所以他們五百比丘的條件很高，那就由 佛來幫他們開悟，由 文殊菩薩配合演出而幫他們開悟。我開出來的條件不需要那麼高，只需要有無相念佛及看話頭的功夫，也有努力護法的廣大福德了，我就來幫你們悟；悟後轉依金剛心成功了，將來正覺寺建好了（我們還繼續在進行中，過一段時間若有好消息再跟諸位報告），那時候再開始講禪定的實證方法與原理。但是大家現在可以開始練練腿功，所以來聽經時，把腿盤一盤，練一下腿功；單盤盤一盤，拉不到大腿跟，就放到大腿上也可以；若拉不到大腿上面來，放在小腿上也可以；腳痠了就換腿，一直換，隨時換沒有關係，先把腿功隨緣練一練。

我們台北第三講堂供著 文殊、普賢，以後正覺寺建好的時候也要供 文殊與普賢聖像。如今聽過這一段說法，將來看見 文殊菩薩的時候，就不會訝異地想：「奇怪！菩薩那麼慈悲，為什麼還拿著一把劍？」看見 文殊菩薩手中那一把劍，要知道那一把劍是斬斷人家的無始無明煩惱，是幫人家證無生法忍的，是幫人家見道開悟的。等到你悟了，你也同樣會使那一把劍，這才是眞實佛法。當你會使這一把劍的時候，你就有法界體性智了。你有法界體性智的時候，就敢拍胸脯說：「這個法界體性遍十方三世，無一處不在。」否則的話，要學著人家這樣講的時候，只好心裡面虛虛地小聲講（平實導師以微小聲音表演說）：「遍十方三世，無處不在。」心裡就會虛虛地啊！可是當你會耍這一把劍的時候，你就能夠講得理直氣壯。不必大聲呼叫，但是講出來時就會理直氣壯；因爲從實際理地，你的觀察確實是如此。所以一定要知道五陰身虛妄，那三十二大人相，八十種隨形好，也是爲了愛看表相的眾生而施設的；爲了那些眾生喜歡看表相，也爲菩薩們顯示佛地的福德圓滿，所以諸佛如是示現。應身佛的身相雖有不同，可是眞實如來無種種相，只是一味實相無相。當你入了門就不看應身佛這個三十二大人相，所見莫非眞實如來，所見都是無相；然而無相之中卻無妨萬象崢嶸，森羅萬象都從無相法中出生，所以說：「有爲法住無爲法中。」因爲有爲法從來不能外於無爲法而存在，無爲法就是如來藏。

再來看〈了身非相分〉理說的第三個部分，《大寶積經》卷三十七：

【無我人性空　無相不可說　證是牟尼身　過諸眼境界
意淨離色聲　本空無起作　見眞如身者　則見十方佛
如種種幻化　象馬狂夫等　誑惑愚倒者　如是觀十方
三世無量佛　同處法性身　無等等虛空　極清淨法界】

《大寶積經》這一首頌說「無我人性空」，這有二個層面，一是從蘊處界的生滅無常不能久住而說，另一是從實相法界的境界中並沒有我人可說的層面來講。說無我亦無人，因為依蘊處界來看我、看一切人，全部都是緣起而其性本空。這意思是說，緣起性空的無我法，完全是在蘊處界自體上面來說的，這就是羅漢道、緣覺道；因為羅漢道與緣覺道的觀行對象全都是五陰，只不過是深淺廣狹的差別，所以緣覺道依十因緣法來觀十二因緣，擴及到心所法；只是如此，還是不離五陰；因此，二乘菩提緣起性空觀，都只在蘊處界上面來說，不涉及實相法界。所有佛經裡面記載，十方三世諸佛都不會說如來藏緣起性空；將來你們成佛時，也不會說如來藏是緣起性空；因為一切緣起性空的蘊處界等法都是從如來藏中藉緣生起來的，因此都應該說五陰緣起性空。五陰是從哪裡生出來的？上一世的五陰壞滅以後，由如來藏出生了中陰身，再由中陰身入胎後，才從入胎而住的那個如來藏識所出生的五陰，來講五陰的緣起性空。

山河大地是從哪裡來的？是共業眾生的如來藏共同變現出來的，也不是無因而有。可是這山河大地的緣起性空是依山河大地而有，而山河大地卻依有緣的共業眾生的如來藏而有。所以凡是緣起性空的法，都是三界中法，但三界中法之所從來卻是如來藏；如來藏則是本來而有，法爾如是無生無滅。

所以從來沒有過任何一尊佛，或者任何眞悟的菩薩說如來藏是緣起性空的。因此，緣起性空是指現象界中的生滅法，緣起性空不能拿來函蓋法界的眞實相；因爲法界的實相中沒有任何一法可說，而實相法界的如來藏金剛心也不會自己反觀自己，從來離六塵中的覺觀，從來不了知六塵中的一切諸法，當然沒有我、人、眾生、壽者可說；而金剛心實相法界中，從來都不會自覺而反觀自己，所以也沒有「我」的自覺可說，因此說實相法界中一樣是無我人、性空、無相，不可說，所以「**無相不可說**」。

三界一切有情這個無我無人其性是空的蘊處界，是從無相法中生出來的；無相法就是如來藏，就是入胎而住、入胎而造五陰、能生五陰的如來藏，是這個金剛心阿賴耶識。這個心是無相法，不論你怎麼說明都無法顯示出祂就是如來藏；你爲人解說出來的終究只是語言文字，雖然藉著語言文字的開示，可以指出方向而幫助有緣人去找到如來藏；但是你所描述如來藏的那一些語言文字，畢竟不是如來藏，所以說「**無相不可說**」。

如果能夠證得這個牟尼身，也就是證得這個離諸覺觀的寂靜身——金剛心如來藏，那就超過諸眼的境界了。牟尼，譬如說釋迦牟尼；釋迦是姓，這個姓叫作能仁，牟尼的意思叫作寂靜。能仁而寂靜，就是釋迦牟尼。牟尼身就叫作寂靜身，意思是說，這個寂靜不是無「身」，「身」是指功能和依止。是有一個有功能而被一切法所依的心，而祂是寂靜的；不是一切滅盡以後成爲斷滅空，可以叫作寂靜「身」。所以你若能夠證得這個寂靜之身，就是證法身，因爲一切法都以祂爲身，而祂有功能可以出生一切法。證得這個寂靜身的時候，你就超過肉眼境界、天眼境界、慧眼境界、法眼境界、佛眼境界，超過五眼了；因爲五眼都是從這個寂靜「身」中生出來的，佛陀的佛眼也是從祂的如來藏無垢識生出來；三賢菩薩的慧眼也是從自己這個寂靜身生出來的，諸地菩薩的法眼也是從自己這個寂靜身生出來的。當你將來轉依無垢識時就超過佛眼了，當你轉依因地時這個阿賴耶識，在理上你也就超過佛眼了；因爲你將來的佛眼也是從這個阿賴耶識金剛心生出來的，所以說「證是牟尼身，過諸眼境界」。

接著說「意淨離色聲，本空無起作」，當意識、意根清淨了，轉依了這個牟尼身以後，你的智慧是不住在色與聲等六塵裡面的，你這個智慧是超越色與聲等六塵的。當你看見了法界實相的理體，看見萬法的功德都從祂心中生出來，而祂自己的境界中卻是寂滅無相的；這時依祂的立場來說，祂是本來就空無形色，雖然祂同時又出生了萬法在運作；可是祂自己卻是無所作的，所以叫作「本空無起作」。祂從來不會起心動念：「我要作什麼，我不作什麼。」即使祂變現內相分給你看、給你觸、給你嗅、給你嚐，然而變現出這個內相分時，祂也不是刻意起念去作的，祂是如鏡現像一般。一個明鏡顯現出景象時，這個明鏡本身卻不曾起心動念過；只是金剛心的功德本然如是，如鏡現像，所以祂並沒有起心動念，因此說「本空無起作」。

「見眞如身者，則見十方佛」。能夠親眼看見這個眞如法身的人，他就看見了十方佛全都是這個眞如法身。所以，你只要在正覺同修會悟了，你就知道說：「我如果往生去極樂世界，當我看見阿彌陀佛的時候，祂也是這個如來身，而我自己也是這個如來身；差別只是祂在果地，我在因地，但同樣都是這個眞如身。」然後想一想說：「我往生到極樂世界了，依阿彌陀佛的願，我可以每天早上用衣襟盛著無量的寶花到十方世界去供養諸佛；可是我即將去供養的諸佛跟我一樣，也是這個眞如身，跟阿彌陀佛一樣是這個眞如身。」這時候回想一下說：「我上一世在娑婆世界，其實我在那裡早就見過好多好多數不盡的未來佛了；因為我在那邊參禪，正當我參不出來底時候，那螞蟻菩薩也來幫我，蚊子菩薩也來幫我；當我到外面經行參究底時候，好多好多的旁生菩薩們，也都是未來佛。我如今在極樂世界，每天早上出去供養十方諸佛，十方諸佛也都是這個眞如身。」那時如果把時間往前推，推回自己還沒有往生極樂之前的現在；當你找到這個眞如身，你用你的比量，依你的證量，也依經中的聖教量，你去推斷看看：「十方諸佛是否都同樣是這個眞如身？」結果你一定發覺全都一樣，都是這個眞如身，那這樣子，你就是已經見十方佛了。到這個時節，如果哪一位菩薩來告訴你說：「我們某某世界，某某佛想要見你，你要不要去呀？」你說：「免了！我既沒有神通，所以我在這裡禮拜就夠了。我已經親見諸佛的實際了，還要見什麼？」因為你的所見就是這樣，就留待往生後再受生去覲見了。

「如種種幻化，象馬狂夫等，誑惑愚倒者」。接下來說，這個眞如身有種種的幻化，幻化出人間的大象、馬，以及人間的種種狂夫；包括不信三寶、毀謗三寶的人，乃至那些牲畜等等都被如來藏幻化的五陰所迷倒，成為「誑惑愚倒者」，不知道全都是由各自的金剛心寂靜身而種種幻化出來的。這些誑惑而無智的有情，是誰幻化出來的？是他們各自的眞如寂靜身。由這個眞如身，可以將三界中的一切有情一一變化出來。一切的有情都從這個各自唯我獨尊的眞如身變化出來，每一個人各有一個眞如身，隨著那些有情的心相而去變生。那些有情是適合當天神的，就變給他天神之身及天界境界給他當天神；那些有情是適合去當狗的，他的如來藏就幫他下一世變成狗身；他適合當菩薩，他的眞如身就繼續把他下一世變成菩薩；他適合當凡夫，就把他變成凡夫。所以「**誑惑愚倒者**」全都是凡夫，也都是從這個眞如身變來的。

「**如是觀十方，三世無量佛，同處法性身，無等等虛空，極清淨法界。**」有智慧的人這樣來觀察十方三世一切有情，這樣也就是見十方三世無量諸佛。三世，過去、現在、未來世的無量佛，同樣都處於這個法性身中；過去諸佛如此，現在十方諸佛也如此，而未來諸位成佛時也將是如此，同樣都處於這個法性身來爲眾生說法。十方三世的無量諸佛，每一佛的眞如法身都是無等等，都同樣猶如虛空無形無色，猶如虛空無爲無作，都同樣是極清淨的法界。這是在告訴我們什麼呢？是說一切諸佛平等平等，無二無別，沒有等級高下之分；是說一切有情的眞如身——牟尼身、法性身，同樣是平等平等，無二無別。所以當你開悟的時候，你所證悟的這個眞如身，跟我所證悟的眞如身不會有二種。所以實相般若的開悟永遠只有一種，不會說：「你開悟那個，我開悟這個；你講你的，我也可以講我的，你何必要評論我。」不會這樣子。如果你所悟與我所悟不一樣，其中一定有一個人錯悟了。因爲眞如身無等等，如虛空無差別，永遠是同一種；所以開悟只有一種，不會有兩種。如果有人開悟了，跟 佛所說的證悟如來藏名爲開悟不一樣的話，他一定是悟錯了。

《金剛經宗通》第二十六品〈了身非相分〉，上一週理說的最後部分：如來無身相。在《大寶積經》卷六十九中，有這麼一段開示：

【「世尊！眞如者即是如來，一切諸法即是眞如，是故一切法即是如來。世尊！實際者即是如來，一切諸法即是實際，是故一切法即是如來。世尊！隨所法中即有如來，於其法中即有一切法，是故一切法即是如來。世尊！若有人言如來得阿耨多羅三藐三菩提者，彼諸眾生是計著見，何以故？如來不二，菩提亦不二，不二者不能覺悟於不二。世尊！若復有人作如是言：如來轉於無上法輪。彼諸眾生是執著見，何以故？如來非進退。」】

這一段話是在開示給什麼人聽聞呢？其實就是開示給正覺同修會出來弘法之前的所有道場大師聽的。一直到我們正覺出來弘法以後，才開始有人經得起這一段經文的考驗。所以如果你的證悟是正確的，那就表示你一開始說法時就是正確的法教，那麼繼續走下去的弘法過程也當然會是正確的。如果是一開始就不對，剛剛出發時所弘揚的法教一定也是不對的。你製造出這個產品，如果是眞正可以用的，繼續發展，一直發展下去，只會越來越好用、越來越勝妙。如果這個東西的設計理論是不對的，那麼持續發展出來的結果一定是越來越差。譬如說，你如果發明一個東西，可以從空氣中去收集水氣，我們現在叫作除濕機；如果你剛開始發明的時候，它是有效的，雖然只是個雛形，那麼越發展，它的功效就越好。如果一開始的理論就是沒有效用的，從這個沒有效的除濕機理論一直去努力發展，結果會是越來越沒有效；一定要改個方向，往有效的方向去發展，它才會變成有效。我們正覺的法，就是符合這段經典的道理，所以弘法將近二十年了（編案：此是二〇〇八年元月十五日所說），所說法義始終一貫不變，都是依第八識如來藏的實相中道及一切種智而演說。

說句老實話，到現在為止，六百卷《大般若經》我沒有去讀完，我讀得很少，因為我一開始就是以第三轉法輪的經典來印證、來弘揚，可是為什麼都會符合？因為所弘揚的第八識金剛心是正確的；不管你從《般若經》的哪個部分取出來檢驗，全都會符合，因為　世尊前後總共三轉法輪的教義是以一法前後貫通的，就是第八識金剛心。所以我們正覺弘揚的法教，不論你取哪一部經來，也不論你是從三轉法輪的哪一轉法輪的經典取來檢驗，全都可以印證；因為你在正覺同修會裡的所證是正確的，而你所悟的法界實相，祂就只有一種，沒有第二種。既然三轉法輪的經典都是　佛說的，當然同樣也就只有一個實相，不會有二個、三個實相；所以我們正覺所弘揚的法教，前後三轉法輪諸經都可以印證無誤。

現在這一段《大寶積經》的經文，其實也是由般若諸經中集合過來的。「大寶積」的意思是說，從各部經典擷取它的精要，一起綜合來說，叫作「大寶積」。這部經的特性是這樣，所以這部經也有唯識的經典、方廣的經典、般若的經典，乃至也有解脫道的法教在裡頭，它是全面兼含在內的。這一段經文其實原屬般若系的部分，現在我們來看看經文怎麼說，來印證《大寶積經》的這一段經文：「眞如者即是如來。」禪宗祖師都要問人：「證了眞如沒有？」而眞如講的就是第八識——出生萬法的心，是《般若經》所講的法義的中心；所以古時中國禪宗祖師開悟了，都說是找到眞如了；如果關心徒弟的道業，就問：「你找到眞如沒有？」我們剛出來弘法時，大部分也都用眞如這個名稱。在《大品般若經》、《小品般若經》裡面也是如此，多用眞如來指稱第八識如來藏。現在這段經文中說「眞如者即是如來」，換句話說，般若諸經所講的如來，大部分是指稱自心如來，而不是講如來的應化身，不是講釋迦如來的五蘊，是講自心如來，這跟《楞伽經》講的如來藏、如來都一樣。

這段經文說：所說的眞如就是如來，而一切法即是眞如。因爲一切法附屬於這個眞如心而不斷地生滅、不斷地運作，所以說一切法就是眞如。因爲一切法不能單獨存在，五陰十八界的每一陰、每一界都不可能單獨存在，都是依附於眞如而存在；並且運作的時候，還得要由眞如每一剎那不斷地支援各類種子，否則一切法五陰十八界都無法繼續存在，更別說是繼續運作不斷。所以說「一切法即是如來」，是把一切法攝歸自心如來、攝歸第八識如來藏金剛心。因此說，「是故一切法即是如來。」這好像說，甲等於乙，乙等於丙，所以甲等於丙；因爲眞如就是如來，如來就是眞如；眞如就是一切法，一切法就是眞如，所以一切法就是如來，只是使用三個不同的名稱來說；因爲一切法都攝歸自心如來，不能外於自心如來而存在，也不能外於自心如來而運作。也許有人想：「這是你的解釋，經文的意思可能不見得是這樣。」但是，等你哪一天找到了自心如來，你一定會同意我說的話，不可能會反對。

接下來說：「實際者即是如來。」實際，就是法界的眞相。法界的意思是一切法的功能差別，而一切諸法功能差別的眞相究竟是什麼？諸法功能差別的眞相，其實就是實際。實際，是指稱一切法之所從來的本際；是指一切法本來在哪裡？從哪裡生出來的？生出來以後依什麼而存在？所以說一切法其實都是從實際來，所以一切法當然要攝歸實際；而實際就是眞如，實際就是自心如來，就是第八識金剛心。換句話說，覺知心不可能外於實際而存在，不可能外於眞實如來、自心如來而存在。不但覺知心，連作主的你自己——意根，包括你這個色身，都不能外於實際而存在。如果這個實際離開了，那你的色身、你的五陰就全部毀壞，包括覺知心也一樣全部毀壞，不可能再存在，所以說實際就是諸法功能差別的眞相，而實際就是自心如來——簡稱爲如來。而一切諸法也就是實際，所以把它總合起來觀察，其實一切法就是如來。

在二乘法中——阿含道中，說一切法異生異滅，沒有一個法是不生不滅的，所以一切法緣起性空。而這時說的一切法是指蘊處界等生滅法，可是當緣起性空的一切法攝歸自心如來時，這個自心如來—這個眞如—是不生不滅的，而這個如來含攝了一切法，一切法即是如來藏，所以一切法就是不生不滅的。當阿羅漢無法了知這個實際在何處，也無法現觀一切法依附於實際而生存、而壞滅，他就無法證實一切法是不生不滅。所以在這個部分，阿羅漢在菩薩面前就沒有開口的餘地了；因爲阿羅漢的所證，菩薩都知道；可是菩薩的所證，阿羅漢只能想像而無法了知，這就是般若實相智慧的勝妙處。

接下來說：「**隨所法中即有如來，於其法中即有一切法，是故一切法即是如來。**」這裡又從另一個方面來說，隨便你找出任何一個法，這個法裡面就有如來，因爲所生的一切法與能生的自心如來同時同處並未分離。一切法，當然五陰十八界都屬於一切法，不能外於一切法的範疇。凡是有生之法都攝在一切法裡面，而一切法都與如來不一不異，所以一切法中都有如來。

有人也許想到一句很有名的話：「一葉一世界，一華一如來。」他想：「我懂那句話是什麼意思了。」可是不免誤會了！我們常常看見有一些佛教藝品，用竹子或者木材雕著：「一葉一世界，一華一如來。」以前就有些法師開示的時候講得好高興：「那個路上的花，你不要隨便摘呵！每一朵花都有一尊如來，每一片葉子都是一個世界呵！」可眞誤會大了！這兩句話的意思，跟他們講的意思不能含混在一起，因爲他們全都誤會了。

這其實是說，一朵蓮華藏大世界海是報身佛 盧舍那佛所化度的世界——一華一如來；而 盧舍那佛所坐的那個大蓮華座周圍有千瓣蓮華，也就是說祂所坐的那個大寶蓮華的寶座有一千瓣的花瓣，是說花瓣總共有一千葉；那麼那一千葉花瓣的每一葉就是一個三千大千世界——一葉一世界；我們這個娑婆世界只是一千葉中的一葉，所以報身佛 盧舍那佛的化區，總共有一千個三千大千世界；而 盧舍那佛分身的一千尊 釋迦如來，都於那一千葉的每一葉三千大千世界中各自度眾生。每一片華葉（那大寶蓮華藏的每一瓣）就是一葉，那每一葉都是一個三千大千世界，由 盧舍那佛所化現的 釋迦如來度化有情。所以說，一華有一尊如來，是指報身佛 盧舍那如來；那個蓮座的千葉蓮華則是一葉一世界，是每一葉等於一個三千大千世界，由一千位釋迦如來去度化。那是從事相上看報身佛化度的廣大區域來說的，但這裡說的如來是講自心如來金剛心如來藏。這裡說的是「隨所法中」，也就是你五蘊身心裡面有各種法，你去找找看，隨著你所能找到的每一個法存在的當下都有自心如來同時存在。這個跟「一華一如來，一葉一世界」，從世界海的現象而說的正理不一樣，不能混為一談。

為什麼「隨所法中即有如來」？因為隨便你找到的任何一個法，都是在你的自心如來表面上在運作，當然隨便你找都會有如來。也許你想說：「你講話未免太籠罩人嘛！太欺負人嘛！當作我不懂。」於是摘下一根頭髮來就說：「這不是法嗎？可是這個頭髮裡面哪裡有如來？我怎麼看不見？」有的人一定會生起這樣的想法：「奇怪！怎麼這個也有如來？」但是事實上，它就是有。當你找到自心如來的時候，如果你破參了，想起我今晚講的，那你就把你的頭髮，不管長髮、短髮，就拔一根下來瞧一瞧看：有沒有？我就保證你有，除非那時你的智慧沒有生起來而誤會了。你那個時候一定會認同我，會說我沒有「欺人」，「太甚」兩個字就更不用談了，因為絕對沒有欺人。

所以這段經文中的話，其實不是哲學，而是義學。哲學只是一個思想，但是能不能證實呢？沒辦法！作不到。可是三轉法輪的經典裡面所說的（當然，僞經除外），眞正的佛教經典所說的都是義學，都是可以實證的。如果不能實證，那就只能叫作思想。所以每年有人開佛學會議，名爲「**印順思想研討會**」，命名實在命得好，因爲它只是思想。可是將來我走了，人家研究我講的東西，不能叫作「**平實思想研討會**」，因爲我這個法是實證的法，不是思想。所以三乘經典講的也都是如此，並不是思想，因爲可以實證。

現在回到主題來說：「**隨所法中即有如來，於其法中即有一切法，是故一切法即是如來。**」因爲每一個法都從如來中出生，而且隨時隨地都依附於如來在運作，因此在這一個如來法中就具有一切法。這意思就是說，你也可以這麼說，隨任何一片生存的葉子中都有樹木，因爲葉子都依附於樹木，你不管找到哪一片葉子，你都可以找到那一棵樹；所以你不能夠說，那一棵長滿樹葉的樹木沒有葉子。當你由一片樹葉找到那一棵樹木，那一棵樹木就有一切葉，因爲那棵樹與所有的葉子不一亦不異。同樣的道理就說「**於其法中即有一切法**」，所以一切法也就是如來。這就是祖師大德常常講的一句話：「**一**

眞一切眞。」當你找到那個眞實法的時候，把依附於這個眞實法的所有法攝歸於眞實法時，也就全部都變眞實法了；因爲你在講那一切法的時候，其實就是指這一個眞實法；而一切法是含攝在這個眞實法之中，與這個眞實法是整體的，是不可分割的，所以說「一眞一切眞」。閩南有一句話說：「一理通，萬理徹。」有沒有聽過？（有人答：有。）對呀！你這個根本的理如果通了，跟它有關的所有的理，你都可以逐漸通達、通徹了，因爲是同樣的道理嘛！

接著說，如果有人說如來得到無上正等正覺，像這樣講的眾生，他們都是由於錯誤認知而執著，才產生了這樣的見解；因爲「如來不二，菩提亦不二，不二者不能覺悟於不二」。不二這個法不能覺悟於不二的自己，這一句可眞是在罵人了。從你們來到正覺同修會修學以後，知道是眞心妄心同時存在並行；可是來到同修會之前那一段時間，所聽到的、所讀到的都告訴你說：「我們自己要覺悟自己，我們自己要把握自己，我們自己要作自己，我們要處處作主，死後還要能作主。」那就只好輪迴生死，都是要把握自己。把握自己，是有我、還是無我？（眾答：有我。）就是「我」嘛！佛法講的明明是無我，爲什麼他們誤導人家要把握我自己、要作自己呢？豈不是教大家要繼續增長我見、我執呢？說句不客氣的話，自己是永遠把握不住的，要作自己的人也是永遠無法作自己的；因爲他捨報以後一定要隨業、隨我見無明而流轉，他根本無法作主。

「自己」無非就是五陰十八界，自己就在五陰十八界的範圍之內，正是五陰或十八界而無法超越；可是這五陰十八界的自己從來都是緣生緣滅之法，自己既是緣生緣滅之法，要怎麼把握？如果那些大法師們說的都對：自己確實可以把握。那麼好極了！諸佛也應該要拜他們爲師，因爲這表示他們的五陰都可以永遠不死。既然能把握自己了，當然我不要死就不會死，我不要老就不會老；我若是想保有二十來歲的年輕美麗，又同時擁有一萬歲、兩萬歲累積的智慧，能這樣作得到，才能叫作把握住自己。並且還要怎麼樣呢？譬如世界壞時，我自己還可以單獨存在，才算是眞的把握自己了。可是那些一天到晚教人把握自己，教人家要作自己，也聲稱能夠作自己、把握自己的大師們，他們能不能不老？能不能繼續保有健康？都作不到欸！所以他們顯然都是說謊的人，因爲他們連自己都把握不了，還要教導人家如何把握，豈非自欺欺人？

他們有沒有辦法把握說：「我這個離念靈知、一念不生的覺知心，死掉了以後轉到下一世去？」他們認爲可以作到，其實他們自己也把握不了。連晚上睡覺要把握自己覺知心靈明覺了直到明天早上，卻一樣作不到，那如何叫作把握自己呢？他們如果有能力說：「我這個覺知心要處處作主、要時時分明，然後我死的時候，我這個覺知心要帶到未來世去，所以未來世一出生就懂得開口說：『媽媽，您辛苦了。』」這樣才能宣稱已經能夠把握自己，否則他們憑什麼教導人家把握自己呢？因爲不管怎麼把握，五陰這個自己終究只有一世，這一世死後入胎了，就全部結束了，自己全都不存在了。下一世的覺知心則是另一個心，已經不是這一世的覺知心了，因此完全記不得這一世的事情了，那他們還談什麼把握自己呢？所以想要「作自己、把握自己」都是違背解脫道的無我法，都不對的。

因此，再回來看這句經文：「如果有人說如來證得無上正等正覺，」這是以什麼來得無上正等正覺？是以如來的五蘊而說證得。可是成佛以後是從眞實如來的境界來看一切法，一定親自看見眞實如來沒有證得無上正等正覺；因爲眞實如來是被證的，而能證的是應化如來那個五蘊身心。所以如果有人說如來得無上正等正覺，那麼像這樣講法的眾生，都是錯誤的認知，然後去執著錯誤的見解，執著有一個如來去證得無上正等正覺。他所說的那個如來，無可避免地，一定落在五陰十八界中，當然是「計著見」，因爲眞實如來不會反觀而證得眞實如來，而是由五蘊身心來證得第八識眞實如來。

不論哪一位有情，都是「如來不二」；如來只有一個，沒有第二或第三個眞實如來。不可能我證的如來是離念靈知而叫作開悟，你證的如來是有念靈知也叫作開悟，而他證得初禪的離念靈知也叫開悟，也有人證得二禪、三禪、四禪乃至四空定中的離念靈知也叫作開悟，然後蕭平實證得第八識如來藏也叫作開悟；不可能有這麼多種類的眞實如來，因爲如來只有一種：「如來不二。」所以眞正證得如來的開悟般若者，永遠都是同一個所證：你證的是第八識如來，我證的也是第八識如來。這樣才可以互相印證，也才可以和佛陀所說的各部經典互相印證。好了，現在很多人所悟的，跟咱們正覺同修會悟的不一樣；不一樣的時候，我們把勝妙法寫出來、印出去流通，他們要不要毀謗我們？當然要毀謗，否則就等於默認他們的開悟都錯了，當徒眾們提出來請問時要怎麼回答呢？

所以我們剛出來弘法那五、六年，都不評論別人，但他們卻開始說我們是邪魔、是外道。爲什麼？因爲我們的產品跟他們的產品不一樣，他們的產品沒辦法用；怎麼說是沒辦法用呢？因爲抵不了生死。我們的東西、我們這個產品可以用，因爲生死扯不上我們悟的這個東西，我們所悟的這個東西本來就沒有生死。我們雖然不評論他們，但是你們大家讀了這些書以後，會知道他們那個產品是不能用的，所以你們不再買他們的產品，那結果會怎麼樣呢？他們的名聞與利養就開始流失了，因此他們當然要說：「這正覺的產品是瑕疵品。」那我們只好回應，所以我們就開始了法義辨正的義行，當然他們就更生氣了，可是卻都無法寫書出來回應。

這就是說：「開悟沒有兩種，永遠都只有一種。」因爲開悟之標的是自心如來，而自心如來只有一種，沒有兩種。不可能說：「在極樂世界所悟的如來是一種心，娑婆世界這裡所悟的如來則是另外一種心，到了琉璃光如來那邊去，所悟的如來又成爲另外一種心。」不可能這樣成爲三種如來。十方三世都一樣，眞實如來都只有一種。所悟之標的，那個自心如來既然只有一種，那麼開悟菩提、證悟菩提的人所證的如來，當然也是只有一種，不可能說開悟有兩種。

所以，以前陳履安說的一些話，眞是胡人講的，他說：「蕭老師！你說你的，我們說我們的；各人悟各人的，何必互相評論？」他打電話來這麼講，我就告訴他說：「開悟的內容只有一種，佛也只有一種；不可能開悟有兩種、成佛有兩種佛。你怎麼會這樣講？」那是多少年前的事了，是我們以前還在中山北路地下室那邊的時候。所以說菩提不二，覺悟只有一種，不會有兩種。既然是這樣，覺悟只有一種，而覺悟的內容也只有自心如來一種，所以這個自心如來當然是不二的。自心如來不會有兩種，所以諸天天主的自心如來，諸位的自心如來，螞蟻、阿貓、阿狗乃至地獄有情的自心如來都同樣是這個第八識自心如來；上至阿羅漢的自心如來，菩薩的自心如來，辟支佛的自心如來，諸佛的自心如來，也都是同樣這一種自心如來；不會有兩種，因爲體性是完全一樣的。

既然是這樣，現在這一句聖教經文，我用在補充資料中以粗體字標示出來——**不二者不能覺悟於不二**；說這個不二的自心如來，不可能回頭來覺悟自己這個不二的自心如來。現在從這一句話，大家一起來檢查當代所有諸大山頭——大乘佛法地區的所有大山頭的大師們；請諸位檢查看看：他們是不是用能參禪的覺知心自己來覺悟能參禪的覺知心自己？都是這樣啊！所以：我這個覺知心有語言妄想時叫作有念靈知，然後我每天好好努力打坐，坐到離念的時候，我變成離念的覺知心自己，這就算是開悟了。如果這個覺知心是不二的，他是不是用不二的覺知心覺悟於不二的覺知心自己？那顯然就跟這一句聖教違背了。

我出來弘法早期，大部分的同修是農禪寺的信徒；他們爲什麼找我去共修呢？是因爲：「**聽說他很會打坐，一上座三個鐘頭才下座，看來他功夫很不錯。**」是因爲功夫不錯，請我去教禪，不是因爲我已開悟而請我去的。他們不知道我開悟了，都不知道；因爲我既不嚷嚷，當然沒有人知道。可是一上座，人家是每一支香到了，引磬一敲就趕快要跑去喝水；因爲不去喝水不行，這腳很痠痛，因此裝著口渴要去喝水。我卻不是，我這一上座就是三個鐘頭。他們是看我這個人功夫很好，是看上我的功夫。後來去共修時，我當然不好意思一開始就講什麼無相念佛，所以剛開始我也教他們數息，用我自己發展出來的方便法教他們數息，那時我還不知道自己這個方便法就是六妙門。數息打坐講完了，我就講一些東西。那時候講得蠻雜的，後來終於有人說：「學佛那麼久，都沒有辦法實證，那不然改講別的好了。」我說：「好啊！」我就開始講《博山參禪警語》，結果大家自始至終都好像鴨子聽雷一樣，有聽沒有懂。因爲都沒有看話頭功夫嘛！所以才會在中途用三週時間改講無相念佛，無相念佛講過了再回來講原來的題目；那時大家一面鍛鍊功夫，一面聽我講禪法的鍛鍊；從那時開始，共修時間裡才開始有拜佛，才開始作無相念佛拜佛的功夫。就這樣大家一面作功夫，我一面講禪法，終於漸漸有人聽懂了。

後來過一段時間有人明心了，就有人去農禪寺講：「開悟就是我們這個覺知心要去找到另一個眞心。」結果聖嚴法師怎麼講呢：「那你這樣講，就是有兩個心了，那不對啦！」說有情各有眞心也各有妄心，他說這樣是不對的；他說心只有一個，哪有兩個？名聞四海的大禪師說：「心就是覺知心，哪還有另一個眞心？」眞的不信啊！所以他們都是要用不二的去覺悟於不二，把相待於六塵才能存在的有二的覺知心誤認爲不二之心，然後要來覺悟覺知心自己。都是想要用自己來覺悟自己，因此他們以自己來參禪，而參禪所覺悟的標的還是自己，所以才會說：「要把握自己、要作自己。」他們的理路一向是這樣子。如果不知道他們的理路，你會覺得說：「他們怎麼會這樣講？好奇怪啊！」

可是當你知道他們的理路，你就不會覺得有任何奇怪，因爲：他們就是把五陰自己當作眞實的法。但是又把這個自己切割開來，分成兩個部分：一個部分是會打妄想的，另一個部分是不打妄想的。當他們靜坐到離念時，認爲那不打妄想的自己就是眞的法性，會打妄想的自己則是虛假的我。所以這個打妄想的自己，只要努力修定，修到不打語言妄想了，就會變成眞實的法。那就是「不二者能覺悟於不二」，如果他們說的正確，那麼這句經文顯然應該要改寫了。那麼到底是應該把經文改寫呢？或者是他們的說法應該改變呢？眞的需要檢討。所以只要你的法是正確的——打從一開始就是正確的，而三乘經典既然都是依這個法來說，那麼人間還沒有善知識弘法之前，當你自己開悟後，不必把三乘經典都讀完，就可以出來弘法了；而你弘法所講的就永遠是正確的，因爲三乘菩提都依這個不二法來說。

所以自心如來不可能覺悟於自心如來，因爲祂是不二之法，不二之法是不會反觀自己的，怎能要求祂來覺悟自己？所以是要由這個五陰的身心來覺悟另一個自心如來，然後來觀察五陰身心的自己確實是從自心如來中生出來的；這樣才是懂得法界的眞實相，這就是證得宇宙萬法的根源。十方三世稱爲宇宙，宇宙從哪裡來？就從如來而來。可是宇宙從如來而來時，如來自己卻沒有來，而如來卻生出了我們宇宙山河大地、一切有情諸天境界，又好像有來。祂生出了這一些法、生出了咱們，所以說祂好像有來。可是好像有來，到底有沒有來？結論是沒有來，所以才會叫作「如」來。那麼所生的一一諸法都會去，去了以後就又重新生出來；這些一一法去了，這個自心如來還是繼續存在，所以祂其實沒有去；因此在印度說祂是如去，是好像去了，其實沒有去。

因此經文說「不二者不能覺悟於不二」，一定是所生的法才能覺悟於能生的不二。因此，眞正要學佛的人，千萬不要妄想把覺知心自己變成眞實如來，千萬不要妄想要把覺知心的這個所生法變成不生不滅；因爲不二者是遺世獨住的，從來不住於六塵萬法之中，所以是不二之法；然而我們參禪時，得要知道「不二者不能覺悟於不二」，所以被悟的心跟能覺悟的心不是同一個心。凡是能夠覺悟的心，祂就是悟後會擁有智慧的心；能覺悟的心是意識心、覺知心，這個心悟後可以擁有智慧；可是眞實心如來不與智慧相應，因爲祂不會覺悟，祂是我們覺知心參禪時應該要覺悟之標的心，不是應該求悟底心。所以眞實心的自性，在經典中怎麼說：「無無明亦無無明盡……無智亦無得。」無明盡就是有智慧，這是覺知心的事；可是眞實如來祂不但沒有無明，也沒有無明可盡，因爲無明與智慧都跟祂不相干，是祂所生的咱們覺知心才與無明或智慧有關聯，所以說「不二者不能覺悟於不二」。

換句話說，不二的如來是離六塵而無分別的心，不可能覺悟不二的如來自己；有二的覺知心有六塵中的了別性，才能覺悟不二而無分別的自心如來。因爲意識心永遠住於二法之中，打從祂出生的時候就是二法爲緣生，就是藉根塵作爲因緣才能出生的，所以是有二之法；當意識心出生以後也是二法，因爲意識出生以後自己是能取，所取的是色聲香味觸法六塵，當然出生以後還是二法，不是不二法，所以我們能覺能知的自己並不是不二的。既然不是不二的法，辛苦去把握祂作什麼？

所以這一世悟了以後，轉依了自心如來——轉依了不二法，就有了解脫功德的受用，也有實相的智慧；然後繼續修行，到這一期該結帳的時候把帳結了，然後把所悟的般若智慧種子帶到下一世去，下一世無妨當李四、當王二、當趙五都可以；雖然這一世叫作張三，但下一世當誰都沒關係，只要種子帶過來了，還怕它不發芽嗎？所以這一世如果悟了，下一世就沒關係了，只要正覺同修會還在，只要隨便讀到我們的某一本書，隨即又回來正法中了，種子就開始發芽而又開悟了，那麼死後轉世又有什麼關係呢？縱使正覺同修會不在了，你們經過一世、兩世、三世以後，總有一世會像我這樣，被人家誤導了也沒關係，有一天想通了就把別人教的都丟掉，自己參究以後還是可以重新再開悟，也能成爲無師自悟的人。何況我們這一些書，將來都會把它編入《正覺藏》裡面去，未來世一定會重新讀到，只是遲一些或者早一些的問題而已。

所以，不二的如來永遠是我們所悟的標的，而我們覺知心自己永遠是二法爲緣而存在的。我們可以去悟那個不二的如來，但不能叫你不二的如來去悟得如來自己，因爲你的自心如來不會參禪。這樣說來祂好像很笨呵！「我會參禪，祂竟然不會，眞笨！」可是這個笨笨的自心如來，卻是你要找的如來；你找到了笨笨的自心如來，很快就會很聰明、很有智慧，諸方大師們都無法跟你對話，阿羅漢也無法跟你對話，而你的自心如來依舊不會有智慧，就是這樣啊！可是這個看來笨笨的自心如來，祂其實並不笨；祂只是在世間法上不跟人家計較，所以看來笨笨的；然而祂其實不笨，因爲很聰明的你還是從祂出生的；祂既然有智慧出生了你，這是你完全作不到的，那祂還會笨到哪裡去？對呀！這麼聰明的你是從祂出生的，顯然祂是不笨的，祂只是不懂得要計較而已。

所以說完了「不二者不能覺悟於不二」以後，就總結說：「如果還有人這樣子說：『如來轉於無上法輪。』那一些眾生就是執著見，爲什麼呢？因爲如來又不是懂得進退者，怎麼會是轉法輪者？」轉法輪的是應身如來，不是眞實如來。應身如來示現成佛，然後開始初轉法輪講羅漢道、緣覺道，過了十幾年開始講般若、菩薩道，又過十幾年再開始講方廣唯識、成佛之道；但這都是應身如來說的，都不是眞實如來所說的。所以，如果有人說：「眞實如來轉於無上法輪。」還跟善知識極力辯解說眞實如來在轉無上法輪，這一類的眾生都是「執著見」。因爲能夠轉法輪的應身如來，當然是時間到了就進來法堂中上座，有這樣的應身如來才能轉法輪；說法完了，祂就下座，就退開了；但這都是應身如來，並不是眞實如來。應身如來就是那個應身佛的色身和覺知心，才能夠轉法輪，那是有進有退的。眞實如來根本不是進退，怎麼會說「這時要進來說法，說法完了以後又退出去」？如果那就是眞實如來，般若諸經可得要全面改寫了，《金剛經》也得要改寫了。

有些人很喜歡禪宗，把公案讀了再讀，然後就把它記起來，背得滾瓜爛熟；然後聽說哪裡有大禪師開悟了，已經開座說法了，他就來參訪。等他聽完了法，禪師回到方丈室，他就直接進去方丈室。禪師才一看見他，他就立刻退出方丈室去，也不禮拜禪師，因爲他想：「祖師都是這樣進退的。你看，他悟了以後進了方丈室，方丈才剛抬頭看他，他就退出方丈室，就走了。」於是他就這樣學著呀！所以他這樣自認爲開悟了。等到哪一天覺得腳下輕飄飄的不實在，才終於又回來看看。他又回來時，也不是眞的求悟；他是來看誰呢？只是來探探看：到底這位禪師有沒有悟？如果眞悟了，我才要跟他學。沒想到第二回進來，禪師悶不吭聲，突然間一棒就打過去，結果他就大聲抗議了：「我都還沒開口，禪師！您怎麼打我？」禪師說：「看來我沒有打錯人！」因為他根本不知道怎麼回事，當然該打。

所以「不二者不能覺悟於不二」，能進能退的只是應身如來，那不是眞實如來。眞實如來是心，沒有身相，怎麼會有進退呢？所以有些參禪的學人，也學著古德裝模作樣，那叫作知其然、不知其所以然，那當然該挨打嘛！挨打當然是分內事。且不說野狐挨打是分內事，眞正想要求悟的人，挨打也是分內事。古來有好多禪師上了年紀，他們所謂上了年紀是說四十幾歲、五十幾歲了。我現在都還不敢說上了年紀，因為現代的人六十幾歲還不能稱老欸！古時候的禪師四十幾歲就稱老了，開示時就說：「老僧如何、如何……。」我現在六十幾了，還不能倚老賣老，好可憐！古時五十幾歲的禪師們進得門來總是要問一問，上得堂來總是要講一講，所以上堂講禪的時候就說：「老僧我想起當年挨那幾棒棍子，現在都還很懷念；雖然現在變天了身上都會痛，」因為天氣變了，那個舊傷還是會痛；平常看來好似醫好了，都不會痛，秋季天氣變了就會痛。那麼他接著就說：「我還是很思念那個痛棒，如果沒有那一棍痛棒，怎麼能有我今天呢？不知道諸位誰想要挨那個痛棒？」他就這麼問。所以古人求悟都不容易的，往往都是要挨痛棒的，所以求悟的人挨痛棒都是分內事。

那麼講到這裡，要把它作個總結：眞實如來既然沒有身相，怎麼可能會說法？怎麼可能有進退？所以，不要看到人家禪宗公案：進來問「如何是佛法大意」，和尚一喝，他就休去，就走了。就以爲說：那個進與退，就是禪宗開悟的內容。「那我會了，不論我去到哪裡，只要他一開口，不論他講什麼話，我都不管他，我就走了，這就對了。」問題是，人家裡面是有蹊蹺的；蹊蹺在什麼地方得要懂，還沒有找到自心如來就不懂這個蹊蹺。不懂這些蹊蹺，去到那一些野狐大師那裡都沒問題；可是進得正覺講堂來，可就不免要挨棒了。假使手邊沒有棒，也要挨喝，我一定會跟他大喝：「出去！」等他出得門，背後撂一句話給他：「三十年後，講給獨眼龍聽！」因爲只要是獨眼龍，就能知道我爲什麼大喝了，還不必悟得很深，何況他連獨眼龍都不是。所以不要去學人家的表相，學表相沒有用，一定要有眞修實證，智慧才能生起。不說學那個表相，人家探聽到密意，知道什麼蹊蹺的，智慧都還起不來呢！何況是只學表面進退的人？一定得要自己下功夫，一步一腳印確實去參，實相般若才會出現，這樣才有功德受用。

接下來我要說：「見如來者就是證眞如。」爲什麼這麼說呢？來看看經教上的根據，《大般若波羅蜜多經》卷五十二：

【「世尊！云何名爲決定安住眞如三摩地？」「善現！謂若住此三摩地時，於諸等持及一切法，常不棄捨眞如實相，是故名爲決定安住眞如三摩地。」】

善現菩薩請問：「怎麼樣才可以叫作決定安住於眞如三摩地？」佛就回答說：「善現啊！決定安住於眞如三摩地的時候，於各種的等持以及一切法，永遠都不會棄捨眞如實相，這樣才能稱爲決定安住於眞如三摩地。」這個翻譯是很精準的，一個字都不能錯。決定安住於眞如三摩地，就是住於眞如三昧之中，心得決定而不退轉。什麼是眞如三昧？這得要先作一個概略的說明，免得誤會了證眞如的眞義而產生了妄想，否則往往會退轉的。眞如三昧，這個三昧是說眞實與如如的決定境界。換句話說，你證得一個法是眞實與如如的，那就叫作證眞如；住於這樣的現觀而不退了，心得決定了，就是住於眞如三昧，也就是住於眞如的決定不移智慧中。證得眞如三昧是般若的入門，那就要探究了，十方三世有什麼法是眞實又如如的？一定要探究這個。如果所找到的是不眞實也不如如的，有時候看來好像眞卻不是永遠的眞，有時候好像如卻又不是永遠都如，就不是證眞如，就不可能安住於眞如三摩地。

譬如說離念靈知，當他很努力去修定，把自己覺知心變成離念了，兩個鐘頭都無語言妄念，這看來好像很眞實了；甚至於下座以後，一面在跟人家講話時，一面也反觀自己眞實有個離念靈知存在，那就是把意識心切成兩半，正在與別人說話的是有念的靈知，同時有一個能夠反觀正在跟人家說話的反觀之心，這個能反觀的就是離念的靈知。當你正在跟人家說話的時候同時反觀自己，或者正在誦經的時候一面反觀自己，那反觀的是不是離念的呢？正是離念的。有人發覺自己能夠反觀的覺知心是離念，然後就說：「你看，我在跟人家講話的時候也是離念的，不受語言妄念的影響，是眞實存在而如如不動的，所以這個離念而了了分明的就是眞實，就是如如。」問題是，這個離念的其實是什麼呢？只是意識心的證自證分而已，只是意識心的心所法，附屬於意識心而存在。但他們不懂，反而指責說：「你們蕭平實不懂離念靈知啦！」我何嘗不懂？這個意識境界我早都講過了，這種離念靈知的境界還及不上無相念佛時的淨念，還遠不及看話頭的功夫呢。

現在問題來了，就算他修成這個反觀的心一直都無念，跟人家講話的時候反觀的心也在，所以看來似乎是常住的，好像是眞實的，問題是能不能永遠存在？不行啊！人家只要隨便罵他一句話，突然生氣起來，於是忘了反觀自己，當時就不在了，對不對？因爲忘了反觀自己才會生氣，生氣的時候就是忘了反觀，那反觀的離念靈知就不存在了，那怎麼叫作眞呢？要不然，晚上睡著了還在嗎？也不在了，就是會斷滅，就不能叫作眞，那「眞如」的第一個眞字就通不過檢驗了。這個能反觀的心也是常常在生氣，遇到長官來了，讚歎他：「你今天這件事情，作得眞好！」又快樂起來了，又不是如了。因爲「如」是不動其心的，不管怎麼樣都不會動心，那才叫作如，可是這個離念靈知顯然不如。因爲既不眞也不如，如何叫作眞如？所以一定要不斷地去找，找到最後有一個終於是眞也是如的，而且永遠都是眞、如，那就只有一個，就是自心如來，又名如來藏、實際、本際，甚至於可以說祂叫作一切法。這時去觀察祂，無論什麼時候都是眞實而且如如，沒有一法可以消滅祂，那就是第八識。

現在回到這段經文來，佛陀的開示，翻譯者譯得非常精準：「善現！這個眞如三昧，決定安住於眞如三昧，是說如果住於這個眞如三昧的時候，於各種的等持位以及各種的一切法中，都是常而不改變，不會棄捨眞如實相。」他講的是等持位，他絕對不會跟你翻譯說「於諸等至位」，一定不會這樣翻譯；因爲等至位中的你一定不會去反觀自己，也一定不會反觀這個眞如心。所以如來藏於一切等持位中都是常而不變，也都不會棄捨眞如實相，不管是住於三昧的等持位或者住於四禪八定的等持位中都是如此。絕對不會告訴你是等至位中觀察眞如而住於眞如智慧中，因爲你如果住於眞如三昧的等至位中，那你就不會反觀了，這個時候如何能夠有另一個心去住於這個眞如三昧中？所以說：決定安住於眞如三昧，是說如果住於這個眞如三昧中的時候，於各種的等持位以及於一切法中，都現見祂是常而不改變的。由於現觀，心得決定，不懷疑、不動搖，也就是永遠都是不棄捨這個眞如實相，由於這個緣故，所以名爲**決定安住於眞如三昧中**。否定了第八識的眞如法相而說另外還有別的眞如可證，其實都是回墮意識境界中，都是不能安住於眞如三昧的尚無決定心的人。

眞如三昧的安住，前提就是你要先證得眞如；而眞如法性是依附於第八識而存在的，這個第八識常時顯現祂的眞實性與如如性，由祂來表顯出眞如的法相。當你能夠現觀你所找到的第八識是永遠眞實、永遠如如的時候，心得決定而不改易，你就是證得眞如三昧而決定安住於眞如三昧中。然後你能夠不懷疑，心得決定，永遠住於這個見地之中；除非你入了等至位而進入定境去了，否則你時時刻刻都有一個眞如作意存在；雖然你不會去感覺到你有這個作意存在，但那個作意卻是一直存在著；所以你一反觀的時候，就會發覺你是這樣安住的。當你心中這個眞如作意是時時刻刻存在著，心得決定而不懷疑，就叫作不棄捨眞如實相，這樣就是「決定安住眞如三昧」。若是退轉了，想要另外去找一個事實上不可能存在的眞如，然後將一個錯誤的東西設定爲眞如，那就是妄想，就表示他已經棄捨眞如實相，不能決定安住於眞如三昧。

所以有一句話說：「過與不及，都是不恰當的。」儒家也說：「好讀書，不求甚解。」這是誰講的？陶淵明是嗎？意思就是說：我愛讀書，但是當我讀書的時候，對那些書裡面所講的，對它的理解總是剛剛好，不會太超過。「甚」就是超過；「甚解」就是把人家解釋得太過火，理解到太過火了，那就變成不正確了。這就好像爬山，說我要爬到最高點。結果他老兄爬到了最高點，他竟然說這還不是最高點，於是他又繼續爬，其實是走下山腰去了。然後當他往下走到半山腰時卻說：「我這裡才是最高點，因為我爬得比你遠。」其實他是往下走了，這就是太過，過與不及，都有問題。所以這意思是說，怎麼樣才是正確的證眞如？這一定要弄清楚，千萬不要囫圇吞棗。吞棗時固然是整顆完整吞下肚去了，未來還是會完整的一顆拉出去，根本沒有消化，像這樣吞再多也沒有滋養色身的功用；所以一定是要實證才有用，也要心得決定才能說是三昧，才不會退轉。

現在回來說：眞如心體是實有法，所以才能夠稱爲法；這個法含攝一切法，不被一切法所含攝。那麼這個眞如心體——也就是第八識，祂能生萬法，不是假名施設，所以才能稱爲法身。祂有眞實性——有能生萬法的眞實性，所以祂就被稱爲法性。所以眞如、法身、法性，講的都同樣是這個眞如心，都是第八識如來藏。既然祂這個法是眞實、有其自性，有眞實功德法存在——有其自性功能，諸法都以祂爲所依身，所以名爲眞，因此就合名爲法身。所以法身不是一個施設的名詞，祂是有眞實體性存在的。必須眞實如如而又有祂的自性，能生萬法而爲萬法的所依，才能稱爲眞如法身。所以眞如這個心體，祂是眞實有。眞實有，就名爲眞實。而這個眞如心體於萬法中永遠不動其心，不管誰辱罵祂，祂都不動其心；褒揚祂，讚歎祂，祂也不動其心，所以永遠如如。把這個眞實與如如合起來，就叫作眞如。當你證得第八識如來藏了，能夠觀察這個如來藏確實是眞實有種種法性而能生諸法，並且永遠是如如不動，那就獲得了實相的智慧；這樣證實了祂的眞實與如如，就名爲證眞如。講了這麼多的理，應該知道：眞實如來不是有身相的那個如來，也不是有覺知心相的那個如來，那個五蘊身心並不是眞實如來。所以要知道：五蘊的身相與心相，都不是眞實相；如來的眞身是無相的，所以應當要「了身非相」。那麼，來看看宗門裡面對這個法身又怎麼說：

佛說：「若以色見我，以音聲求我；是人行邪道，不能見如來。」我把它對應著寫了四句：「色相既非佛，求佛勿音聲；非邪亦非正，眞佛不出世。」我們第一句來對第一句，第四句就對第四句。「若以色見我」，這是說如果用看見佛陀的色身來當作是親見了眞實如來，那麼這當然是不可能見到眞實如來的，他當然同時會落入音聲之中依文解義；我們就說「色相既然不是佛」，配合第二句說「以音聲求我」，佛說「這個人是行邪道的人」，所以我們就說「求佛勿音聲」；你如果要求眞實佛、眞實如來，不要落到那個與音聲相應的心裡面去，一定要找到一個心是與音聲不相應的。那麼 佛說「是人行邪道」，可是眞實如來「非邪亦非正」，眞實如來一向都沒有邪與正可說。雖然一切善人惡人都靠他們自己的自心如來幫助，才能成就善業惡業，可是眞正行於善業惡業的是五陰身心，自心如來非善亦非惡。當惡人正在幹惡業的時候，他的自心如來並沒有起心動念，祂只是自然地運作。當那位大員外正在行善的時候，他的自心如來也沒有在行善；雖然祂不斷地支援著那個大員外，使得大員外可以去行善。

一切人都是如此，菩薩與凡夫也都如此，行善的時候是眞心妄心和合去行善，造惡的時候也是眞心妄心和合去造惡。然而是誰起心動念要行善，是誰起心動念要造惡，那些業就歸誰，不論善業惡業都是如此。所以，若沒有如來藏，早就死了，你就不叫作人類了，那你還能行善造惡嗎？全都不行啦！可是起心動念去行善、去造惡的是誰？是五陰；自心如來雖然支持著五陰，讓五陰可以順利的去運作、可以生存，但是絕對不是自心如來在行善、造惡；所以會行善造惡的，都是會與音聲相應的心，都是會與色法相應的心。若有人想要從音聲、從色法中來尋找眞實的如來、眞實的佛，那個人是行於邪道之中的，而眞實如來非邪亦非正。會出世弘法的是應身如來，眞實如來不出世弘法；所以如果硬要把應身如來當作是眞實如來，那個人就叫作計著見，因爲那不是眞實法。

所以有人問：「如何是佛？」趙州不是講了嗎：「金佛不度爐，木佛不度火，泥佛不度水，眞佛內裡坐。」所以眞佛不出世，出世弘法的永遠是覺知心等五蘊。所以你將來出來弘法時，弘法也不是你的眞實如來出來弘法，是你的五蘊身心出來弘法；可是你的五蘊卻必須依附於你的眞實如來才能弘法，否則你也無法弘法；因爲你弘法時，常常要一面反觀你的眞實如來，然後依現觀而講出眞如妙法，你不能離開你的眞實如來而弘法。就算你能夠離開你的眞實如來的現觀而弘法，那時就得要用強記的，那麼上得台來要怎麼說呢？可能講個一、二十分鐘就要開始用唸的，只好一個字又一個字來唸了。像這樣的弘法者絕對不會法樂無窮，一定每一次上座的時候，心裡面就嘀咕著：「我今天不曉得講得好不好？能不能好好講完？」因爲他沒有辦法時時現觀，不能當下用現觀所得來爲人演講，他必須要靠死記在心中來講；

但是靠死記，能記得了多少法義？所以說，證眞如不能光是靠想像的，一定要靠親證。親證了以後，你可以用當場的現觀而把祂講出來。因此說，能說法的永遠是五蘊、永遠是應身如來；眞佛不出世，出世說法的都是應身如來。

《華嚴經》裡面也有一首偈非常有名：「**若人欲了知，三世一切佛；應觀法界性，一切唯心造。**」沒讀過《華嚴經》，也懂這四句偈呀！因爲常常參加放小蒙山施食等等，都會唸到這四句偈。但是這四句話，其實是至教量，沒有任何人可以推翻它；乃至成佛了也無法推翻它，只能解釋它。如果有人想要了知三世的一切佛（三世一切佛就是指已成之佛、現在之佛、未來之佛；諸位是屬於哪一種佛？未來佛！就是三世佛裡面的未來佛。那你想不想瞭解釋迦牟尼佛？想啊！對過去已成之佛，譬如迦葉佛，也想了知啊！這就總含三世一切佛了），三世一切佛都是什麼呢？其實都是眞實如來。可是想要了知這個眞實如來，應該要怎麼觀察？應該要觀察一切法界的眞實性都是唯心所造；不管哪一個法的功能差別，譬如說十個法界中，凡夫法界共有六個，就是六道眾生；換句話說，上自諸天天主，下至地獄最卑賤的眾生總共是六個法界；乃至羅漢法界、緣覺法界、菩薩法界、諸佛法界等四種聖者的法界，這十法界一切法的功能差別都從哪裡來的？都是唯心所造；如果不是有這個眞如心，就不會有任何法界存在；連山河大地宇宙萬法都不可能存在，所以說「應觀法界性，一切唯心造」。

當你能夠現觀你自己及其他有情，全都由這個眞如心所生的時候，就可以從比量上知道地獄眾生也是由這個心所生，諸天天主、阿羅漢、辟支佛、菩薩、諸佛都是如此，你就全部可以推知了，就是由證量而獲得比量，並且這個比量絕對不會落到非量裡面去。所以說《華嚴經》這四句偈，沒有任何人可以推翻它；乃至十方諸佛也無法推翻它，因爲十方諸佛也是唯心所造；而這個心就是眞實如來，又名爲如來藏，般若系列的經典裡面往往說祂叫作眞如。所以《大寶積經》卷六十九云：

【不能解知眞如法，以不知故不知佛；若有善知是非者，彼皆能知大導師。當獲無上功德聚，成佛憐愍於世間；斯即眞如無變易，一切諸法離疑惑。】

這是說，如果不能夠在實際上證得而瞭解、而知道什麼是眞如法，由於不知道的緣故，就不知道什麼是眞實佛，就會落到應身如來的五蘊上面去了。如果有人能善於知道什麼是眞實如來，什麼不是眞實如來，那麼這一些人都能夠知道眞正的大導師是誰；因爲應身如來也是靠眞實如來才能示現於人間，所以眞實如來才是眞正的大導師。這樣的人應當會獲得無上功德法而積聚在一起，可以把無上的功德法都積聚在他所知道的這個大導師身上，也就是積聚在眞實如來身上；爲什麼呢？因爲這個眞實如來是萬法的根本，你從這個眞實如來作根本，既可以通第三轉法輪諸經，也可以通第二轉法輪諸經，也可以通初轉法輪諸經。所以證眞如的人能通三乘菩提，而證得二乘菩提的人不能通大乘菩提，因爲二乘聖者並沒有證得這個眞如心；也因爲這個眞如法性是諸法的根本，所以你證得這個根本以後，從這個根本來瞭解二乘菩提，也來瞭解大乘菩提，全都可以通，那麼諸法功德當然都聚在這個法上面；由於這個緣故，將來就一定可以成佛。

證得這個眞實如來的時候，重新再跟隨大眾誦那首四宏誓願偈的時候，可就眞的有信心了。在沒有證得這個眞實如來以前，跟著大眾在課誦時唸到四宏誓願，誦到「佛道無上誓願成」時，心裡其實覺得很不好意思，心中有些虛虛的；因爲連怎麼樣進入佛道都還不知道，怎麼敢說「佛道無上誓願成」呢？一旦證得以後就知道說：「**我眞的入門了，佛道是確實可以成就的，只**

是遲與早的差別而已。」所以這時知道自己將來眞的可以成佛，然後在還沒有成佛之前，直到將來乃至成佛之後都一樣會憐愍於世間。所以證得這個眞實心，看見親朋好友在那邊主張說：「要用不二者來覺悟於不二，以覺知心來把握自己。」心裡就覺得說：「哎呀！好可憐，眞沒智慧，眞是執著見，不論我怎麼爲他講解，他都轉不過來。」就覺得他們好可憐。

擴而大之，乃至看見那麼多的修學佛法者，都跟我這些親朋好友一樣轉不出來，眞的好可憐。乃至看見有道教裡面的、一貫道裡面的、天主教裡面的人，他們都在探究這個眞實的常住法，可是都同樣探究不清楚，就會感慨：「哎呀！眞的可憐。」可是你跟他們說明卻又說不通，怎麼辦？那就可憐歸可憐，說歸說，最後還是只好隨順因緣。所以就下了個決定：我一定不會捨棄他們，生生世世要度他們；能度到哪裡算哪裡，我就盡量把善法種子爲他們種下去，他們什麼時候可以發芽？那就只好等候時機了。於是爲他們種下種子以後，有時就去跟他們澆澆水。可是你沒有辦法期待說：「我今天爲他澆了水，他明天就要長成大樹就結果了。」不可能啊！有時候想到了，就去跟他澆一點水，慢慢地等待，就只能這樣。這就是你所能作的，除此而外，無可奈何，要隨順因緣，因此你就永遠都會有這個憐愍於世間的心腸。

接著說，這個成佛時的無上功德聚是根源於什麼？根源於眞如。而這個眞如是無變易法，你剛找到祂的時候，祂是眞實、如如；你將來成佛了，祂也是眞實、如如。祂這個眞如法性是不會變易的，這個體性是永遠不變的，所以說「**斯即眞如無變易**」。

接著是「**一切諸法離疑惑**」，從此不會再把一切法中的任何一法當作是常住法，只有這個眞如法是常住不變的；對於其他的一切法，你都不再有疑惑，都已確定是有生之法。有生之法則必有滅，從此以後任何一切法，你都不會取其一法當作是眞實如來，你都知道那不是眞實如來；不管誰講得多麼的理直氣壯，不管誰用什麼樣的言語來恐嚇你，你都不被動轉，因爲你已經於一切諸法離疑惑了。

可是這個眞如——如來，祂到底在哪裡？講了一大堆，如來到底在哪裡？對於還沒有找到自己的如來的人而言，可得要細心參詳了。你看，佛陀說法四十九年了，都是以這個眞實如來爲中心來說；爲了要這樣爲大家演說，都是靠著兩條腿走路去度人，眞的很辛苦呵！可見這個法是很重要的，否則人天至尊何必這樣辛苦來人間講這個法？佛陀來人間示現，祂明明知道會這麼辛苦，卻還願意來示現；而佛陀來人間講了四十九年的法，其實也就是講這個，所說的三乘菩提及人天善法，全都不離這個法。可見這個眞如根本法是很重要的，是佛法的根本，當然我們就應該要探究說：這個法到底在哪裡？就以宗門下的方便來爲大家演說吧：

《禪宗正脈》卷六：【雲峰文悅禪師，初造大愚；聞示衆曰：「大家相聚喫莖虀，若喚作一莖虀，入地獄如箭射。」便下座，師大駭。夜造方丈，愚問：「來何所求？」師曰：「求心法。」愚曰：「法輪未轉，食輪先轉。後生趁色力健，何不爲衆乞食？我忍飢不暇，何暇爲汝說禪乎？」師不敢違。未幾，愚移翠巖，師納疏罷，復過翠巖求指示；巖曰：「佛法未到爛卻。雪寒，且爲衆乞炭。」師亦奉命。能事罷，復造方丈，巖曰：「堂司缺人，今以煩汝。」師受之，不樂；恨巖，不去心地。坐後架，桶箍忽散，自架墮落，師忽然開悟，頓見巖用處。走搭袈裟，上寢堂，巖迎笑曰：「維那且喜！大事了畢。」師再拜，不及吐一辭而去。服勤八年，後出世翠巖。時首座領衆出迎，問曰：「德山宗乘即不問，如何是臨濟大用？」師曰：「你甚處去來？」座擬議，師

便掌；座擬對，師喝曰：「領眾歸去。」自是，一衆畏服。】

這是雲峰文悅禪師公案，我好像看過誰寫什麼東西，說雲峰文悅禪師再來投胎就叫作大慧宗杲。其實不對，雲峰禪師絕對不是大慧宗杲，他們其實是兩個人，現在且不談他。雲峰文悅禪師，他行腳參方，剛剛去造訪大愚禪師的時候，聽到大愚禪師開示大眾說：「大家相聚喫莖虀，如果把這一根莖虀喚作一根莖虀，將來死後入地獄時就會像射箭那麼快。」莖虀，就是把菜切成一段一段的，譬如芹菜，你把它切成一段一段，弄一些薑泥加上醬油，就這樣沾著吃，這叫作喫莖虀。當然不一定就是芹菜，別的菜也可以，只要是喫莖而不是喫葉、喫根，並且切成一段一段沾了薑泥來喫，都叫作喫莖虀。雲峰文悅聽到大愚禪師開示大眾說：「出家人互相聚在一起喫莖虀的時候，不可以把它叫作莖虀；如果把那一根莖虀喚作莖虀的話，將來下地獄時就像拿著箭往下方射去一樣快。」箭往上面射就慢，往下方射，又沒有底，就一直很快地下去了。

意思是說，進了禪門之後，在宗門下的事情，不許像一般道場那樣依文解義。在一般道場，喫莖虀就喚作喫莖虀。所以一般道場，你如果拿了莖虀沾了薑泥塞進嘴裡，和尚問你「喫什麼」，就說「莖薹」，沒有錯。在宗門裡面和尚問你：「喫什麼？」不許說是莖薹，如果你說是莖薹，那就像拿著箭往地獄射下去一樣快。雲峰文悅聽到大愚禪師這麼開示，心裡面非常地驚駭，不只因爲大愚禪師講的下地獄的意思，也因爲大愚禪師只講了這幾句話就下座了。禪師上堂開示就這樣子，總共幾句？才只有三句而已，然後就下座了。禪師從來都是這樣，雲峰你不能怪大愚；因爲大家請他來住持，是請他當禪師，不是請他當法師、經師。

雲峰禪師那時還沒有開悟，這麼一聽，心中大駭；然後就記住了這些話，晚間就上了方丈室，大愚禪師就問他：「你來我房間裡面是要求什麼？」雲峰禪師說：「我要求心法。」意思是說，我想要證悟眞心，這個悟眞心的法，請您告訴我。沒想到大愚禪師說：「法輪還沒有轉以前，食輪要先轉。你要我轉法輪，你就得要先轉食輪。你這個後生，」後生，閩南話的後生不正是指兒子嗎？但卻是因爲兒子比較後生，所以用來代替兒子這個名詞；用久了就喧賓奪主了，因此現在閩南語講的後生就是指兒子；大愚禪師說：「你是後生，趁著色力健，」也就是趁著身體力氣都還健壯時，「爲什麼不爲大眾乞食呢？」這是要他先轉食輪。接著又說：「我現在忍著肚子飢餓，哪裡有空閒的時間爲你說禪呢？」他那時眞的聽不懂大愚意在何處，但也不敢違背，所以就去處理一些廚房的事、菜園的事等等。

沒多久，大愚禪師移往翠巖那邊去住山，在翠巖山安住了；大愚禪師先移過去，後來雲峰禪師也就跟過去，繼續去追隨他；想要去追隨以前，得要先遞名刺，也就是寫了簡單的疏文請求跟隨。以前求見別人時得要先「投名刺」，特別是下位者求見上位者的時候。「投刺」就是把你所寫的：「我是什麼人，我何時要前來見您作什麼。」把內容簡單寫好了，摺起來，投進對方的門縫裡去，叫作「投名刺」，那個疏就叫作名刺。所以現在台灣話的名片還是叫作「名刺」，只有年輕人才說「名片」，我們以前都叫作名刺。現在都是印成小小一張卡片，但在以前都是用紙寫好，摺成長方形而投進人家的門縫裡去，然後門人就拿進去報告，再看要不要接見你，那叫作投刺，這個「名刺」古時就叫作疏。

他把疏文納進去以後，大愚禪師終於通知他，接受他來當常住，於是他就改住到翠巖去了。然後他又求大愚禪師爲他指示，大愚禪師說：「佛法還沒有到爛卻的時候，」也就是說，不必急著傳法，開悟的事情不用急；如果佛法到了爛卻的時候，我就一定要趕快幫你開悟。但是現在還不急啦！因爲還沒有到爛卻的時候。「如今下大雪，天氣很寒冷，你就爲大眾去乞討看看有沒有炭火可以禦寒。」他接受了，也照辦了。把這個乞求木炭的事情作完了，雲峰又上方丈室來。你看他眞積極，每一次作完了，他都很積極來求法；他誤以爲和尚要他作事情，事情若是作不夠時就不幫他開悟。所以他作完了，「能事罷」就是把這些他所能作的事情作完了，隨即又上方丈室來請法。這時候大愚禪師就跟他說：「堂司裡面人手不夠，那我就麻煩你了。」他也只好奉命，可是心裡面眞的很不快樂；因爲覺得大愚禪師老是不肯幫助他，都只是叫他作事。然後心裡面已經生起恨意了，就恨翠巖山的大愚禪師；而且心裡面有恨意存在，始終消不掉。

有一天他到後面架房去，也就是去茅廁解手，古時禪宗裡叫作「上架房」。古時當然沒有抽水馬桶，就只是用大小木桶放在固定的處所；小解是一個比較小的，大解是另一個大一些的。解手的時候，大解、小解不能混用的；大解時，會架上一條狹狹的橫向木板，一面是防著傾了，一面也是比較好坐。可能你們都不知道古人這種生活了。等到天亮了，再提出去倒掉、洗刷。「上架」就是架上木板而坐上那個木桶，也就是蹲馬桶的意思；結果沒想到那個桶箍也許因爲用久而鬆散了，沒有箍緊，於是突然間散落了，那他不就跌落在地上了嗎？這時候，他倒是開悟了。大愚交給他比較清淨的方法，他不能悟；遇到這種污穢的法，他這一下忽然開悟了。這確實也比較容易開悟，因爲如果去乞炭、種植、轉食輪，對他而言確實是比較難悟，因爲他很容易落入境界裡。

這回他終於眞的開悟了，才知道原來大愚禪師叫他轉食輪、叫他乞炭、叫他去堂司幫忙，全都是有用意的，這回終於懂了。這不就是廣老度人的手段嗎？人家都問說：「師父！你悟那麼久了，我們都悟不了。」廣老不是說：「多多作事啦！作事就會開悟。」有沒有？所以你們很聰明，懂得要努力作義工，因爲多作義工就會開悟，意思都一樣的。所以法輪未轉，要先轉食輪；懂得轉食輪了，法輪自然會跟著轉。這個時候他悟了，才終於看見大愚禪師的用處，於是「走搭袈裟」；「走」就是跑步。走，在古時候就是跑步的意思。他趕快淨身之後就急忙跑了去，回到寮房搭起平常不穿的袈裟，具足威儀而莊嚴起來；因爲心中感恩，所以要具足威儀，然後上寢堂；才剛剛進入大愚禪師的寮房，大愚一看他的舉動就知道這傢伙悟了，就說：「維那！這一下倒是可以跟你道喜了，大事了畢了。」這個時候雲峰禪師就再禮一拜，連一句話都沒有說，就直接離開方丈室了。接著繼續爲大愚禪師服勤八年，後來他就接任翠巖道場的住持。後事如何呢？且聽下回分解。

上一週〈了身非相分〉講到宗說的部分，上一週說：這雲峰文悅禪師蹲馬桶的時候桶箍散了，所以跌了一跤。這一下可眞悟得親切了，所以急急忙忙盥洗好了，搭起袈裟來，也就是具足威儀，然後去方丈室禮拜他的師父大愚禪師，那時候大愚禪師被人改稱爲翠巖禪師。他才一進方丈室禮拜，大愚禪師一見就知道怎麼回事了，所以就恭喜他；因爲他才剛進來，準備要禮拜，大愚禪師一見就知道了，所以當面就跟他恭喜；他都還沒開口還沒拜下去，師父就先恭喜了：「維那啊！可喜可賀啊！如今大事了畢了。」所以，叢林裡面最重要的大事就是破參。現在破參這件大事已經解決了，等於是他還沒有開口，就先爲他印證了。然後他又向大愚禪師再禮一拜，接著一句話都沒講，立刻就退出去了，這是眞悟禪師門下的作略。

如果是清朝雍正皇帝，他主持禪七時；在他當上皇帝之前，也在他的「潛邸」主持禪七；只不過在他主持的禪七之中，當他要為人家印證時，都得要在那邊打坐七天，然後觀察某某人是不是開悟了；如果觀察一次不夠，就坐兩次七；兩次不夠就三次，每一次要打七，都是整整七天打坐；他們在幹什麼呢？求一念不生。換句話說，他是怎麼勘驗的呢？他是在禪七的時候，去勘驗那些王公大臣們有沒有昏沉，或者靜不下心來。比如說，一面坐一面點頭，那就是昏沉了，那他一定沒有開悟；如果有人坐得很好，但是看起來好像也沒有妄想，也沒有昏沉，那就印證他開悟了。所以他的《雍正御選語錄》（不是《揀魔辨異錄》，《揀魔辨異錄》是破壞如來藏的邪書），專門選擇禪宗祖師的公案中，以離念靈知作爲證悟內容的公案，選進去加以讚揚。他對大慧宗杲特別生氣，很氣大慧禪師；因爲大慧講的是如來藏，跟他講的離念靈知根本沒有交集，沒辦法互相印證，格格不入嘛！所以他對大慧宗杲的評論是「一無是處」，說大慧禪師的語錄及公案「一無可取」；所以大慧宗杲的語錄或者公案，沒有一件可以被他錄取在《雍正御選語錄》中。那你看，雍正到底是落在意識？還是有悟到如來藏？這就很清楚了，你們都知道了。

所以，宗門下事不在於修習有念、無念的境界；那種有念、無念的修禪方法與境界，六祖惠能早就罵過了。雍正只是不敢罵六祖，其實他心中是很氣的；但是他不敢罵，因爲六祖是禪宗史上不可推翻的人物；他雖然當了皇帝，也自封爲法王了，但也還不敢公開地罵。臥輪禪師不是說他有伎倆可以什麼思想都沒有嗎？六祖卻說：「我惠能沒伎倆，不斷百思想；雖然如此，我的菩提就是這麼成長。」這不就講得很白了嗎？爲什麼還要去求離念靈知，還要求一念不生的境界呢？那些求一念不生的禪七，打起來也很辛苦，因爲動也不許動。而我們四天三夜的禪三也很辛苦，不過我們的辛苦是心很苦；他們打一念不生的禪七則是腿很辛苦，所以每次上座不到十分鐘就開始叨唸著何時下座，才十分鐘就開始在心裡面叨叨絮絮地唸：「怎麼引磬還不敲？」因爲要等到引磬敲了才許放腿。腿已經痠痛了，不趕快放腿怎麼行？如何能一念不生？如果會修行，緣於腿痛就說：「很痛、很痛。」很痛，就把「痛」這個字延續下去，也可以一念不生，否則是很難一念不生的；只不過，他得要先懂六妙門，才有辦法運用這個方法。所以一般人熬腿功夫不好，腿熬不起來就沒有辦法熬下去；因此，才剛盤起腿來十分鐘、二十分鐘，就覺得好痛、好痛，因爲還沒有盤習慣。如果將來想要修禪定，你現在聽經時就可以練習單盤；把腿盤一盤，瘦了就換腿，眞的沒關係；不斷地上下交換，盤慣了，久而久之，習慣了就沒事了，可是同樣也是苦。我們的禪三是心很苦，因爲悶死了；不論怎麼找，就是找不到眞如；明明就在眼前，怎麼老是找不到呢？很苦的是心。他們禪七苦的只是腿，所以那樣是沒有辦法跟禪宗的公案相應的。

你看，雲峰文悅搭了袈裟，急急忙忙進了方丈室；人家大愚禪師一見就恭喜他了，都還沒等他開口呢！就像以前大慧宗杲跟那個徒弟福本（落腮鬍那個福本禪師），他出遠門去出差，路途之中倒是開悟了。等他把事情辦完回寺，大慧禪師遠遠看他走近來，就知道他開悟了，爲什麼呢？因爲他走路跟以前不一樣了。是不是走路有風了？當然不是走路有風，但就是不一樣，所以大慧禪師大老遠看見他，就說：「本鬍子！這回可眞悟了！」所以禪宗的開悟並不是在離念或不離念的事情上用心。你看雲峰禪師，他才剛踏進方丈室，還沒有開口，也還沒有禮拜，大愚禪師就恭喜了。雲峰也是個漢子，聽到恭喜了，禮一拜，然後就走了。以後就是在大愚禪師座下無怨無悔地服侍了八年，他服侍八年都在幹什麼？都在幫大愚禪師洗衣服，遞臉巾、熱水，幫他提水等等，就作這些事；服侍八年才離開。後來他在翠巖住山。

當他正式住山於翠巖的時候，因爲在翠巖住山時是要先上堂開示的，於是大家都在那邊等著他了。有個證悟的禪師要來開示，每一個道場都歡迎。誰不歡迎呢？只有悟錯了的禪師，人家才不歡迎；凡是悟得正確的禪師，到處都歡迎。所以他去上堂的時候，首座早已領著大眾出迎了，大家出來山門奉迎他。但是叢林裡面有一個慣例，就是你才剛一到，人家要驗你：你到底眞的悟了沒？可別是冒充的。若是冒充的，就會被趕出去，不讓住進來，所以才剛上堂，翠巖的首座開口就問：「德山宗乘即不問，如何是臨濟大用？」

對一般人來講，這很不禮貌；大師要進來住山，你竟然當面就要問人家有沒有開悟，來個下馬威，這眞的很沒禮貌。然而禪門不管這個，禪門裡面實事求是，來者究竟是有或是沒有，當面就要弄清楚，一向都如此。所以這個首座當著大眾的面就問：「德山宣鑑禪師宗門下事的密意，我就不問，那麼如何是臨濟義玄禪師的大用？」這就是要看他到底悟了沒有。所以江湖上有一句話說：「行家一伸手，便知有沒有。」如果沒有，這手插進口袋裡老是拿不出來，就放在口袋裡支支吾吾講一大堆。你要是有，從口袋裡一伸手，拿出來：「就在這裡！」說這樣就有了。所以雲峰文悅當時怎麼回說呢？他就反問：「你甚處去來？」問首座是「哪裡去來？」這都是閩南語，因爲都是在嶺南的事。「你甚處去來？」這句話不懷好意；首座要是懂得他這句話是什麼意思，就不必開口了，自然另是一種作略。可是首座不懂，這雲峰文悅禪師看他準備要開口，一掌就打過去了。這個首座胸前挨了一掌，還準備要開口，雲峰文悅禪師就大喝：「領眾歸去。」首座沒轍了，一點辦法都沒有，只好依言領著大眾各自歸房卸衣。從此以後，一寺僧眾都很敬畏雲峰禪師。

從表面上看來，這好像是下馬威，其實絕對不是下馬威。所以，懂與不懂，入了門沒有？當面就分曉，容不得打混啊！叢林裡面自古以來就是這樣，從釋迦佛的年代就這樣了，傳到中國來還是如此；只要有誰是冒充的，縱使那個道場裡面沒有人能檢點他，自有別的禪師會來檢點他；檢點了以後就讓他世諦流布，讓他臭名傳遍四方。這就是宗門下事，規矩一向如此。雲峰文悅禪師這麼一來，首座就迷迷糊糊了，根本不知道雲峰禪師意在何處。

你們破參的人就知道，雲峰禪師說「你甚處去來」，果然是大大的不懷好意。你要是知道他不懷好意，「惡」向膽邊生，就把雲峰肩上的包袱一把搶過來，回頭走了，直接就送入方丈室去，還要開口幹什麼呢？

所以宗門裡面的機鋒並不是什麼下馬威，那些不懂的人就開口說：「人家要來當住持，首座當然要掂掂他的斤兩，看他手段如何。那雲峰禪師就是懂得用下馬威，一下子把他壓到底，以後就沒有人敢反抗了。」如果用禪師說話的習慣，就說：「那叫作屁話！」講得雅一些就說：「且喜無交涉。」這就是說他們都是不懂禪的人。凡是眞正懂禪的人，在這裡面就看出每一句話互相應對之間的蹊蹺在哪裡。當禪子能夠這樣子看出蹊蹺，從此以後般若諸經便可以讀通了，從那個時候開始可以自己轉經；如果不能如此，那就要繼續每天被經轉。還在門外的禪者都是每天被經本轉來轉去，今天被經本轉到法鼓山去，可能只因爲聽說法鼓山在講某某經；可是如果還弄不清楚，也許三個月後又被中台山轉了去，因爲聽說中台山在講禪，總是這樣子被經轉。如果你會了這一著子，你自己就能轉經，整部《金剛經》就由著你轉。大家都同樣自己背著一部《金剛經》，卻總是自己不轉，要去聽人家轉、被人家轉，那不是腦袋有問題嗎？

我們這裡就是要教你自己轉經，等你會轉了以後，那些大師們就要讓你來轉，他自己轉不來了；因爲當你開始轉經，他就無法轉經，你才是眞正轉經者。前面不也講過嗎？人家送了好多銀子來供養趙州，請他轉經；這老趙州下禪床繞一圈，隨即又坐上去，就說轉經完畢。賺錢就是這麼容易，一寺僧眾的道糧無憂啊！對不對？你們看那些大法師爲了賺錢要弄什麼唱誦法會，鏗鏗鏘鏘地辦個三天才能收到錢，否則寺廟維持不下去，僧眾得要開始散了。因爲有些信徒很奇怪，他們不是學法的，純屬信徒。那些信徒，你要他護持道場，門都沒有！可是你如果辦誦經法會，他們就來搶：我要當中壇的大功德主。中壇的功德主要花多少錢？最少要一百萬元（編案：這是二○○八年元月二十二日所講）。現在不曉得要多少錢？我所知道的，七、八年前當那個功德主要一百萬元台幣；其他的還有區分內外壇的各種名目，要捐的款項數目各不相同。他們這些信徒，錢很捨得花；可是你如果講經說法，想要叫他護持，他們可是沒興趣的。所以他們所謂的轉經，就是要弄很多的梵唄，弄個三天，每天鏗鏗鏘鏘的，還要大聲唱誦，汗滴長流，眞的很辛苦。你看人家老趙州都不用如此，只下禪床繞一圈又上來坐定，就轉經完了，並且他還是眞正的轉經。那些大小法師們弄了一大堆人，鏗鏗鏘鏘拚得要死，大家累得不亦「苦」乎；這樣子累了整整三天，加上前一天的準備，大概要辛苦四天，好不容易才算轉經完畢，結果轉的還是假經。

所以進得正覺來，就是要懂得「這個」——此經。懂了這個，第一大阿僧祇劫就過完快要三分之一了，這樣才是眞正在修學佛法。教導大家學這種了義法的聚會，才叫作眞正的法會。所以我們正覺講堂，一週七天，總有六天都在辦法會，對不對？從週一到週末都有，只有禮拜天沒有。禮拜天就是用來誦戒、打禪一，其他時間都在辦法會；所以我們的法會最多，而且是眞正轉經的法會。每天在那邊鏗鏗鏘鏘，不是眞正的法會，其實沒有用啦！所以要懂得宗門下事，才能辦出眞正的法會來。爲什麼《金剛經》會扯上宗門下事？因爲《金剛經》講的是此經，此經就是如來藏、就是法身、就是自性彌陀、就是本地風光、就是本來面目。而宗門也是在幫助人家證得此經的，既然如此，當然《金剛經》的宗通，一定要與宗門下事相配合。如果不談「這個」，就不能叫作《金剛經》的宗通。

所以《金剛經》宗通的所有單元的法會講完整理以後，也許會把宗說的部分拿掉，出版時就叫作《金剛經理通》，不再叫作宗通了。以後誰想要再看到這個宗通，機會難得！可能會等很多很多年以後，再去正覺寺裡面去放映；到時候想要再聽這個東西，不管你住哪裡，請你到大溪來。（編案：後來平實導師考慮整理成文字以後，由於沒有現場的臨場感觸，不會很明顯洩露出佛法密意，因此決定依舊把宗說的部分完整保存在書中，沒有刪除，成爲現在的模樣，呈現給讀者。）所以佛法中說的眞正的法會，不是歌聲唱誦、樂器梵唄那樣聲振屋瓦、擾人清夢的儀軌，一定是不斷在教導大家如何去證得「此經」的說法聚會。那些趕經懺度亡的儀軌，不是眞正的法會，只能說是與亡者告別的世俗儀軌，當然也可以用它來慰藉仍然在世的亡者親屬，覺得大家都已經爲亡者作了該作的事而可安心了，這些人當然不懂佛法，因爲都不懂「此經」非身非相，也不知道「此經」如來藏就是法身佛。只有證得「此經」的人，才能夠眞正的「了身非相」；法身無形無相，卻在有相法中，與有相法不一亦不異，所以說有爲法住無爲法中，無爲法就是如來藏。被生的一切有爲法與能生的如來藏是合在一起的，只是你若想要把這事弄清楚，並不那麼容易。所以有機會還是要設法投入正法中，如果不投入正法中修學，想要獲得佛菩薩的加持來證悟此經，將會非常地困難。這一品講完了，我們再來進入下一品。

〈無斷無滅分〉第二十七

【「須菩提！汝若作是念：『如來不以具足相故，得阿耨多羅三藐三菩提。』須菩提！莫作是念：『如來不以具足相故，得阿耨多羅三藐三菩提。』須菩提！若作是念：『發阿耨多羅三藐三菩提者，說諸法斷滅相。』莫作是念，何以故？發阿耨多羅三藐三菩提心者，於法不說斷滅相。」】

講記：「須菩提！你如果是這樣子想：『如來不是以具足相的緣故，證得無上正等正覺。』須菩提啊！不要生起這樣的想法來：『如來不是以具足相的緣故，證得無上正等正覺。』須菩提啊！如果是這樣子想：『發起無上正等正覺的人，是主張諸法斷滅的法相。』不要生起這樣的想法來，這是什麼緣故呢？發起無上正等正覺心的人，於這個無上之法一定不會說是斷滅的法相。」

這一品〈無斷無滅分〉，它在告訴我們什麼意思？這五個字開宗明義就告訴我們：佛法所說的般若實相不是斷滅空。一向都有人說：「般若諸經講的就是一切法空，所以第二轉法輪諸經說的般若就是性空唯名。」諸位都聽很多了。那一些人對般若的瞭解，就是一切法空；他們總是用解脫道所說的緣起性空來解釋般若的意旨，認爲：般若其實只是施設一些名言，來重新解釋阿羅漢所修的一切法都應該斷滅的解脫道，並無實義。可是大品般若、小品般若、《金剛經》、《心經》，講的都是一切法空嗎？絕對不是。如果是一切法空，佛陀根本不用來人間辛苦一趟，因爲人間早就有斷見外道在弘揚一切法空的學說了，何必要佛陀那麼辛苦再來示現受生、再來弘法呢？所以般若的意涵絕對不是在主張一切法空。因爲般若往往附帶兩個字，叫作實相；從來沒有人主張說「虛相般若」，只有說「實相般若」的。既然般若是講實相，實就是眞實，總不能說把實相解釋成斷滅空無吧！斷滅空無，是虛相，不是實相。

所以，台灣的印順法師把般若判定爲性空唯名；那表示說，他認定般若是虛相法。在他私心裡面的想法是說：佛陀來人間，只是要講阿羅漢們所證的解脫道，只是要告訴大家實際上去觀行證實蘊處界諸法都是緣起性空，這就夠了，不必再講實相般若。只要大家都證得阿羅漢果，都有能力入無餘涅槃，都已成爲阿羅漢，那麼大家的證境就是與　佛陀相等了，後來再講的般若諸經只是施設一些言語，把聲聞解脫道重講一遍罷了。這就是他的觀念，他只是不敢明白寫出來而已。實際上他的觀念就是：佛陀初轉法輪宣講解脫道十幾年以後，又來講實相般若，其實都是多餘的；講般若諸經的目的也只是幫助大家瞭解一切法空，所以《般若經》所講的內容沒有眞實自性，只是一些名相而已。因此，台灣釋印順才把般若判爲性空唯名。奇怪的是，台灣那麼多的大山頭大師們，竟然沒有一人看出他的問題來。

如果般若眞的如他所說只是性空唯名，那就只是語言施設方便而說，同於聲聞羅漢道；顯然他心中已認定：般若乃至《金剛經》全都只是戲論，所以　佛陀其實不用再講般若；因爲般若就是一切法空，只是換個方式把阿含所講的緣起性空，重新再講一遍而已。所以他的判教是把解脫道判作成佛之道，所以他從來都不承認大乘經典是　佛說。聽說他把四大部的阿含翻到快要爛了，顯然四大部的阿含諸經他是讀得很熟悉的；可是阿含裡面明明記載著很多與大乘有關的事項，他爲什麼都視而不見呢？這就表示說，他要貫徹達賴集團黃教應成派中觀的六識論思想，所以才會那樣故意視而不見。

但是般若既然是在說明法界的實相，實相既然不叫作虛相，顯然不是有斷有滅的唯名相法，顯然不是在講一切法空；而是用一切法空，也就是在講蘊處界乃至世出世間法空的背景下，來烘托出有一個眞實法名爲「此經」，來烘托出一切法空所說的諸法，其實都是從這個實相「此經」中出生的，讓佛弟子實證以後知道生從何來、死往何去，終於可以自己證實三界唯心、萬法唯識，這才是般若諸經的眞實義。可是這個眞實義，他們都不去看，他們都只看文字表面，就說：「你看《金剛經》中，不論什麼法都說不對，不論什麼都說是空的，所以全部都要空掉才對。」於是就這樣一直空下去，他眞正變「空」了，結果是把他的腦袋弄壞了。閩南語說「空的」，「空的」是什麼？就是精神病患，意思是瘋了的人；精神錯亂了，才會主張說：「般若是一切法空、是性空唯名。」如果他有機緣依舊生而爲人，二十年後到同修會裡來，再來談性空唯名，我就一棒打他頭上腫一個包，再要問他：「空不空？你既然說一切法空，頭上挨了一棍，腫起一個包來，到底空不空？」我可要問他了。他若繼續說空，我就再敲一棍。別伸手來隔，他若伸手來隔，我就更大力打他的手，看他空不空？等他說不空，我卻告訴他：「空！」看他怎麼說「空」？

所以，般若跟宗門下事、教外別傳，其實是一體的兩面；因此，佛陀一定要有教外別傳的法來傳授，不可能只在教門下說，因爲那樣要悟得「此經」實在太困難了。所以好多人參不出來，爲什麼去到禪三精進共修時就能破參？因爲有教外別傳的各種施設方法來幫助。而這一品就先提示大家般若所說的教法，指的是「無斷無滅」的「此經」實相；如果是斷滅、是一切法空，佛陀其實不用講這麼多，只要把二乘解脫道講完了，就可以入涅槃了，不需要那麼辛苦再講三十年。所以，般若其實是告訴我們：世間法、出世間法乃至大乘佛法都不是眞實法，因爲這一些法都依背後的「此經」如來藏才能出現、才能存在、才可實證，只有此經才是眞實。所以乃至說，三十七道品也都空、都不眞實，就是要大家藉著三十七道品去體會到：這三十七道品的背後是什麼？三十七道品又是依什麼而施設？要懂這個，要瞭解世間法、出世間法全部都從「此經」如來藏來，只要親證「此經」如來藏了，就知道此經即是金剛心，永不可壞；就親眼看見實相——原來法界的實相就是如來藏。

從此開始就懂得無餘涅槃裡面是什麼境界了，只要善知識提示一下，你就看著自己的如來藏：把蘊處界的自我全部排除掉，剩下如來藏單獨存在的時候是什麼境界。這一觀察就知道了：「原來無餘涅槃中是這樣的。」所以你不必入無餘涅槃，就已經看見無餘涅槃了，無餘涅槃就在你手裡了。但是阿羅漢證得有餘、無餘涅槃，其實都不是眞實的證，只是方便說證；因爲他們還沒有入無餘涅槃的時候，不知道無餘涅槃裡面是怎麼回事。他們既沒有找到如來藏，如何能知道無餘涅槃裡面如來藏自己獨住的境界是什麼狀況呢？當然不知道。好了，等到捨報的時候，他入無餘涅槃以後，把十八界的自己全部滅盡了，這樣才能入無餘涅槃；可是他自己已經不存在了，又怎麼知道無餘涅槃裡面是什麼境界？所以阿羅漢能入無餘涅槃，卻不知道無餘涅槃裡面的境界是什麼。你證得此經、能運轉此經，這個時候把自己十八界都排除掉，看看剩下此經如來藏的時候，那個境界是怎麼回事；你了然分明地看見了，那就是實證無餘涅槃中的本際。所以這樣子現觀的時候，你把無餘涅槃捏在手裡，阿羅漢卻看不見。

所以我說：阿羅漢來到菩薩面前，沒有開口的餘地。阿羅漢們，如果現在南洋還有的話（目前文獻所知是沒有，因爲那些自居阿羅漢的人都還沒有斷我見）；假使還有阿羅漢，哪一天一群阿羅漢來到正覺講堂時，我管保他們開不了口。因爲他們來時才剛自稱是阿羅漢，我們馬上就要問他：「請問你，無餘涅槃裡面是什麼境界？你講給我聽聽看。」即使他們眞的是阿羅漢，也是講不出來的。等他們開口來問，我們所有親教師之中，不管哪一位都輕易可以打發他們。當他們開口要問無餘涅槃時，桌上的茶端給他就行了，就已回答了。但是我保證，阿羅漢們喝了茶，還會繼續問：「你還沒有回答我呢？」這時候，我們那位親教師也許就大喝一聲：「出去！」就把阿羅漢們喝出去了。他們被喝出去了，還是弄不清楚到底怎麼回事，眞的弄不清楚。

這就是說，佛法不是講斷滅空，不是虛相法，這個知見一定要先建立。我這一世初學佛，還沒有悟得往世的所證；那時談到菩薩道，我就提出四、五點的主張，我說：菩薩道是積極的，是進取的，是奮發的，是智慧的，是出世也是入世的。那時候我都還沒有破參，學佛才三、四年。那時候講的那些東西，如今都還有錄音帶存證；當然現在聽起來都知道那只是戲論，一定是戲論，因爲言不及義嘛！都還講不到第一義的實證。但已經主張菩薩道的觀念：奮發、積極、進取、精進、入世等等，這一些主張都是正確的。因爲一般人的想法說：學佛就是要消極，什麼都不要，全都要放棄。看起來很消沉的想法，而我的看法不是這樣。所以，人家說佛法就是一切法空等等，我聽不進去。也就是說，往世學來的那些種子流注出來，就會使你自然而然不會認同斷滅空的說法，所以才會積極的想要弄清楚說：開悟到底是悟個什麼。因此，如果有人認為修學佛法是消沉的、是退縮的，那麼那個人一定是聲聞人；菩薩可不是這樣修學佛法的，菩薩要歷經三大阿僧祇劫來成就佛道，要利樂無量無邊眾生，怎麼可能是消極而退縮的呢？所以我那個時候，早就講過，消極是在物欲上面消極，但是在法上是積極而進取的，在利樂有情上面是積極而進取的，所以千萬不要去認同所謂的緣起性空、一切法空，要把錯誤觀念給扭轉過來。一切法空、緣起性空是依於常住的如來藏及生滅無常的五陰而說一切法空，所以如果不是依於常住的如來藏來說蘊處界緣起性空，那就跟斷見外道合流了，是與斷見外道同流合汙了，不要再自命清淨了。

接著回來《金剛經》看這一段經文，仍然是 佛陀不問而說。不問而說的，一定是 佛陀認為這是很重要的，所以須菩提雖然沒有問，世尊也主動提出來講。佛陀說：「須菩提啊！你如果起了個念頭，這麼說：『如來不是由於具足三十二大人相的緣故，得到無上正等正覺。』須菩提啊！你不要這樣想：『如來不是以具足相的緣故，得無上正等正覺。』須菩提！如果你起了這樣的念頭：『發起無上正等正覺的人，他會說諸法都是緣起性空而歸於斷滅空。』你不要起這樣的念頭，不要生起這樣的想法，爲什麼這樣呢？因爲發起無上正等正覺心的人，在佛法上一定不會說是斷滅空的法相。」

世尊二次提醒須菩提，不要生起「佛法是斷滅空的想法」，因爲諸佛都是由於悟得能生三十二大人相的眞如心而成佛的。

這段話不斷地重複，世尊先說：「你如果這樣想：『如來不是由於具足相的緣故，得到無上正等正覺。』」然後又吩咐須菩提：「不要生起這樣的念頭：『如來不是由於具足相的緣故，得阿耨多羅三藐三菩提。』」爲什麼 如來要這樣重講一遍？很奇怪吧？一定有緣故啊！明明已經告訴須菩提，不要起這樣的念頭，結果祂老人家竟把這個念頭自己又講一遍，眞的很奇怪呵！如果你不是家裡人，就不知道 釋迦老子的神頭鬼臉，祂眞是入泥入水呢。若是上上根人，當 佛陀說：「汝若作是念：『如來不以具足相故，得阿耨多羅三藐三菩提。』」就應該悟入實相了，般若就生起了，這時候就該悟了。可是須菩提那個時候還沒有體會到這麼深入，所以 佛陀又吩咐他說：「你不要起這樣的念頭：『如來不是由於具足相的緣故，得阿耨多羅三藐三菩提。』」表面上看來好像只是重複而說，可也實在夠老婆了，眞是老婆心切。依照禪師的說法，這叫作眉毛拖地，眞是入泥入水爲人，所以這裡面一定有蹊蹺。

可是這個蹊蹺，古來少人知。會不會？「古來少人知」，我這一句跟 佛陀重講的那一句，一樣不一樣？（有人答：一樣。）一樣嘛！所以你要會聽出弦外之音。聽懂了弦外之音，那你不論到哪裡去，全都聽得見。這個弦外之音，你們可別說沒聽見。這個弦外之音，猶如天雷價響，眞是如雷灌耳。既然 佛陀講了這一句，這麼老婆，直指密意，須菩提竟沒反應；可見那時須菩提還沒體會到這麼微細的地方，所以 佛陀只好又吩咐說：「須菩提啊！如果起了這樣的念頭：『發無上正等正覺心的人，是爲人演說諸法的斷滅相。』你不要起這樣的念頭，因爲發起無上正等正覺心的人，在法上不說斷滅相。」這已經是放過了，就只從法相上面來說，已經不是直指此經了。你們聽過有人這樣講《金剛經》沒有？其實古代祖師一定有人曾這樣講過，只是沒記錄下來而已。今晚這樣講，以後整理成書而記在《金剛經宗通》裡面，讓沒有來聽的人嗅一下，開口說道：「人家《金剛經》講出來是這樣的味道。」在這幾句話下，若是能夠悟入，可以當人天之師了。我沒說謊，如果在我這樣幾句話下悟了，眞的可以在末法時代當人天師了，絕對不是等閒人物。所以《金剛經》的宗門下事，要能弄通是不容易的，一向都是如此。

接著我們再從事相上來說。佛陀爲什麼要說：「你如果起個念頭說：『如來證得無上正等正覺，並不是因爲具足三十二大人相的緣故。』不應該起這樣的念頭：『如來證得無上正等正覺，並不是因爲具足三十二大人相的緣故。』」佛陀爲什麼要這樣說？從文字表相來看，也確實如此，因爲三十二大人相，那是要歷經很多劫去修行，到達等覺位以後再用整整一百劫專修福德，無一時非捨命時、無一處非捨身處，這樣整整一百劫都是在修集福德，內財、外財都施，才能成爲一生補處而具足三十二大人相的。妳們女眾如果未來哪一世嫁給等覺菩薩，可不要抱怨，他可能會把妳給布施出去，那時妳可不要抱怨，妳應該慶幸：我能夠被他把我布施出去。因爲跟等覺菩薩結下那個緣而成爲親屬，這很不容易。妳們要瞭解這一點，我幫妳們先把這個種子種進去。到時候可不要怨天尤人：「你既然當大菩薩，爲什麼都不顧念我？這麼沒慈悲。」妳不要這樣想，妳要這樣想：「我能夠幫助等覺菩薩成就三十二相的大福德，我在法上一定會迅速提升，我不久就會跟他相聚，他一定很快會成佛，幫助我快速修完成佛之道。」應該這樣慶幸，不要自憐自艾。等覺菩薩這樣一百大劫都在修什麼呢？修福德。修福德的目的，就在於成就三十二大人相。這是三大阿僧祇劫以後，再加上整整一百大劫專修福德，布施內財、外財，什麼都施。所以要有很多的福德才能成就一種大人相。

如果沒有這些福德，也不能成佛。可是有些人，他們就因此而落在表相上，說成佛要廣修福德，所以他們專修福德而不修智慧，結果努力學佛的果報是：下一輩子吃甘蔗、掛瓔珞，可是兩根長牙長得好長。當什麼去了？當有福的大象。好可憐啊！這意思就是說，從事相上來說：這三十二大人相代表的是福德，不是智慧；因爲三十二大人相不單是由修慧得來的，是由修福得來的。那麼福德是事相法，不是理上的實證。在事相上修了廣大福德以後，依舊沒有辦法斷我見，更別說要明心、要見性，至於成佛根本就不用提了。所以從文字表面來說也正確，如來不是由於具足三十二大人相而獲得無上正等正覺，因爲三十二大人相的修得是從實相心如來藏修得的。

所以修福德當然很好，我絕對贊成，但是我要加一個註腳：必須同時修慧。否則廣修福德之後，果報很淒慘呵！爲什麼呢？捨報的時候沒有智慧，看見天界五百天女那麼漂亮等著他，那時候會怎麼樣？心裡面一個好奇：「**我去瞧一瞧再下來，我不一定要留在那裡。**」然而這一去了，就被欲界天的境界所拘束而受生在欲界天中，無法回到人間了。等他在欲界天中把福報享完以後就沒有福報了，享受完福報以後，下來人間要當什麼？大多不能再當人呵！因爲他的福報全都享完了，剩下的是往世曾經欠人家的一些小債務，他已經沒有福德再當人了，那就去當狗幫人家看家，去當牛幫人家拉犁。

所以，有一些外道看到有些人修福，就跟那些人祝福：「**祝你們未來得生天。**」佛陀卻不這樣跟他們祝福，人家問說：「**佛啊！您爲什麼不祝福他們？**」佛說：「**因爲我看到他生天享福完了以後，果報淒慘。**」所以，那些專門修福的人不值得我們向他賀喜，因爲下一世是很好過，然而天福享盡時可就來不及挽回了，因爲在天上想要修福眞的很困難。所以修福很好，並且成佛也一定要修福；可是我們在因地修福時，一定要同時修慧，千萬千萬不要求生天堂；因為去天堂享福完了（天堂是哪裡？所謂的天堂都是欲界天，不管哪一個宗教，你去看他們所講的天堂，全都是欲界天，不論是一神教、多神教都一樣），當他們在天堂把福德享受完了，下來人間時要怎麼辦？所以菩薩修福一定要發願：「**我同時要修慧，願我以此福德可以實證菩提。**」並且還要同時發願：「**我生生世世要在人間修學佛道，我不要去天界享福。**」這才是有智慧底菩薩。

證菩提，到底是要用什麼來證菩提？要用智慧。證聲聞菩提要用解脫道的智慧，證緣覺菩提要用因緣觀的智慧，證大乘菩提要用法界實相的智慧，全都靠智慧。以前有人說修定也可以解脫，我偏偏說修定不能得解脫。有人不服氣，那咱們就來核計核計看看。譬如說滅盡定，滅盡定名為定，可是滅盡定是純靠禪定而得到滅盡定嗎？不是嘛！所以諸位眞有智慧，知道滅盡定的取證還是靠智慧，只是要以非想非非想定為基礎。那些外道們，古時候很多人證得非非想定，可是　佛陀都授記：他們生非非想天，下來果報都不好。問題出在哪裡？在於沒有證滅盡定。可是阿羅漢修得非非想定的時候，聽　佛一席法就立即證得滅盡定。不是進入非非想定裡面再想辦法去證滅盡定，而是因為斷了我見，所以他進入非非想定的時候，就可以轉入滅盡定了。可是斷我見並不是禪定，而是智慧。所以凡是與斷我見無關的法，不可能證得解脫果；一定要修學跟斷我見有關的法，才能證得解脫果。譬如說，觀行蘊處界的虛妄，可以斷我見；斷我見以後，進一步去斷除外我所的貪著、內我所的貪著，這也是與斷我見有關的，果報是斷盡思惑，這樣才能得解脫果，與禪定無關。凡是與因緣觀有關的，並且要依於十因緣作前提，來修十二因緣法，才能證得因緣觀；這樣才能得緣覺菩提，而這也是智慧。大乘菩提要證得實相，能夠現觀實相，從明心入手，這也是智慧。

開悟明心不是靠打坐，若沒有參禪的正知見，坐到腿斷了也明不了心的，打坐有什麼用？所以我們精進禪三時，都不像人家規定最少要單盤，也不要求說：敲了引磬以後才可以放腿。我們從來沒有這樣，隨你怎麼坐都行。你只要不吵到別人就好，要交腿坐，要日本式的跪坐，要用天神坐，要單盤、雙盤，全都隨你；甚至於你不坐也可以，想要拜佛就拜佛，這也可以。你說：「我不想拜佛。」那你有什麼花招，也可以自己來，都沒關係，只要不吵到別人就行，所以智慧不在坐。古德早就講過了：「念佛不在嘴，參禪不在腿。」

爲什麼要規定大家都在那邊跟腿痛對抗，要練腿功呢？那是修定才要練腿功。所以佛法中是靠智慧，不是靠打坐修定得來的。那麼這樣看來，凡是與斷我見無關的，與斷我執無關的，與修因緣觀無關的，與明心無關的，那一些法當然都跟修學佛法無關。

那麼由這個前提，咱們來檢討西藏密宗—所謂的藏傳佛教—他們的生起次第；在生起次第裡面要作不同於佛法的加行，加行之前要先供養上師，請問：供養上師能不能得智慧？能不能得智慧？不行！因爲密宗上師本身就沒有智慧。再來，他們說要加行，加行時要作曼達供養，不然就是要作火供等等，不然就教你唸個什麼咒，一唸就是五百萬遍、一千萬遍。你這一唸下來需要幾年才能作完功課？就算是三年完成好了；但三年之中，我們有好多同修不到三年就已明心了，他們卻還在加行猛唸那些咒語呢！如果那幾百萬遍的咒還沒有唸完，只好每天死命的唸這些咒語加行，加行完成後的結果有沒有智慧生起呢？全都沒有。

然後接下來觀想，觀想有個中脈，從頂輪到海底輪；一個中脈好不容易觀想出來了，再來觀想裡面有一個明點，明點觀想出來了就說那就是菩提心，就說是開悟實證菩提心了。既然證得菩提心了，當然就懂得實相般若而開了智慧；問題是，他們證得明點菩提心以後，般若諸經讀懂嗎？還是不懂，還是沒有智慧。他們宣稱那個明點叫作如來藏，你聽了，可得要慶幸說：「好在我聽他們講這句話的時候，不是正在吃飯。」眞的要慶幸，不然你一定會噴飯。因爲太可笑了，那個明點竟然可以說是如來藏，太荒唐了！密宗這些生起次第修完了，接著要修什麼？要修寶瓶氣，練習著怎麼樣閉氣、運氣，說這樣可以修得禪定，那個都是在騙人啦！根本就不能證得禪定。寶瓶氣修完了，修拙火。等到這些生起次第都修完了，有沒有斷我見的智慧呢？能不能憑這個斷我執呢？能不能夠懂得因緣觀呢？能不能夠明心呢？能不能瞭解法界實相呢？全都不行！沒有一樣行，因爲那些東西都與三乘菩提的智慧無關，都與解脫及佛法無關。

也許某一天想一想說：「**也許我要求佛菩薩幫忙加持吧！**」於是努力去求甘露。且不說密宗求得的那些甘露都是騙人的，只是玩魔術手法騙人；就算他們眞的求得甘露了，求來吃了，會有智慧嗎？也不會！因爲那只是欲界天人的日常食物。求甘露要那麼大費周章，不如去美國買一條漢堡回來吃吧！因爲同樣都是食物嘛！差別只是一個是人間的食物，另一個是欲界天人的食物；只差這麼一點點，但同樣都是食物。如果吃了欲界天的食物就可以開悟，那麼所有欲界天人全都是證悟的菩薩了，因爲他們每天都在吃甘露，可是佛說欲界天人也都是凡夫。你們都很聰明，一聽就懂。所以這就是說，那一些東西都是什麼呢？都是事相的法，都跟三乘菩提的實證智慧無關。既與智慧無關，很辛苦才修完那些生起次第以後，怎麼可能成就佛道呢？因爲那些全都是有相而且是有爲的生滅法。同理，如來不是因爲具足相而證得無上正等正覺。因此，外道的定義就可以從這裡去決定了：凡是修行人落在事相裡面，落在三界或欲界法中，所修的法與斷我見的智慧、與證實相的智慧無關的，全部都是外道法；不管他住在佛門內，或是住在佛門外，全都一樣。因爲那是心外求法，外於眞實心而求眞實的佛法，就是外道。所以眞正的佛法是要從理上來得，不是從事相法上去得的。如果能夠從事相法上去得，那麼佛法不會稱爲智慧法門了；只要大家死命去各種外道法中用功就好了，就不必說法了，也不必觀行了。

還有更荒唐的事，西藏密宗四大派法王，他們書上都在籠罩人：「我們某些祖師有大成就。」他們都不敢說自己，可是等他死了，他的徒弟也會說他是大成就者。可是他不敢說自己有大成就，因爲他如果還在世時這麼說，人家當然要檢驗他，一定不可能檢驗通過。密宗喇嘛就是會這樣寫：「我們師父什麼時候往生，我們師父生前是大證量者，早已成就報身佛果了。」你問：「他怎麼成就報身佛？」他說：「因爲他射精出去以後，還可以再吸回來，他可以每天樂空雙運八個時辰而不中止。」問題是，那些跟佛法智慧有沒有關聯？全都沒有啊！跟房中術的功夫倒是有關的，眞的這樣啊！密宗那些人想要瞞我，其實瞞不了；因爲我三、四百年前，就已經全面檢驗過了。

因爲他們公開這樣講，我們也練練看；然後發覺，那其實只是一個訣竅而已，練那個功夫沒什麼困難，只是一個訣竅，還有一個前提。訣竅我就不談，因爲公開講出來不太好意思。前提是什麼？當他練這個吸回膀胱的功夫時，一定要先去尿完再來練；因爲他們再吸回膀胱裡面去，還是要流失掉；膀胱裡若是滿滿的尿水，他們都別想練得成。他們瞞不了我，這些我都知道。可是這個道理，現代的一般喇嘛們懂嗎？你去問問達賴喇嘛，他懂嗎？其實也不懂啦！他要讀過我的《狂密與眞密》以後，才會知道說原來吸回去還是在膀胱，不是原來的地方；不論他再怎麼狡辯，吸回去以後還是在膀胱裡面，不是原來的地方；所以吸回去了也沒有用，已經變成垃圾了；就算他能吸回去，就算達賴不是吸回膀胱，而是吸回原來的貯精囊，跟三乘菩提智慧的實證有沒有關聯呢？完全無關。所以，我才會說西藏密宗是千年來的一大騙局，整個地球世界有史以來，沒有過這麼大的騙局；用外道法當作佛法來集體騙人，謊稱他們就是佛教的修行，騙了那麼多人，也騙了一千多年；直到今天，我們才有機會把它拆穿。

那麼這就是一個要領，你去判斷說：這個法、那個法，不管他有幾個法，那些法跟解脫道的智慧有沒有關聯？若是與斷我見、斷我執、斷我所執無關的，就是與二乘解脫道沒有關聯的外道法；既然沒有關聯，那跟解脫無關，就不是聲聞、緣覺法。這些法、那些法，不論有多少的法，縱使他們說得洋洋灑灑、冠冕堂皇，說得如何勝妙，可是如果跟法界實相的智慧無關，不是求證萬法本源的第八識如來藏妙心，當然都是外道法，不是佛法。依照這樣的原則，就很容易作判斷了。所以，以後不管人家說：「我修這個中脈多好，我修這個明點多好，我修這個頂輪、海底輪，什麼脈輪，我轉得多麼好。」

你就告訴他：「你這樣全都落入五陰之中，連我見都沒斷，如何出三界？你這個法跟解脫的智慧有什麼關聯？」他聽你這麼一問，臉一定要發白，保證他面無血色，因為他知道遇到高人了；不管你長得多麼矮，還是高人，法上確實是如此。當然，如果是遇到完全不懂佛法及聲聞緣覺法的喇嘛或密宗信徒，那你可就是秀才遇見兵，有理說不清了；因為他們完全沒有三乘佛法的基本正見，只會跟你瞎搞蠻纏，都不跟你講理。

所以學佛的人要有智慧，千萬不要老是在福德上面去用心，竟把智慧給丟了；否則到了來世掛瓔珞吃甘蔗的時候，再來怨天尤人，都來不及了，很可憐呵！以善心修行的結果竟是落到畜生道去，真的很可憐呵！所以，證菩提不是以事相上的種種法去得，要從理上去證取而發起智慧，才有辦法證得解脫果、證得佛菩提果。那麼證得解脫果或佛菩提果，成為聲聞果中的聖人或者成為菩薩，都是由理上的智慧而得，不是依禪定境界而得，也不是依外道的世間法而得。特別是在菩薩道中，不分男女老少、不分位尊位卑，都不管這一些，只管你證量如何。佛菩提中沒有分別說：「你年高德劭，你坐前面；我年紀小，我坐後面。」不分這個的。你年紀小，可是你如果證量高，即使他年高德劭，也不敢站到你前面去，佛菩提道中一向如此。所以不從表相來判定說：妳只是個女人，妳排到後面去；或說我是大男人，我應該坐前面。沒這回事。不說法上，光是一個誦戒就好；誦菩薩戒時，依照受戒先後來定座位，不管你現出家相或在家相。如果你是老人家，你受戒才一年；對不起！你還是得坐到後面去。他雖然才十六、七歲；對不起！他受菩薩戒已經好幾年了，他要坐到你前面來。連誦戒時都已如此了，何況是法上的證量呢！所以，在解脫道或者佛菩提道的實證上面，是從理而得，從智慧上去證得，不是依表相上來說；福德再大也沒有辦法去跟一個實證的人對話，只有請法的機會，沒有對話的機會，所以一定要依理來證。然而成爲究竟佛，卻是要理事兼具；但是菩薩的入道完全依智慧而入，不是依定境而入。

所以，如果哪一天，有一個人說：「你們明心不算什麼，我們證得這個禪定，將來可以生到色界天去。」你問他說：「你生到色界天去，要幹嘛？」我跟你保證他講不出話來。他反問你，你就告訴他：「去色界天就是一念不生，然後壽算盡了再下墮回來時，我們明心後已經繼續走到很遠的智慧境界去了，你回來人間時還在原地踏步，你要不要這樣？」這時候管保他要愁容滿面，因爲確實如此。特別是證得四空定的人，去那邊一萬大劫乃至八萬大劫之中一念不生，什麼事也無法成就。不說八萬大劫，一萬大劫就好了；你若是在人間明心，再進修經過一萬大劫，會修到什麼程度了？可是當他從無色界下來以後卻只能當毛毛蟲，什麼智慧都沒有。等到他從旁生道回到人間弄通了這一點，開始要修慧的時候，他只能跟著你的徒孫學，已經離你的智慧太遠了。那到底要證什麼才好？就很清楚了。所以三乘菩提的入門都在智慧上面，不在定境上。如果智慧還沒有打開，一天到晚在那邊打坐修定，圖個什麼呢？只能感嘆地說：「眞是愚癡人！」

佛陀在這一段經文的後段說：「如果起這樣的念頭說：『發起無上正等正覺的人，說諸法斷滅相。』這是不對的，不要生起這樣的念頭。」爲什麼佛陀要交代這一句話？因爲發起無上正等正覺心，也就是開悟實相般若的人，是證得能使人具足三十二大人相的眞如心如來藏，不是證得一切法空的斷滅相，所以 世尊才需要這樣吩咐，世尊早就料到有很多人不免誤會般若。你們回想一下看看，以前所聽過人家解釋般若、開示般若，或者解說般若的書籍中，他們是怎麼講的呢：「五蘊也是空，十二處也是空，十八界也是空，財產也是空，眷屬也是空，世界也會壞、也是空。」是不是都這樣講？「所以，你們都不要執著你家裡的錢，趕快捐到我這裡來。」言外之意就是這樣啦！哪一個道場不是這樣？幾乎都是這樣啊！那意思是什麼？「一切法空啦！你不要執著啦！最好把我們的勸募簿拿出去，到處去勸募來給我們寺院。」就是這樣嘛！他們為什麼會講一切法空？「因為《般若經》常常講：這個也不眞實也是空，那個也不眞實也是空；甚至於開悟以後，開悟的智慧也是空。《般若經》都有這麼講，最短的《心經》也說『無智亦無得』，所以統統是空，你全部都要放下；放下才會開悟，你不肯放下就悟不了。」可是每天努力打坐，把什麼都放下了以後，祖師開悟的公案還是讀不懂，《金剛經》還是繼續誤會下去，方廣唯識諸經就更甭提了。

所以，很多人誤會說般若講的就是一切法空，那他所知的般若就成為斷滅相了；所以佛陀只好特別舉例出來說：「若作是念：『發阿耨多羅三藐三菩提者，說諸法斷滅相。』莫作是念。」千萬不要起這樣的念頭，不要以為般若講的是一切法空、是斷滅相。因為般若是實相，是在講眞實法的法相啦！佛說：「眞正發起無上正等正覺的人，」也就是眞正明心的人，「於法上不說斷滅相。」可是那些大師們誤會了，看到大品般若、小品般若裡面都說：沒有三十七道品，無佛、無法亦無僧。看到這樣講的時候，他們想：「應該是說那些全部都空。」所以，他講出來的時候就變成斷滅相。然後，有一天也許什麼因緣，或者不信邪，或者人家送他一冊禪宗公案語錄，拿起來一讀：「你看，禪師也這麼講：『實際理地，無一法可得。』你看，還是空啊！」所以他就講空、一切都空。既然一切都空，依文解義而講出來時就變成斷滅空。可是大品般若、小品般若裡面講到眞實心，都是那麼短短的一段就講過去了，它只是提示一個前提：當你要講蘊處界空、世間法空、出世間法空、三十七道品空、佛法僧空之前，前提在這裡，這個前提叫作非心心、無念心、無住心、菩薩心。般若諸經其實是在講這一些心，也就是第八識如來藏心，依這個心爲前提來講其他的蘊處界空。

阿含諸經也是一樣，是從入胎而住的那個識，依那個本際識的常住不滅作前提，來講蘊處界等空。結果，他們這些大師都把最重要的大前提給捨了，再來講一切法空；他們始終無法實證四阿含諸經講的解脫道，一直斷不了我見，問題就出在這裡。所以禪師所說、般若諸經所說，千萬別誤會了；祖師悟了說：「實際理地，無一法可得。」他講的實際理地是說：「實相法界中就是那個金剛心，那個金剛心就是如來藏，在如來藏自己的境界中沒有一法可得。」是在講這個道理，而不是說現象界中也沒有一法可得。結果他們把冬瓜當作西瓜，整個就全部都亂了套；你說這樣跟著他學法，你能夠眞的證悟嗎？能夠眞的證解脫果嗎？不可能嘛！因爲牛嘴應該要逗在牛頭上，他竟拿馬嘴來逗在牛頭上面，變成四不像，那怎能夠叫作佛法呢？所以誤會了三乘菩提，或者被邪說法的人誤導了，落入六識論裡面，問題就全部會跑出來。所以世尊開示說：「發無上正等正覺心的人，於佛法中不會說是斷滅相。」因此，當他要爲人家說緣起性空的時候，一定會依著本識常住，依著無餘涅槃常住，依無餘涅槃常住不變、眞實、清涼、寂滅，來爲人說蘊處界等一切法空，永遠是依這樣的前提來說法。所以把這個前提砍掉了以後來說緣起性空，他就變成邪見了。

所以很多人其實都是用半招在度眾生，所以應該都可以把他們叫作一半。看他姓什麼？他如果姓蕭就叫他蕭一半，他如果姓楊就叫他楊一半，如果他姓了佛陀的釋，你就叫他釋一半。都是一半，因爲他們都只有講一半的法。可是一半能成法嗎？不能成法，因爲必然不是佛法，絕對不是佛法。這意思就是說，三乘菩提都不是斷滅法；不管你怎麼說，都不是斷滅法。即使教導你要滅盡蘊處界而入無餘涅槃，仍然不是斷滅空，因爲仍然有無餘涅槃中的本際是常住不變的，是清涼寂滅的。二乘的解脫道尚且如此，何況大乘法佛菩提道的實相般若並不是虛相，當然更不可能是斷滅相。

所以在大乘經中，一定是雙具理事二門；一定有理也有事，哪個部分是從理上說的，哪個部分是從事上說的，這一定要弄清楚。如果沒有分清楚這經裡面是從理上說的，他拿來逗在事上爲人解說；沒分清楚這經裡面是說事上的次法，也把它拿來逗在理上說，那一定會混亂不堪，一定會使自己和學人的佛法知見支離破碎，就沒有一個義理可以一以貫之。三乘菩提之中有個一以貫之的法，就是「此經」如來藏。如果你證得「此經」金剛心，那麼三乘菩提你全都可以通透，就能轉大乘經。如果你沒有證得「此經」，即使是阿羅漢，只能通二乘菩提，通不了大乘經教，只能被大乘經所轉。你若已證得「此經」，二乘菩提不必有人教你，自己也漸漸可以通。我就是個現成的例子，誰教過我阿含道？沒有。但我悟了「此經」以後，我就自己通達阿含道。如果有阿含專家不信邪，可以拿我的《阿含正義》破破看！因爲他們不懂的，我懂；我懂的，他們不懂；阿含道裡面，就已經如此了。

這就是說，佛法中一定有一個法，祂是一切法的中心；離了這一個法，一切法就不可以成立。你如果證得這個「中中之心」，那你什麼法都通了。那麼，三乘菩提的中心是什麼？它的根、它的本，就是如來藏，就是「此經」第八識。如果「此經」被你找到了，你有了根、有了本，你就可以漸漸具足幹、莖、枝、葉、花、果，乃至種子你都有了。如果不得根本，那就只好數葉片，每一次都只能看見一片葉子擋在眼前；然後把這個丟了，找來找去，還是一片葉子擋在眼前。不要說是根與幹，連那個很細的枝，他都碰不到。所以他看到的永遠都是這樣：這一片是這一片，那一片是那一片，都是數不清的互不關聯的許多葉片；因爲他找不到枝、莖、幹、根，所以他無法把所有樹葉及根幹全部連貫起來；所以學佛三十年後，這個法是這個法，那個法是那個法，互不關聯，不能貫通。這也是當代那一些大師們的現狀。可是從一個證如來藏的人來看，一切法都是互相關聯的，沒有說是無關聯的。所以大乘佛法中絕對是有理有事，理事兼具，這樣親證才是眞實證悟的人。如果老是落在事相上，在定境上面去用心，只在意自己能不能一念不生，那還是在事相上修，與解脫道無關，更與大乘理無關。那不是眞正在學佛的人，那是在學定或者修外道法，甚至於連定都修不好。

他們不是每年都有辦冬季禪七、夏季禪七嗎？甚至還有七七四十九天的禪七，可是都在作什麼？都在修定，因爲都在求一念不生，以定爲禪。然而那麼多年修定的結果，有沒有發起初禪？到目前爲止，還沒有看見有誰把初禪的證境講出來，一個也沒有。反而我們不講禪定的正覺同修會，可以拿出禪定的證量來；你說怪不怪？眞的很怪吧？其實一點都不怪，因爲禪定的證得，如果你有智慧，也就容易證得；如果你沒有智慧，對禪定的理也不懂，再怎麼苦修，也沒有辦法證得。有的人可以雙腿盤起來，一坐六個鐘頭都不放腿，夠厲害吧？眞厲害啊！現代誰作得到？且不說別人，我還作不到。我一向都用單盤，我就是二小時換腿一次，這樣一直坐下去，也坐六個鐘頭；要坐八個鐘頭也可以，我就一直換腿。但是，請問：每天雙盤坐六個鐘頭，坐了十幾年以後，斷了我見沒有呢？沒有！連我見都斷不了。可憐啊！腿功那麼厲害，可是連我見都斷不了，想要開悟實相般若可就沒門了。所以，凡是在事相上修，你得要有事相上的智慧；凡是在理上修，你也得要有理上的智慧。如果能夠理事雙足，你不必有那種腿功，單盤就夠了；初禪、二禪、三禪、四禪，都可以實證了，就看你有沒有時間去修；所以智慧才是最重要的。現在這段經文講完了，來看看補充資料，理說之一：

《金剛經科儀》云：【**相非具、而本具，常自莊嚴；法雖傳、而不傳，何曾斷滅？昔世尊於靈山會上、人天衆前云：「吾有清淨法眼、涅槃妙心，咐囑飲光。」廣令傳化，且道當時傳箇甚麼？　釋曰：**

青蓮目顧人天衆，金色頭陀獨破顏；一燈能續百千燈，心印光通法令行。千聖不傳吹不滅，聯輝列焰轉分明；一點靈光塞太虛，也非禪教也非儒。打成一片誰人會？具眼還他大丈夫。天樂簫韶華雨飛，他方遊歷聖初回；如雲海衆相迎接，目擊金容歸去來。】

這是《金剛經科儀》裡面的記錄。科儀，就是作法會的時候，怎麼樣照本宣科的儀軌。《金剛經科儀》如今已經沒有人在作了，現在還有人在作的科儀，大多是三時繫念、大悲懺、梁皇寶懺，這一類的科儀還有，《金剛經科儀》可能失傳了。要是哪一天我們大家閒得慌，也可以來辦一次《金剛經科儀》。但是那個《金剛經科儀》，我們如果要辦，也許得要稍微修改一下。就像三時繫念一樣，可能得要修改。現在回頭來說這部科儀裡面的這一段是怎麼說的，其實這一段話說得很好：「這法身的相，並不是具有形色的法相，可是祂的法相卻是本來就具足圓滿的，一向是本來就很莊嚴的；這個無相的法相，雖然說有所傳授，其實都是不傳而傳，何曾是斷滅？」他這段話講得很好，顯然比現代的那一些大法師們要好太多了；因爲現代那些大法師們，一旦講起般若、講起《金剛經》，都說一切法空、緣起性空，講成斷滅相。可是，你看人家寫《金剛經科儀》的這位古人，他眞是說得好：「相非具、而本具，常自莊嚴。」不是一切法空。斷滅空，有什麼莊嚴可說？如果斷滅空可以算得上莊嚴的話，當他們講一切法空講完了，下座時就該自殺，那才是莊嚴嘛！但從來沒有一位大師講完以後自殺，顯然連他們自己心裡面都不認同。

「法雖傳、而不傳」，明明是傳給大迦葉，可是哪裡有傳了呢？世尊也沒講到一句什麼話，祂只是拈起青蓮華來，看著大眾。佛陀當然知道這表示什麼，然而大眾都不知而默然無對；獨獨金色頭陀大迦葉悟入了，以外還有誰悟入呢？沒有。當時世尊拈起華來，有說了什麼話呢？沒有。所以並沒有傳什麼法，可是卻在眾人面前就這樣公開地暗傳了，所以說無傳而傳、傳而不傳；所以法還是有傳，不是斷滅空。接著說，「以前世尊在靈山會上，人、天大眾之前說：『我有實相無相、正法眼藏那個涅槃妙心，我吩咐給迦葉，』教他要廣化眾生。且道當時傳個什麼？」「我知道啦！就是青蓮華嘛！」小心挨棒！因為世尊傳的不是青蓮華。可是你如果來問我，我就告訴你：「青蓮華！」

上週《金剛經宗通》補充資料講到《金剛經科儀》時，還有這一首頌沒有講，現在接著談這一首頌：「青蓮目顧人天眾，金色頭陀獨破顏。」青蓮，是說世尊紺目澄清的佛眼，因為如同青蓮華那麼的莊嚴。如果你們看過青蓮華，可以作個比較；紅色的蓮華看起來是有一點點俗氣，青蓮華就不會有一點點俗氣。這是說世尊紺目澄清，猶如青蓮華一樣清淨無瑕，世尊就以青蓮之目來看待大眾。這一句裡面的青，青蓮的青字，它還另外有一個意思，也就是說特別關愛的意思。譬如說，某某人頗能得到某一位長官的看重，說那位長官對他那個關愛的眼神，就叫作青目。青目，有沒有聽過？青睞是另一個說法。還有一個就是說得不到長官的關愛，就是不得青眼，說他不得長官之青眼。所以這個青字，寓有照顧關愛的意思，不單是指顏色而已。

譬如說，彌勒菩薩化現爲布袋和尚，那時他也說：「青目睹人少。」青目，是說他以關愛的眼神，想要在芸芸眾生之中，去尋找值得他照顧的人；可是看來看去，這樣的人是非常非常的少，所以他說：「青目睹人少，問路白雲頭。」這青目的意思，也就是說一種關心而去照顧的眼神。這裡青蓮的青字，同樣有這樣的意思存在。佛陀以青蓮之目看顧著人天大眾，當然這有一個背景；這句話的背景是　佛陀拈起那朵大梵天供養的青蓮華，只是看顧著大家，想要讓大家會取其中的眞實義，這叫作「青蓮目顧人天大眾」。可是當時大家看著　佛陀，佛陀也看著大家，一段很長時間祂都不講話，祂只是拿著蓮華給大家看，大家都不知道　世尊意在何處，所以「人天罔措」，不曉得如何措心。連如何措手、如何措口都不曉得，所以叫作人天罔措。當時獨獨有一個金色頭陀破顏而笑，也就是說他領會到了　佛陀的用意。

這種現象，自從我出來弘法以來一直到現在，我們禪淨班各班級都一樣，一直都有人以爲說他已經會了、已經悟了；根據每一班都有這麼一、二個人去打禪三的結果，絕大多數是鎩羽而歸；因爲他們自以爲證悟了，所以都沒有再繼續參究；結果去到那邊，進了小參室一勘驗，原來是誤會一場，然後就是愁眉苦臉回來了。因爲我們親教師不會告訴你說：「這個不是。」更不會告訴你說：「這個就是。」因爲如果下個禮拜再來，又是問另一個；問了又知道這個也不是，問到最後親教師若沒有回答時，他會以爲好像就是了。所以，我們親教師一定不會回答說：「你這個不是。」都只會教你說：「你打包起來，繼續用功。」有的人以爲親教師這樣子說，就認爲那大概就是了；心想：「叫我繼續用功，那大概就是了。」然後到了禪三精進共修時勘驗了，才知道誤會一場，原來不是；那就太慢了，來不及了。所以說，破顏也要看背景是什麼，不能只看表相。所以說，當時人天罔措，只有一位金色頭陀悟入，那就是禪宗西天的初祖；佛陀的教外別傳密旨，傳下來的初祖就是大迦葉菩薩。

接著又說：「一燈能續百千燈，心印光通法令行。」說這個心燈，一燈就能延續百千燈。小蠟燭可能不太容易，除非是大蠟燭。如果是一般那種三寸長的小蠟燭，用它去點第二根、第三根，可能點不到一百根蠟燭，它已經快燒完了，因爲那是物質之法。可是心燈不一樣，心燈能點百千燈，而且原來的心燈一點點都沒有熄滅的顧慮；完全不須要顧慮它會不會熄滅，這個就是心燈的不同之處。你看，佛陀出世弘法，點了多少心燈？佛陀的心燈卻一點點都沒有磨滅。話說回來，我這一盞心燈已經點了多少心燈？我不但沒有滅，還能夠繼續再點下去，未來世也會繼續點下去而無窮無盡，所以說「一燈能續百千燈」，這才叫作無盡燈。我們正覺同修會絕對不效法人家去那邊點蠟燭，因爲那都是物質，點了以後也是白點，與心燈無涉。可是同樣點蠟燭，如果有機緣的話，我點一枝蠟燭給你，你可能就會開悟了，因爲我點的蠟燭跟他們點的蠟燭不一樣，因爲我點的是你們的心燈。

這就是說，只有心燈才能夠延續不斷，不被數目所限制。爲什麼能夠延續百千燈呢？因爲靠的是「心印光通」。心印，是說以心來印心。但是這個以心印心，到後來都是變成以妄心在印妄心；但也不能說他們不是以心印心，他們的心還是心，問題只是說他們自印印人的那個心是妄心。祖師們以心印心，是以自己的眞心來印定學人的眞心，可不是用離念靈知妄心去印定學人的離念靈知，他們都跟祖師所印不一樣。爲什麼說「心印光通」？也就是說，禪師們假使悟得眞，那麼他就有法印，用這個法印可以去印定別人。要印定別人之前，必須自己這個心印要先光明通透；如果不光明、不通透，一問三不知，自己又不透、不徹，被人家問到比較深的法，就不曉得該怎麼辦，這就是不通透；光明也沒有發揮出來，這是末法時代常有的現象。

自從我們出來弘法以後，只在剛開始的兩、三年來相安無事，可是後來開始被人家毀謗了。我們不謗人家，人家倒是要謗我們，說我們不如法啦！法義有毒啦！後來就變成直接斥責我們是外道啦！越講越重了，到最後就乾脆封給我一個高帽子，叫作「邪魔」，私下裡以口頭言語講個不停，最後唯一的正法還能弘傳下去嗎？於是我們不得不提出來作辨正法義。因爲我不招惹他們，他們偏要招惹我，那可沒辦法了，必須辨正法義了。我這家銀樓賣的可是眞黃金，不是用白銀、黃銅鍍金，我可眞的是黃金，裡外皆金。他們那些人賣的是白銀鍍金或黃銅鍍金，那我不說他們，就很客氣了，怎麼他們還來說我這個黃金是假的？當然我得要說明清楚，不然我們正法就只有關門了，還能使正法久住嗎？所以，我們開始提出一些疑問、提出一些辨正來，那麼那些被辨正的人，有沒有辦法回應呢？答案是「不行」。既然他們自己不行，怎麼辦？就派小嘍囉寫一些言不及義的東西，在網路上四處貼文謾罵。

這就表示，他們的心印不但不通，而且沒有光，他們的光明完全發揮不出來。可是，我們不管人家怎麼反對，不論是外面反、窩裡反，反正就是反不掉；即使是窩裡反，我們也不怕，依舊可以證明我們弘揚的是了義正法、究竟正法，這樣才叫作「心印光通」。因為以前那些人窩裡反，他們是有光而不通。有光不通，遇到我有光又有通，他們就完了。也就是說，你如果對這個心印既能發光，也能通透，你的「法令」就能通達無礙——以法為令。也就是說，你可以把正法拿出來號令全球佛教，讓他們不得不閉口；凡是稍有智慧的人一定會噤口，他們只會私下裡對你說三道四，但是絕對不會從法義上寫出文字來回應你。他們只會說：「你們蕭老師在家人不懂佛法啦！」不然就說：「你講你的法，我們弘揚我們的，河水不犯井水，你們何必講別人的法不對呢？」就只會講類似的話，可是若要真正從法義上來辨正，沒有一個人作得到。所以，當你「心印光通」底時候，你就能夠以正法為令，就用這個正法號令全球佛教，讓他們無法來反駁你，這叫作「法令行」。

那麼，如果度眾生的時候，怎麼樣叫作「法令行」？譬如說，學人進得門來：「請問和尚，如何是佛法大意？」德山禪師一棒就打過去了。他的法令可以這樣通行無礙，誰要是被打了，都只能認了，不許去告官的。古時候，誰要是被禪師打了去告官，那個縣令一定會臭罵一頓，把他趕出衙門去；可是現在不許打人，所以我接人時都不打人，因爲現在的人根器不同，時空環境也不同了。假使我打了人，我其實是爲他，不是爲我自己；打了他，我身上也沒有多長一塊肉，其實是爲他。可是他如果去法院或地檢署按鈴申告說：「蕭平實傷害我。」那我可能要有一段時間沒辦法弘法了，那一段時間只好跟諸位說再見，過一段時間再來。畢竟時代不同了。但是，雖然時代不同，還是可以行法令的，譬如有人進得門來：「請問臨濟院大禪師，如何是祖師西來意？」臨濟就大喝：「出去！」這就是「法令行」。如果有誰不服，去到別的地方羅織，說臨濟沒有慈悲，也就是到處去跟人家告訴：「這臨濟禪師多麼吝嗇，都不指導我。我進門問他『祖師西來意』，就把我大喝出去。」可是他要到處去羅織、去告訴的時候，他可要小心，萬一遇到個明眼人，就會當場罵他：「你這個人不知好歹，臨濟這麼老婆爲你，你還來這裡講他的是非。」也許他告到德山那裡去，德山禪師可不說話喝他，一棒就給他了，這一樣叫作「法令行」。

可是，如果現在有人來問我：「如何是祖師西來意？」我不跟他答腔，我也不跟他大喝。因爲我如果喝他：「出去！」他可能去法院告我公然侮辱，說我不尊重他。現代末法時期當禪師很可憐，連話都不能隨便講。比如說，現在閩南話有許多俗語都不能講了，如果你說：「你是跟我裝痟的（把我當作瘋子）。」這樣去法院提告，罪名竟然也會成立欸！所以現在連這個俗諺都不能講了，你只能一板一眼、中規中矩，連俗諺都不可以說了。雖然如此，我還可以行我的法令，怎麼行？現成的就好了，不必自創，因爲現成的就夠多了；當他上來請問：「如何是祖師西來意？」我就說：「你問得好！」法令也已行了。所以時代不同，我們就不行古時禪門的法令；但可以行適合現代的法令，只是學人想要在這樣的「法令」中悟入，可就更困難了。

這個行令，可能諸位不太懂。行令，譬如吟詩作對，也要有行令的人。通常一桌子人坐在一起，有人行籌，也就是行令；這個行令的人從籤筒裡面抓出一支來，說明是什麼韻以後，就從某一邊開始依序行令：你先來第一句。第一句完了，就換第二個人吟詩或作對子。誰要是吟不出來、對不出來，行令者就向他罰酒一杯；都是由行令的人來行罰，這叫行令。佛法裡面也有這樣的令，所以如果修定時坐得不好，或者智慧太差，或是參禪的體驗不夠，那可不要怪祖師行令。所以，平常時行令是一番風景，去到禪三的時候行令，要打或不打，可都隨著我，你可不能去告官呵！因爲這是參禪的場合，事後去到法院也沒有辦法告我公然侮辱，也沒有辦法告我傷害，因爲這是禪堂。所以，去禪三如果挨了我打，還悟不出來，你就自認倒楣吧！這就叫作行令，在精進修禪期間，打人罵人都是行令，都是禪，當然不該以世間法法律來看待或處置。

但是要行令的人，得要「**心印光通**」才行，否則一定要被明眼人斥責。譬如前兩週的開示中，《般若經》中都罵過了，我舉證的祖師也說「**禪非進退**」，已經斥責野狐了，對不對？有很多野狐就學著那些公案的表相：「**他如果一問，我就進前三步；如果說這個不是，我就退後三步；如果還說我這樣不是，我就休去。**」那其實叫作野狐禪客。祖師明明告訴你：「**禪非進退，般若非進退。**」他們還要來這一招。以後，你們各班親教師，要是有誰來這一招，那個香板要記得先放在小參室裡，誰要是進了禪堂來：「**我知道了，這就是了。」你就一香板打過去、喝道：「那絕對不是！」所以說，想要行得法令——佛法正令要能夠行得通，先得要「心印光通」；否則沒辦法行正令，往往行出邪令，傳出去以後難免被人恥笑，佛門不免蒙羞。

接下來說：「千聖不傳吹不滅，聯輝列焰轉分明。」說這個宗門向上一路的密意，古來千聖都不明傳。從中土傳到中國來——我說的是政治上的中國，不是佛法的中國；光是中國記錄的一千七百則公案，扣掉禪宗天竺二十八祖，還是有將近一千七百則。可是，這些祖師們弘傳的時候都不明說的，因此說「千聖不傳」，都要靠各人自己在禪師的作略下去體悟，都不用言語明說的，所以眞是「千聖不傳」。可是，雖然千聖不傳，卻永遠吹不滅，沒有誰能夠把這個心印的光明給吹熄；所以一代又一代延續下來，就像這蠟燭一盞又一盞這樣擺置下來，這叫作聯輝；當被點的許多蠟燭也同時存在放光時，也就是列焰。越傳到後來，這向上一路的法門反而是「轉分明」，越來越比以前傳得好。

也許你不信，你說：「自從民國以來，難得找到一個開悟的人。」說的也是呵！如果眞要追究遠一點的話，可以說自從晚明以來，難得找到幾個證悟者。事實上雖是如此，但其實不是；其實是因為政治情勢的干擾，所以證悟者無法公開來弘揚；只是這個緣故而已，仍然是「聯輝列焰」。如果不是政治局勢的限制，禪宗史從晚明開始到現在，是應該要改寫的，應該是光輝燦爛的；但是，並不是咱們沒有在作，我們是因為元、明、清歷代皇帝大多愛修雙身法，支持喇嘛教；沒辦法，我們只好往生到西藏去試試看，看能不能從喇嘛教的根本把它給翻轉過來，雖然最後還是沒有成功。當時弄出一番局面，究竟還是沒有成功，只好暫時息隱，就只能這樣慢慢等待機會。

到了台灣這個節骨眼，我們算是逮到機會了；因為現在台灣是多元化的社會，誰都可以有公開講話的權利。在五十年前，有警備總部存在的那個年代，只要台灣的中國佛教會一句話報上去，警備總部派人在半夜裡就把你提溜走了；你會到哪裡去呢？誰也不知道，通常是屍骨無存，恐怖呵！那個年代確實很恐怖，因此叫作白色恐怖。你們沒有遇見過，可就不曉得。尤其是鄉下，以前在鄉下，警察最大，比鄉長、縣長都還要大；警察隨隨便便可以打人，打著玩的（台北可能比較少），這就是那個年代的情況。你說，我們如果在那個年代出來弘法，以我這種有話直說的個性，可能早就沒命了；因為當時台灣的中國佛教會一定會報上去：「蕭平實妖言惑眾！」半夜裡把我提溜走了，還弘個什麼法？

我們現在算是逮到機會了，在這個言論自由、多元化的社會裡，不好好把如來的第八識正法基礎鞏固起來，還要等什麼時候？因爲這種時節很難得有，我們如果沒有及時把握住，也許哪一天來個戰爭，台灣完全不安定時又會重回軍事統治時代；那時候我們要在這裡說法，旁邊一定還要擺個位子給「長官」坐的，一定要有「長官」的座位。到這地步，若只是講經倒也還好啦！如果禪三夜間普說的時候，長官也坐在那裡；在小參室裡面小參時，長官也要坐在那裡，那該怎麼辦禪三呢？問題可就大了！所以，現在這個好機會，我們要好好把握。如果趁著現在把這些菩提種，很深入地種到大家心中去了；縱使哪一天爆發戰爭不能弘法了，就暫時偃旗息鼓；等到台灣又演變到民主自由的時代了，我們再重新開始，再把大纛豎起來，法鼓再重新敲起來；當大家都聽到了、看到了，那時我們再回來繼續弘揚了義正法。

這就是說，過去幾百年中其實只是「聯輝列焰」是否很分明而已，但「聯輝」與「列焰」是一直存在的。只是說，像以前空襲的時候，又如戰後也常常有軍事演習，那時能怎麼辦？那時只好把所有的明燈都弄個罩子遮起來，屋子外面都看不見屋裡的燈有光，燈光只會照到屋裡地上。這與佛法一樣嘛！就是把光明遮一遮，屋子裡還是通明的，所以叫作內明；因此，只是不外明而已，屋子裡還是「列焰」通明，仍然是「聯輝」不斷；那就是看時節因緣，所以實際上也確實是如此。現在說，「聯輝列焰轉分明」，就是一代一代傳下來，可是這畢竟就是「一點靈光」；因爲證悟了以後，都從所悟的這個眞如心而產生了光明，並不從外而來，都是內心的光明。

而這「一點靈光」卻可以「塞太虛」，把整個太虛充滿了。也許有人說：「哪有？看來看去，就只有看見燈光，我都沒有看見什麼一點靈光。」那就是因爲你沒有慧眼，所以看不見慧光。假使你有慧眼，就會看見光明；那光明叫作慧光，所以「一點靈光」可以充塞於太虛。你要是不信的話，看你神足通有多厲害，等你悟後儘管往太虛去飛；不管飛到哪裡，那裡都有慧光；絕對不會沒有慧光，一定有！這個並不玄，因爲你飛到那裡的時候，你既然在那裡了，慧光就會在那裡，難道還要去找別人的慧光嗎？那不又變成外道了嗎？成爲心外求法了，所以說「一點靈光塞太虛」。

可是這「一點靈光」，並不是說在那邊打坐的時候，靈光一閃：「啊！我知道，我把握到自己了，就是我嘛！」那就不算數，因爲那個叫作常見外道禪。這個「一點靈光」是什麼？是藉眞如心的體證所顯現的靈光，並不是意識心本身的靈光，所以說「也非禪教也非儒」。禪教，你看那麼多的大道場，教禪、說禪、寫禪、修禪，結果都叫作禪教；講得一大堆禪法上的教授，所教授的都是落在定境裡面；落在什麼定中呢？連欲界定都修不成。因爲他們連欲界定都沒有體驗過，所以他們那些修行還不能叫作禪定，最多只能說是禪教。

這個「一點靈光」，也不是儒家所講的良知良能。有沒有佛門大師說「禪宗開悟的就是儒家的良知良能」？有沒有？有！請你不要搖頭！確實有。而且在台灣四大山頭裡面已有兩位講過，說禪的開悟是悟得儒家說的良知良能，就把王陽明拉進來。良知良能是甚麼？只是意識心而已，他們竟敢公然寫在書上，說禪宗開悟的就是悟到良知良能。如果遇到臨濟禪師，那就要大罵他：「良你個頭！」臨濟禪師說話很粗魯的。所以，把儒家也扯進來跟禪混在一起，未免也太不通了！所以說這「一點靈光」，你要是悟得了，自然知道既不是禪教、也不是儒學。朱熹他們從佛門裡面學了東西，自己加到儒學裡面，然後就把儒學藉著佛學加以引申；他們自以爲懂得禪了，其實說句不客氣的話，他們十竅倒是通了九竅！（大眾笑…）對啊！我沒有冤枉他們啊！所以儒學是儒學，禪是禪，不要混在一起。儒學所講的都落在意識上面，所以從意識發展出去以後全落入六塵境界法中，就跟我們所悟離六塵境界的實相智慧不同。

眞正開始進入儒家的時候，家裡廳堂上要安放孔子像，像的後面紅紙上要寫上五個字：**天　地　君　親　師**。還得要每天奉茶上香。可是，儒家的內容是講什麼？大家耳熟能詳，無非就是：格物與致知。從格物開始然後致知。致知在講什麼？誠意、正心、修身、齊家；然後格物就是要治國、平天下，從世間法上利樂人民。就是這樣，統統是意識境界。禪宗所講的可不是意識境界，而是超意境，怎麼會是跟儒學一樣的呢？台灣這二個大山頭把儒家拉進佛門中，說那就是證悟禪宗的境界，也太怪了吧！所以，朱熹他們想要融合禪與儒學，始終沒有成功，因爲他自己並不懂禪。後來王陽明再進一步「**格物致知**」，格物格到後來又怎麼樣？而他致知致到後來又怎麼樣？還是意識境界啊！所以，如果要把儒學納進來的話，是可以把它等同佛法五乘中的人乘、天乘湊起來說。人乘，就是人道。什麼叫作人道？持五戒，叫作人道，將來可以世世保住人身。他們所說的道理都是在人間法上用心，都是意識境界，怎麼可能會與超世間的禪相關呢？所以眞正要悟了，是**「一點靈光塞太虛，也非禪教也非儒」**。

接下來說：**「打成一片誰人會？具眼還他大丈夫。」**請大家從第一句來看看，這個《金剛經科儀》的作者，到底有沒有悟？他想要打成一片。長沙招賢禪師明明說：**「十方世界是全身。」**你一見了就全見了，怎麼還要去打成一片呢？請問：什麼境界才須要打成一片？離念靈知。每天打坐，要求一念不生，要坐到澄澄湛湛；澄澄湛湛就是離念久了以後，心中非常地寂靜、非常地清明，一點點的雜思妄想都沒有，那叫作澄澄湛湛。這澄澄湛湛的境界，是什麼境界？是意識境界。所以如果誰打坐了，來告訴我說：**「我昨天坐得很好，一定是開悟了，因爲我坐到澄澄湛湛，我已打成一片了。」**我就說他不如用冷水去泡石頭：**「你再怎麼澄澄湛湛，都不如冷水泡石頭，冷水泡石頭永遠都比你更加的澄澄湛湛。」**那有什麼用？且不說他來到正覺會裡開不了口；即使只是見到阿羅漢，他也開不了口的。阿羅漢們一定會罵他：「你這個常見外道！」一定會罵他，因爲落在意識裡面了。所以說，打成一片是不對的；只這麼四個字，他的狐狸尾巴就露出來了。這四個字就是他的狐狸尾巴，他不懂，就公開說要打成一片，誰懂得這個境界？

權且認定他開悟了，好不好？暫時、權且、用算的，不是眞的悟。「具眼還他大丈夫」，說如果眞的開悟了，俗話叫作獨具隻眼，或者說別具隻眼，說他另外還有一隻眼睛，可以看到別人所看不到的，這是稱讚底話。可是在禪宗裡面，這語句用法不一定是稱讚的。禪宗裡罵人可不一定是貶抑，禪宗裡面特別不同。如果他悟了，可是悟得很淺，上來很歡喜報告說：「我開悟了。」然後他就夸夸其談，講得口若懸河、唾沫橫飛。好比武學裡講的「眞人不露相」，說內功修得很好的人，太陽穴都鼓起來；可是眞正爐火純青、登峰造極的武學家，可就完全內歛，從外表是看不出來的，所謂：眞人不露相，露相非眞人。到時候，縱使他的開悟是悟得眞，夸夸其談、口沫橫飛的時候，遇到一個悟得很深透的人，會送給他一句話說：「原來是一隻獨眼龍。」也就是說，他雖然眞悟了，鯉魚化作龍了，卻只有一隻眼，說他只看到一部分。但是如果有這種人，對於現代那些所謂的禪師們來說，他可眞的能夠叫作大丈夫了，因爲獨具隻眼；他所看見的，是現代那些大禪師們所看不見的，所以這時候他不管去到哪一個山頭，都可以被稱爲大丈夫了。

接下來說：「**天樂簫韶華雨飛，他方遊歷聖初回。**」說他到處去行腳，尋訪善知識以後終於悟了。悟了以後，從此有天人供養，邪魔穢神全部都得離開，所以暗地裡當然是天樂簫韶齊奏，滿天華雨飛揚。因爲有些天人覺得他的智慧太妙了，都從天空撒下很多的天華來供養，如雨一般地飛下來——華雨飛。但是，他總是要回到他原來依止的根本道場，所以說，他方遊歷以後變成聖人了，名聲在外而傳回根本道場了，如今是第一次回來根本道場。當他第一次回到祖庭的時候，「**如雲海眾相迎接**」，因爲他悟了以後，又去參訪了許多道場，名聲漸漸傳出去了，終於有一天傳回祖庭；然後聽說他哪一天要回去祖庭了，好啊！大家列隊相迎，因此說他「**目擊金容歸去來**」，是親眼見到了法身如來，現在是「**歸去來**」。歸去來，要用閩南語唸：「**轉去來。**」一聽就懂了。問題是，他的《金剛經科儀》這樣寫，我們給他加了一句，要問他說：「**你講的『如雲海眾相迎接，目擊金容歸去來』，請問您接的是阿哪**

個世尊？見的是阿哪個世尊金容？」這倒是要問他了。如果《金剛經科儀》的作者來了，我們就要問他了。也許你說：「那《金剛經科儀》是多少年前寫的，那是古人，他怎麼會來？」你可別這麼說，搞不好，你就是這個作者；因爲你歷經多世的胎昧，已經忘了，不要以爲沒有那個可能。問題是，眾僧要迎接的是哪個世尊？一定要好好迎接這個法身如來，那麼到底大眾迎接的是阿哪個如來？

接著再來談談理說之二，《景德傳燈錄》卷六：【大珠慧海禪師　有三藏法師問：「眞如有變易否？」師曰：「有變易。」三藏曰：「禪師錯也！」師卻問三藏：「有眞如否？」曰：「有。」師曰：「若無變易，決定是凡僧也。豈不聞『善知識者能迴三毒爲三聚淨戒，迴六識爲六神通，迴煩惱作菩提，迴無明爲大智眞如』。若無變易，三藏眞是自然外道也。」三藏曰：「若爾者，眞如即有變易。」師曰：「若執眞如有變易，亦是外道。」曰：「禪師適來說眞如有變易，如今又道不變易。如何即是的當？」師曰：「若了了見性者，如摩尼珠現色，說變亦得，說不變亦得。若不見性人，聞說眞如變，便作變解；聞說不變，便作不變解。」三藏曰：「故知南宗實不可測。」】

大珠慧海禪師，在禪宗裡面也是鼎鼎有名的人物。有一天，因為精通三藏的法師來問法。三藏法師，就是說他對經典、律典以及論典都通；想當然爾，一定是很厲害的人物，否則不能稱為三藏法師。他來問：「眞如有沒有變易？」沒想到大珠慧海竟跟他答說：「有變易。」因為一般人聽到眞如，一定會說：「眞如無變易。」一定會答這樣，沒想到大珠禪師反過來說：「有變易。」這三藏法師就說：「禪師啊！您錯了！」大珠慧海早料到他會有此一說，所以就問他：「有沒有眞如呢？」這三藏法師說：「有。」既然確定是有，那就好說話了；禪師說話是要這樣說的，先要把繩索給套上對方的脖子再來講，先要確定有。如果對方說沒有，那沒有也是一條繩索，可以從沒有那方面去講；對方說有，就從有這方面來講。三藏法師已經答有了，大珠慧海就說：「假使有眞如，而眞如是不變易的，那一定是凡夫僧。你難道沒有聽人家講過嗎：『所謂的善知識，是能夠把三毒貪瞋癡迴轉而變成三聚淨戒，能夠把六識迴轉成為六種神用無方的互通的法，也能夠把煩惱迴轉而作為菩提，還能把無明迴轉而成為大智眞如，這才是眞的善知識。既然你說有眞如，那就是可以實證了。善知識既然可以這樣，你卻說眞如沒有變易；如果眞如如你所說一樣眞的沒有變易，三藏法師啊！您眞的是自然外道啊！」你看，罵人呵！禪師都是這樣。這三藏法師聽他說得有道理，信了大珠禪師的話，就順口說：「如果是像您這樣說的話，那眞如就眞的有變易了。」沒想到大珠慧海竟又反過來說：「你如果執著眞如有變易，也是外道。」死定了，不論有或沒有，都是外道。你看，這凡夫僧來到祖師面前，要怎麼答話呢？眞的無法答呀！

譬如說，如果有人來問我：「這眞心是眞的可證嗎？」我就告訴他：「不可證，不可得。」「你不是開悟證得眞心了，怎麼會說眞心不可證、不可得？」我說：「當你在講眞心可證可得的時候，那已經是意識心了。」「這樣說來，應該是說，不可以了知到眞心是可證可得的？」我說：「那你就是凡夫了。」一定是如此嘛！當你轉依到眞心的時候，有什麼可得、可證、可說？可是你轉依到眞心的時候，不妨覺知心意識也有可得、可證、可說。所以悟了以後，不管對方怎麼問，你都顚倒過來，讓他無措心處；因爲你講的都對，只是你從不同的立場來說。他問某一種，你可以從眞心來答：「不可得，不可證。」你轉依了眞如時，依眞如而言，哪有眞如可得可證？落在意識中，才有眞如心可得可證。如果他跟著你的話尾說：「那就是不可得、不可證。」你就轉從妄心來答：「可得、可證。」他也無可奈何啊！所以他就會說：「哎呀！張三！士別三日，刮目相看，您的智慧實在深不可測啊！」對啊！正是這樣！對他而言，眞的深不可測。對你而言，你卻說：「沒什麼啦！」心裡面自言自語說：「其實我這個智慧才只有一丈深而已，還不算深。」不過他下了你這一池水，踏不到底，對他而言就是深不可測了。祖師們就是這樣，有時候從事相上來答，有時候從實際理地來答，沒有悟的人怎麼會懂呢？

所以這三藏法師聽到大珠禪師的斥責，說他是外道。不管怎麼樣問，這一邊是凡夫僧，另一邊又是外道，沒有一個地方可以讓他著腳，那怎麼辦？沒有辦法下腳時，他只好抗議：「禪師！您剛剛說眞如有變易，現在又說眞如不變易。那到底怎麼樣才對？」他當然要抗議。大珠慧海就說：「如果了了分明的看見這個眞如的成佛之性，」這不是眼見佛性的見性，這裡講的是如來藏眞如的成佛之性；「那就好像摩尼珠表面在顯現種種色相一樣，你說摩尼珠有變化也行，說摩尼珠不變化也行。」

譬如明鏡，你說它變也行，說它不變也行。你若說它變，譬如胡人來了，它現出來的影像就是胡人；胡人走了，又來了一個漢人，它就顯現出漢人模樣來。如果現代台灣人來了，它現出一個台灣人；蘭嶼的達悟族人來了，它又現出一個達悟族人來；它變來變去，哪裡可說它沒變？可是你若說明鏡有變又不行，因爲鏡體始終是如如不動的，它哪裡有變？依舊是不動的鏡子。那就是說，端看你是從鏡子的角度來講的，或者從鏡中所顯現的影像來說的。當人家從鏡子的體性來講，可是他還沒有找到鏡子以前，只是想像的鏡子，沒有眞實的認知鏡子，根本不知道鏡子本身和它的影像內容；所以當對方說不變時，你就說有變，而你是從鏡子顯現的影像來講的。如果他聽了你說會變，他就跟著你說會變，你就反過來從鏡體來說不變。你講的都沒有錯呀！可是你究竟在講什麼道理，他是聽不懂的，問題就出在這裡。

所以那三藏法師不知大珠說的意涵，從表面看來似乎大珠禪師是故意在矇人，因此就抗議了，大珠禪師就這麼開示：「了了分明看見眞如成佛之性的人，那就像摩尼珠現色一樣，它顯現了色相，你可以說它有變；可是你若從摩尼珠本身，不從它的現色來講，就說它不變，那也對啊！假使是一個還沒看見眞如成佛之性的人，聽人家說眞如會變，他就在那邊誤解說眞如會變；聽人家說眞如不變，他就誤以爲眞如完全不變了。」三藏法師聽他這麼一講，眞的沒奈何；因爲談到這個法，他根本沒有下手處，完全無法對話，最後只好稱讚說：「由這個道理，所以知道說南宗確實是深不可測。」南宗就是講禪宗，因爲禪宗自六祖以來大多在閩南，所以又被稱爲南宗。

可是你們禪三破參回來，看看大珠慧海這一段話，有沒有深不可測呢？沒有啦！大珠慧海也不過就是那麼一灘水，最多兩丈、三丈深。你禪三回來以後，再進修個五、六年，你可能都有十丈、百丈了；但當時的他還是只有那二、三丈，因爲都在總相上說。那到底眞如是有變易還是無變易？這個眞如不是在講如來藏顯現的眞如法性，是在說第八識心體本身。因爲在般若裡面，禪宗都是依般若來說的；般若裡面所說的眞如就是講第八識如來藏。那到底祂是有變還是無變？你們應該拿中道來用，說非有變易、非無變易。

我們弘法早期不是有寫了《眞假開悟之簡易辨正法》小冊嗎？那是很早期寫的東西。最早就只有一張紙，那張東西也發生過作用，後來才編成小冊子流通。以前有人說要來挑戰，我們那時候還沒有印成小冊子，我當時只有一個單張，直接寄去給他，就不敢來了。因爲他不曉得要怎麼說，看看每個題目的兩邊，其中的每一邊下來又有兩邊，他知道自己不懂那個道理，就不敢來了，本來還下戰帖給我呢。但那個是很早期的東西，如果現在還有誰敢來挑戰法義，那才怪！如果眞的有誰要來作公開的法義辨正，我想法義辨正完了，那一天我可以買一張樂透，管保中獎。這就是說，譬如人家在世俗法上說「敵暗我明」或者「敵明我暗」，雙方的立場完全不同。如果敵方深不可測，而你在明處；你的落處，他都知道，那你還要去跟人家挑戰，就是自討沒趣嘛！正是白送性命。可是如果敵明我暗，對方的落處你都知道，那你隨便什麼戰帖發出去，都不怕有人來應戰。這就是說，別人的落處，你都清楚；而你的落處，人家不能測量。怎麼可能有人敢來找你挑戰？道理永遠是如此。這在世間法裡面是常常會被用到的：敵明我暗、敵暗我明。

譬如說，以前諸葛亮不是坐在城樓上彈起古筝來嗎？他把城門洞開：「歡迎司馬懿將軍！」擺明了：請你入甕來吧！還特地派二、三個人在城門外，很悠閒地在那邊掃地。司馬懿敢進來嗎？不敢啦！其實裡面只是個空城，軍隊都被派出去，都到遠地打仗去了；司馬懿其實可以佔領它，但他爲什麼不敢動作而又退軍回去？因爲敵暗我明：「我帶來那麼多的軍馬，諸葛亮在城樓上都看得清清楚楚；可是他裡面有多少埋伏？我根本不知道。」如果他知道是空無一人，早就接管那城了，還會有後來的諸葛亮英風嗎？後來的七擒孟獲也就甭談了。

這就是說，有證者面對無證者，兩方根本就是不平等的。不平等的狀況而不自量力，沒有先秤一下自己有多少力量，偏要去跟人家挑戰，那不是自討沒趣嗎？這個三藏法師正好就是如此，以爲自己廣學三藏，有多麼厲害，當然只落得個自討沒趣。就好像德山宣鑑禪師，悟前是鼎鼎大名的周金剛說：「一毛吞海，海性無虧；纖芥投鋒，鋒利不動；學與無學，唯我知焉。」那個口氣多麼狂！後來聽說南方禪宗的魔子魔孫很狂妄，不服北宗的大師們，於是挑著他自己寫的《青龍疏鈔》，是註解《金剛經》的大作，往南要尋訪禪宗的禪師論辯。

然而他在路上遇到個賣油糍的老婆子，一開口就敵不過了，還能狂到哪裡去？後來婆子指給他一條明路，去見龍潭崇信禪師。等到眞的悟了以後，才知道他註解《金剛經》而寫的《青龍疏鈔》根本言不及義，說得再多也沒有用；所以第二天早上，龍潭禪師公開印證了他以後，他就把《青龍疏鈔》

挑到法堂前說：「窮諸玄辯，若一毫置於太虛；竭世樞機，似一滴投於巨壑。」意思是說，口才很好而能與別人作各種令人很難理解的玄學辯論，說得一大堆的結果，就好像是用一根毫毛放到太虛空一樣，完全不能與太虛空比擬；縱使智慧極聰明而能要得出全世界都沒有底機鋒，也只像是一小滴水投入大山谷中，沒什麼眞實作用。於是一把火就燒了《青龍疏鈔》。

這就是說，如果有眞的證悟，那就可以在禪門裡暢通無阻；因爲在那一些野狐當中，他們的狐狸尾巴一個個撐得老高，你都看見他們身後有一隻狐狸尾巴，看得清清楚楚，還有什麼好怕的？這就是說，悟要眞悟，悟錯了就不算數；修學佛法要眞的下死命去修，可不要懵懵懂懂當作就是了。所以千萬不要說：「**我來聽《金剛經宗通》那麼久了，我早就知道了。**」那可不見得！宗門下常常說：「**毫釐有差，天地懸隔。**」差一點點就像天與地的差距那麼遠。所以還沒被眞善知識勘驗與印證之前，千萬要小心，不要自滿，自滿自得就是障道的因緣。接下來，再來看理說第三個部分：

《大般若波羅蜜多經》卷八十八。善現如是云：【「**舍利子！菩薩摩訶薩如是學時，不爲身界攝受壞滅故學；不爲觸界、身識界及身觸、身觸爲緣所**

生諸受攝受壞滅故學。如是如是，舍利子！菩薩摩訶薩如是學時，不為意界攝受壞滅故學，不為法界、意識界及意觸、意觸為緣所生諸受攝受壞滅故學。如是如是，舍利子！菩薩摩訶薩如是學時，不為地界攝受壞滅故學，不為水火風空識界攝受壞滅故學。如是如是，舍利子！菩薩摩訶薩如是學時，不為苦聖諦攝受壞滅故學，不為集滅道聖諦攝受壞滅故學。如是如是，舍利子！菩薩摩訶薩如是學時，不為無明攝受壞滅故學，不為行、識、名色、六處、觸、受、愛、取、有、生、老死愁歎苦憂惱攝受壞滅故學。如是如是，舍利子！菩薩摩訶薩如是學時，不為內空攝受壞滅故學，不為外空、內外空、空空、大空、勝義空、有為空、無為空、畢竟空、無際空、散空、無變異空、本性空、自相空、共相空、一切法空、不可得空、無性空、自性空、無性自性空攝受壞滅故學。如是如是，舍利子！菩薩摩訶薩如是學時，不為眞如攝受壞滅故學。」〕

先解釋一小段就能瞭解整段經文了。善現，也是十大聲聞之一，音譯為須菩提。這是他在回答舍利子的話。他說：「菩薩摩訶薩，」也就是證悟的菩薩「在這樣學的時候」；這裡有個前提要先說明一下，也許很多人起了個疑問說：「這《般若經》裡面，以及第三轉法輪的經裡面，為什麼也有十大聲聞？到處都看得見？」這得要先告訴大家，其實這些聲聞人，一千二百五十位的阿羅漢們，大部分人都是迴小向大的。也就是說，他們在第二轉法輪後的一段時間已經迴小向大，也都是有證悟的菩薩；而善現—須菩提—就是這樣子。所以不要像那些主張「大乘非佛說」的六識論法師們這樣說：「那些聲聞人永遠都是聲聞人，不是菩薩。」他們不是永遠的聲聞人。剛開始佛陀初轉法輪時期只度人成為聲聞僧，所以那些還沒有入地的菩薩，以及後來入地的十大聲聞們，當然還是示現聲聞相。在初轉法輪時期被佛陀度了，當然會示現聲聞相；所以這些聲聞人成為阿羅漢以後，佛陀進入二轉法輪時期，當然要跟著聽《般若經》，當然也要跟著學般若，當然也會在世尊教外別傳的種種機鋒下證悟，所以迴小向大的那一些阿羅漢們，其實大部分已都是證悟的菩薩。

當時諸地的菩薩大部分都不會留下來，只有極少數留下來；絕大部分要跟著佛再到別的星球，再去示現成佛，再重新三轉法輪度眾生。諸佛都是要這樣作的，而不是一世度眾生以後就沒事了。只要有哪個星球的眾生得度因緣成熟了，就要下來受生示現，一向都是如此。那麼，大菩薩們當然都要跟著去示現，文殊菩薩等人都要跟著去，是長期跟隨著。接下來就剩下極少數的地上菩薩留下來，再繼續度眾一段時間。那些聲聞人迴小向大成爲地上菩薩以後，發願重新再來人間，繼續度化眾生修學佛法五百年、一千年以後，就得要交給被度的人們來弘揚，這個道理諸位應該知道。假設說，你當時是聲聞人，已成爲阿羅漢了，佛陀十幾年轉法輪完成了，接著轉入第二轉法輪時期演說般若，你可不可能反抗說：「我不要聽這個，我以前沒聽過，不想聽。」你會不會拒絕？不會嘛！特別是佛陀在世的時候，親近、聞法都來不及了，還會拒絕嗎？大家要先瞭解這個背景。

現在回到經文來說「菩薩摩訶薩」，「摩訶薩」意思就是證悟了，不是還在凡夫位中。還沒有證悟就沒資格稱爲菩薩摩訶薩，一定是證悟了才可以加上摩訶薩三個字，這至少得要明心。這「摩訶薩」有時候定義很嚴格，有時候經文裡面的定義是指地上菩薩；但是，也有經文比較寬鬆的定義是明心就算數了，不一定要眼見佛性，也不一定要入地。就像這裡講的菩薩摩訶薩，那就是明心就行了。經文中說：「菩薩證悟而成爲摩訶薩，這樣來修學般若的時候，不是像聲聞人一樣爲了身界攝受的壞滅而學。」換句話說，菩薩證悟之後學般若，不可以像聲聞人一樣想要取涅槃。這裡講的身界，也就是色身的功能，不許爲了想要把攝受身界功能的這個部分加以壞滅而學般若。換句話說，學般若的目的不是爲了要求取無餘涅槃。如果學般若的目的是爲了求取無餘涅槃，這個人不應該給他證悟般若，不該讓他證得眞如心；因爲那是聲聞阿羅漢，是定性聲聞，不會迴心於大乘中，本質不是菩薩。

所有的菩薩都討厭不迴心的聲聞阿羅漢，就是因爲他來學得般若以後，死時也是要入涅槃的。那麼請問你：如果你度了十個人學得般若，結果都是爲了要入無餘涅槃而學的；那你將來走人了，他們不是也會跟你一樣走人了？你走了是轉到下一世繼續利樂有情，他們走了是入無餘涅槃，不是跟你走入下一世利樂有情、弘揚正法，那你度他們作什麼？那你下一世還得要從頭再開始度人，不會有上一世的弟子跟著你來利樂眾生。如果每一世都要這樣從頭開始，佛法怎能延續？每一世都只靠你一個人來延續法脈，這只能叫作獨脈單傳，那你就眞是可憐啊！那麼每一次捨報的時候，佛陀來了，一定會告訴你說：「你這個傻弟子！眼睛沒張著，專門度一些聲聞人；度得來，能作什麼用？」佛陀一定會這樣告訴你。所以你度人的時候，若是聲聞人，你就不要度。你一定要挑菩薩種性的人來度，你度了他以後，當你走了以後，他縱使有能力取涅槃，死時也不會取涅槃，他會把你給他的法繼續傳下去，那就有個正法基礎在；等你下輩子再來，長到二十幾歲時又回到佛門來，那你弘揚大乘法時就不必那麼辛苦了，這樣不是雙方都好嗎？所以菩薩摩訶薩不應該度聲聞人。佛世其實有許多阿羅漢迴小向大，就像善現、舍利子一樣，他們都是迴小向大而成爲菩薩摩訶薩的；本質上其實是已經無數劫修行菩薩道的人，只是因爲胎昧而自己不知道，剛開始還以爲自己是聲聞人呢！現在不曉得被派到哪一個星球去，在這裡已經看不見他們了，但這一些人總是還在娑婆世界的人間。

回到經文中接著說：「不是爲了滅除色身而學般若。」再接下來：「不爲觸界、身識界及身觸、身觸爲緣所生諸受攝受壞滅故學。」換句話說，生存在人間一定會攝受身界；你一定要攝受色身的功能，如果不攝受色身的功能，那你生到人間來幹什麼呢？所以生到人間時一定會攝受色身的功能，這就是「身界攝受」。你如果生到人間來，學般若的時候卻一心想要把身界的攝受給壞滅掉，想要取無餘涅槃，那你學般若時就不如法了。學般若是要學智慧，而不是要像定性聲聞一樣灰身泯智。

那麼，接下來說觸界，觸界就是觸的功能。身識界，就是領受冷暖痛癢等等的功能；身觸的功能，身觸爲緣所生的諸受，都是從觸界與身識界而來。有了觸界，有了身識界，就有了身觸，就有身觸爲緣所生的諸受。可是你修學般若時，不該是爲了把這一些功能的攝受給壞滅掉而入涅槃；反而是必須要繼續攝受著，發起你的智慧，世世在人間修行菩薩道，這才是修學般若的目的。接下來經文的意思都一樣。

「菩薩摩訶薩如是學時，不是爲了意界的攝受壞滅而學，」不是爲了想要把意根的功能給壞滅而不想攝受意根的功能；不是爲這個而學，而是告訴你：要繼續保留著十八界自體，也繼續保留著十八界的所有功能，不可以爲了壞滅十八界與其功能的攝受而去學習滅盡自己。壞滅了十八界的攝受，那就是入無餘涅槃了。換句話說，不論是哪個部分，乃至說六界—地水火風空識界—也是要繼續攝受著，世世受生於人間而修證菩薩道；苦聖諦也要繼續攝受著，集、滅、道聖諦也要繼續攝受著；乃至三十七道品，也不管哪一樣的空，也就是所有的十八空都要繼續攝受著；不應該說爲了要入涅槃，就把這一些法的正見或者見地全部捨棄。要繼續攝受，不該爲了求無餘涅槃而學般若；學般若的目的是要留著十八界，繼續在人間增長智慧，繼續在人間利樂有情，不應該爲了這一些界的攝受壞滅而學般若。

最後須菩提作一個總結說：「就像是這樣子，舍利子啊！證悟成爲菩薩摩訶薩以後；將來繼續修學般若的時候，也不是爲了眞如法性攝受的壞滅而修學的。」換句話說，你證得眞如心以後，不應該想要捨棄眞如心，想要去入無餘涅槃，這樣修學般若才能成功，也才能深入。

可是這樣修學很辛苦啊！因爲要一世又一世繼續在人間，不可以生到天上去，更不可以入涅槃。凡是證悟了以後，都有資格生在六欲天中；欲界六天你都可以隨願往生，不必老母娘幫你掛號；說實話，老母娘也管不著你，因爲她還未斷我見，也未明心開悟，只是個凡夫而已。而你不但有般若實相智慧，聲聞人的斷三縛結你更具足，而你比他們多了一個實相般若。聲聞初果人都可以生欲界天了，何況你又有實相般若智慧，當然更有資格。但是請你不要愛樂欲界天的境界，因爲生到那邊去享受一輩子以後回來人間時，別的師兄弟們不曉得已經跑到多麼遠去了，你享受完畢下來的時候還是在原地呵！等到突然間想起來：「趕快修證天眼去看看，我上一輩子那些同修，他們修到什麼層次去了？」一看：「哎喲！怎麼道業的距離是那麼遠，我都跟不上了。」有神足通也跟不上啊！且不說別的，光說在四王天的時間就好；那邊一天等於人間五十年，三十天爲一個月，十二個月爲一年，天人壽命五百歲；如果住在那裡一輩子，很久以前的人間同修已經在人間生死很多世，已經繼續進步很遠很遠了，結果他下來人間時還是在生天前的智慧中原地踏步。如果他很有警覺心，等到他往生四王天中享受一天完了，心想：「哎！我上來一天了，看看我上一輩子人間的同修們哪裡去了？」一看之下，發覺怎麼都沒找到人？因爲都往生去了，已經都轉生到下一世，所以他都找不到人了。他不知道，人家早就到下一世，又回歸正道取得新的五蘊繼續開始努力幾十年，進步很多了，他才剛享受完天上的一天。這叫作愚癡人！所以菩薩們千萬不要生天，生天堂的大多是笨蛋，要記住呵！我說生天堂的就是笨蛋，將來捨報的時候要記住呵！不要看到說：「那五百天女在等著我呢？」可不要好奇而想要靠過去看一看。要記住：「笨蛋才要看那邊。」千萬記住呵！這樣，我們正覺同修會就繼續有人轉到下一世自度度他。如果有人生到天上去，會裡的同修就會越來越少。一定要人多，正法裡面如果人少，眾生就可憐了；所以千萬要可憐眾生，不要爲自己的世俗利益去生在欲界天中。

接下來，我們從這一段經文來作一個結論：「眞如無斷無滅，不是斷滅空。」所以，以前曾經有大禪師說：「當你瞭解緣起性空，你就是開悟了。」並且公然寫在書上。請問：「他到底懂不懂大乘法？」顯然是不懂。因爲眞如既然無斷無滅，而緣起性空的最後結果是斷滅空，怎麼可以說緣起性空就是般若呢？所以說，緣起性空與眞如是兩個不同的層次；緣起性空是在蘊處界的層次裡面來說，眞如是上於蘊處界、上於緣起性空的實相；這個實相界，跟屬於蘊處界現象界的法，是大大不同的，因爲現象界的蘊處界都要依實相界的眞如才能存在，所以蘊處界的緣起性空是依於常住的眞如來說的。

如果否定了緣起性空背後的常住眞如，只是在緣起性空探究，那就是落在現象界的法中。現象界的法不論怎麼探究，永遠都落在現象界裡面，永遠都是緣起性空，終究要歸於斷滅空，扯不上不生不滅的實相意涵；也無法瞭解蘊處界的緣起性空有一個前提，叫作本識恆存。以緣起性空作爲佛法修行的人，一定無法探究到這個地方。得要能夠探究到說，蘊處界這些現象法、世俗法的緣起性空，是因為有一個實相界的本識，才可能有蘊處界出生，然後才可能有蘊處界的緣起性空；具有這樣的正知正見作為前提，這個人才可能斷我見。否則的話，四阿含或者尼柯耶（南傳的《阿含經》），他再怎麼努力去研讀，讀到最後他將無法接受；因為漢傳四阿含、南傳的尼柯耶都說：「意識是生滅法。」經文裡面也都有明文具載：「入無餘涅槃是要捨棄意識的，連意根—意識的所依根—也要捨棄。」他就會想到說：「如果我這樣的話，把我執斷盡入了無餘涅槃，那我不是變成斷滅了嗎？」他遲早會想到這個問題的，當他想到這個問題的時候，就會設法把尼柯耶、把漢傳阿含曲解；曲解以後就成為台灣釋印順這個流派所講的般若——性空唯名。但他們那個般若要加上一個註腳，叫作非般若，因為與般若完全不相干；而他們所謂的解脫道，也要加個註腳，叫作非解脫道，因為連我見都斷不了，一定恐怕落入斷滅空裡面。因為北傳阿含、南傳尼柯耶都有明文記載，入無餘涅槃時，是要把蘊處界全部滅盡的；是連他們最執著的細意識都要滅盡的，本質就是斷滅空，你叫他們怎麼能接受？所以必須要像阿羅漢一樣，接受佛所說的

「有一個本際常存」，當你滅掉蘊處界以後，成爲無餘涅槃的時候，無餘涅槃裡面其實是本際常住不變、寂滅、清涼，是眞實而不是斷滅空。依於這樣的認知，才有可能斷我見乃至成爲阿羅漢。而這個本際就是眞如心，所以說，眞如這個眞實心是無斷無滅，不是斷滅空。

那麼，由於這個緣故，世尊在五時三教的第五時，也就是入涅槃前那一段時間說法華、說大般涅槃之前，那個時候就正式宣示聲聞法一樣要歸於一實之法，也就是奠定了一個基礎說：聲聞法也要歸於一實之法。所以才會演說《無量義經》，說無量法都歸於一法，就是歸於眞如心。如果沒有這個唯一的眞實法，那麼聲聞法就變爲斷滅空，就會跟斷見外道完全相同。這個時候已經斷定聲聞法了，在法華裡面不就是這麼講的嗎？《大般涅槃經》不就是這麼講的嗎？都已經判斷、已經奠基了，都說聲聞法要歸一實之法，離開一實之法就沒有聲聞法可說。

並且入涅槃的時間即將到來的時候，也就是說，佛陀預定要入涅槃的時候，重新再把三藏給扶持起來。也就是說，經、律、論三藏都不許偏廢；經典得要扶持，律藏與論藏也一樣要扶持，不許偏廢，所以說「更扶三藏」。

並且「誡約將來」，也就是告誡和約束將來的佛弟子們：經律論三藏，不論哪一個部分，都不許偏廢。這樣，才能夠使得末代鈍根之人，不會對佛法生起斷滅的見解，這個很重要。

我剛出來弘法的時候，沒有注意到這一點；因爲我自己當時經論也讀得少，我就努力參究，參啊、參啊終於給我參了出來。可是參了出來以後，沒有人可以爲我印證，因爲見道報告遞出去以後，人家理都不理我，那該怎麼辦？就自己辦啊！不靠別人啊！我就把大藏經請出來，因爲我破參前三、四年，就買了一套《大正藏》供在家裡。那時候很便宜，才三萬六千塊錢，白馬精舍印的，他們眞是大功德一件；他們好像沒有賺錢，才能這麼便宜。那時候是預付款項，然後他們每過一段時間就出版一大箱寄來，是這樣過了一段好長時間才具足出版的。那時候，眞的沒辦法啦！到底我悟的這個是什麼？既然沒有人能告訴我這是什麼？我就自己來找經典印證看看：「咦！竟然會懂！以前都讀不懂的，現在竟然眞的懂了。」這算是很好了。可是那時候我沒有用阿含來印證，我剛請來《大正藏》的時候，四阿含諸經我都有讀過，也都作了斷句；等到破參後，讀過了大乘的經典自我印證，發覺沒有悟錯。有一天想一想，把四阿含重新來讀一讀，結果發覺悟前的斷句錯得一場糊塗；有悟跟沒悟，智慧就是差很多，因此發覺有許多地方斷句都斷錯了。

這就是說，如果沒有唯一的眞實法的存在，聲聞法也不可能成立，所以悟後閱讀四阿含時，經中的意思就很清楚了，才重新加以斷句。同理，若沒有唯一的眞實法存在，那麼般若也不可能成立了；因爲一定要有那個唯一的眞實法存在，才可能有中道可說，否則就會像台灣釋印順的判教一樣，把般若判爲性空唯名。他會這麼判教，是因爲既然同樣是說斷滅空，那麼世尊講解四阿含的教義就夠了，何必還要講般若？那不是戲論嗎？就只是把一些名相拿來再攪和一番，同樣是滅盡五陰的斷滅相，所以他判定般若諸經的意旨爲性空唯名，認爲般若諸經所講的純粹只有戲論、只有名相。依他的斷滅相來理解，他這樣的判教是對的；但是依般若的實證者來講，他的判教是大錯特錯的。因爲阿含所講的滅盡五陰十八界，入無餘涅槃以後也不是斷滅空，怎麼會是緣起性空呢？所以，大品般若、小品般若裡面，講到眞如心體的地方太少了；都在說明眞如心的自性，然後大家就從那些自性去瞭解，而把心體給錯開了。換句話說，當大家都在看那個常住的明鏡的時候，竟然都不看鏡子，都只看著鏡中的影像，所以產生了對般若的誤會；因此到了第三轉法輪的時候，因爲還有許多人不懂啊，所以在五時三教裡面的第三教，也就是在方廣唯識教裡，就廣開眞常宗而說七轉識的虛妄，顯示七轉識的存在與運作全都要靠第八識眞如心，顯示眞如心的常住性、功德性與不可壞性，廣破斷滅的顚倒見。

所以太虛與印順師徒兩個人，太虛的說法才是正確的；雖然他並沒有證得如來藏，但他的判教卻是正確的。他認爲：「**眞常唯心才是中國佛法的正統。**」台灣釋印順則主張「性空唯名」。他是異說別起，就因爲他這樣錯誤的判教，中國流傳的佛法開始被他轉變，就變成無法實證而開始支離破碎了。因爲從台灣釋印順的觀點來看佛法的時候，這個法與那個不相干，那個法與另一個法也不相干，佛經中說的許多法都成爲各不相干，那不是支離破碎了嗎？可是太虛的觀點認爲：所有的法都依這個眞常唯心而衍生出去的，所以每一個法都互有相關。也就是說，這個法與眞實心相關，另一個法也與眞實心相關，所以這兩個法是有關聯的，不是互不相干的。

就好像說，本來一家人，第一代是祖父母。祖父母下來就有叔叔、伯伯等幾位，然後再下來是孫輩，那就更多了。如果一代生五個人（古人都生很多，現在人只生一個，因爲現在很難養，一個孩子養到大要七、八百萬元台幣。現在物價飛漲，再過十年後將更不止這個數目，可能一個孩子養到大，幫他養到大學畢業大約要一千多萬元。古時候沒有這樣的要求，古人隨便養隨便大，養大了是要來幫忙作工作的，不是在他身上花錢，是要從孩子身上賺錢回來養家的，所以古人一代生五個孩子大約是平均數），那麼就以一代五個人來講，祖父母下來，五個兄弟娶了五個妻子，這五對再各生五個孩子，這樣第三代就有二十五人了。問題是，這二十五人有沒有相干？有啊！都是從同一對祖父母延續下來的香火。現在有人說：「這一對孫子女跟另一對孫子女是無關的，那一對孫子女又跟這一對無關。」這樣把你本有的親屬關係拆散，你接不接受？你當然不接受，可是外面的大師們可都接受了欸！台灣佛教界有很多大山頭都接受了欸！然而太虛大師早就看穿了台灣釋印順的手腳，所以才會說：「印順把佛法割裂到支離破碎的狀態！」他眞的一點都沒有冤枉他。

這就是說，一定是有一個眞常的如來藏心存在，才可能有五蘊身以及如來藏等八識心王可以顯現出來而被我們所證；有了這八識心王的具足，才能夠有萬法的出現與存在。既然如此，顯然萬法之間是互有關聯而非各自都無關聯的，那麼聲聞緣覺的解脫道，菩薩所修的佛菩提道，三乘菩提的法教，可就聯繫起來而可以綜貫判攝互相通達了。所以《華嚴經》中才會說：「三界唯心，萬法唯識。」因此，如果沒有第三轉法輪的廣開眞常宗，沒有第三轉法輪的奠定唯一佛乘，佛法眞的會被台灣釋印順等凡夫們割裂而支離破碎，成爲永遠都不可能實證而只能拿作佛學研究的東西了。佛陀都已經把一切佛法這樣收攝於一法中，所應作的都已經作完了，竟然還有人會把它重新加以割裂，導致他自己也誤會佛法而無法實證，又如何能夠破除那些凡夫與外道的顚倒見呢？佛法被他們這樣繼續弄下去，最後一定會壞滅，現在台灣與大陸佛教界的宗門妙法失傳，不就是如此證明了嗎？

古時候在天竺，密教興而佛教亡。這是事實，所有研究佛教史的人都知道密教興盛以後，佛教就會滅亡了。這個密教當然是指現代的西藏密宗，因爲他們正是坦特羅假佛教。坦特羅，現在的新翻譯是「譚崔」。你們去看看，且不說大陸，因爲大陸比台灣嚴重；單說台灣佛教界就好了，有名有姓的、小有名氣的那一些法師們，有幾個沒修雙身法的？你們很難想像。我們知道內情的人，眞的腳底很涼——爲他們涼啦！而他們自己倒是腳底熱騰騰的，因爲他們心中充滿了慾火！我們爲他們腳底著涼，因爲那是無間地獄業。想一想，受了比丘戒、受了菩薩戒，這時聲聞戒、菩薩戒都有了，結果竟然又修雙身法。並且他們三個邪淫罪都具足，根本、方便、成已都具足了，一定是無間地獄業。我們有時想起他們的業，總是替他們涼到腳底板去，但他們一點都不知道要涼，腳底老是熱騰騰地；因爲他們一天到晚都還在物色哪個女眾比較年輕漂亮，只要看得上眼就好了。

你們不知道內情，你們不懂得替他們涼，一旦知道了，就會爲他們涼到不得了。距離正法滅盡還有九千多年的現在已經如此淪墮了，如果我們不好好把正法給奠基、給擴展開來，讓他們把密宗的雙身法繼續搞下去，佛教又要再度滅亡了。密教興，佛教一定要亡的；因爲密教的法根本與佛法完全無關，從生起次第一直到大手印、圓滿次第、即身成佛，都與佛法三乘菩提的實證無關。他們所說的般若也全都是六識論的常見外道思想，只是把般若諸經的一些名相拿來矇人而已。並且他們把智慧與方便同樣拿來冒用，而他們的智慧與方便的定義跟佛法完全不一樣，都是在隱說雙身法。不知內情的人看起來說：「你看，人家沒有錯啊！方便波羅蜜、智慧波羅蜜。」看起來好像沒錯啊！其實他們的定義根本與我們佛教不同。事實上佛教已經被他們影響到這個地步了，你說怎麼辦？

可是，推究爲什麼佛教會被他們弄到這麼嚴重？其實是因爲一直有人支持推廣說：意識是常住的。意識既是常住的，與意識相應的法當然可以繼續搞下去啦！那麼，什麼法與意識相應呢？名聞、利養、男女欲，都跟意識相應，那當然要繼續把密教的雙身法推廣嘛！我們出來弘揚的是第八識如來藏，如來藏離六塵見聞覺知，與欲不相應。那你想，他們不罵死我們才怪；因爲我們等於擋了他們的財路，也擋了他們的名聞貪著，更擋了他們物色漂亮女人合修雙身法的邪路，不是嗎？那你說，他們明著在搞名聞利養，暗著搞雙身法，他們不否定我們才怪呢！所以他們若是私底下都不抵制我了，那一定是變天了。如果我們開始弘揚離見聞覺知的如來藏妙法，而他們都不抵制，那一定十幾年前老早都下紅雨了，不會是下這種清水了。

因爲我們弘揚的法跟他們不同，我們這個法如果推展開來，一定會使他們的意識境界法顯示出錯誤，那你叫他們怎麼混下去？又怎麼跟徒眾交代？

當他們把女信徒騙上床了，後來卻說那不是佛法，眞的沒辦法交代。有一天座下的比丘尼或女信徒讀了《狂密與眞密》，前來質問說：「師父！我們好像嚴重犯戒欸！這會害我下地獄欸！」他們當然會料到這個結果，那你心裡面如果還期待他們不否定我們的第八識妙法，有可能嗎？一定是愚癡者，才會對密宗這樣期待嘛！

所以一定要把法從根本建立好，如果根本無法建立，那麼你再怎麼樣努力去弘法，都是無益於眾生，也無益於佛教。所以你所要作的，是怎麼樣讓眾生瞭解兩件事：第一件是五陰的內容以及緣生緣滅，特別是指意識如何的虛妄，要從聖教量、從比量、從現量來證明意識是虛妄的；那麼他們基於意識而去攀緣的雙身法，或者財色名食睡等法，也就都變成虛妄了，這樣他們才能夠遠離世間法五欲的貪求。第二、爲防他們誤會說蘊處界全部都虛妄而誤以爲佛法是斷滅空，那麼就必須要告訴他們：有一個一實之法，這個唯一眞實的法是確實存在的，並且是確實可證的。說清楚了，也有人跟著你一樣親證了，而他們信受了，才有辦法離開識陰的境界。所以這兩個關鍵是必須建立的，第一個建立就是蘊處界虛妄，要從聖教量、比量、現量來告訴他們；

第二個還要從現量、比量、聖教量來告訴他們有一個一實法界，這個實相法是確實存在的。這樣從這兩個方面去建立起來，那麼眾生聽久了、讀久了以後，熏習而瞭解你所說的內容以後，他們就漸漸接受了，然後才有可能實證三乘菩提；否則是無法建立佛教了義血脈繼續流傳的，所以這一點是非常重要的事情。

那麼，我們接著要作什麼工作？我們接著就要針對西藏密宗與佛法完全無關的事實，以及意識是虛妄的這個事情來努力教育佛教界，所以我們現在進行的就是編輯及印製書摘。要從一些書裡面、從一些經典裡面，摘錄一些重要的法義、重要的內容，讓社會人士知道西藏密宗與佛法無關，讓學佛的人知道意識是虛妄的，對於與意識相應的境界就不要再去追求。這樣佛教才會有未來，眾生的佛法慧命才會有未來，這就是我們現在正在著手的事情。可能在二月底，我們會有四本書摘先作出來，這是要到處去流通的；不必像現在的結緣書那麼大一本，每一本成本都是很貴的。改用書摘來流通，效果應該會比較好、也比較快，並且比較省錢，這樣就不怕人家拿去回收。

何老師今天很難得穿一件大紅的衣服來，讓我聯想到有沒有哪一位男眾親教師佩戴瓔珞來。文殊、普賢、觀世音菩薩都是身佩瓔珞的，天衣飄飄，這才是菩薩。這在告訴大家什麼意思呢？說菩薩不從表相來看，菩薩也是可以擦脂抹粉，畫得很漂亮的，但仍然是眞正的菩薩，並且還是出家的大菩薩，文殊、普賢、觀世音不都是這樣嗎？所以，如果哪一天我們男眾親教師胸前佩了瓔珞來講課，或者身上帶了條好幾兩的黃金項鍊，我也不會覺得奇怪。這是正常的，本來大乘佛教中就是如此。好，閒話表過，回到《金剛經宗通》的〈無斷無滅分〉，我們在新春之前講完了補充資料說之三，今天要從理說的第四個部分來講：

《景德傳燈錄》卷五：【六祖云：「佛比爲凡夫外道執於邪常，諸二乘人於常計無常，共成八倒，故於涅槃了義教中破彼偏見，而顯說眞常、眞我、眞淨。汝今依言背義，以斷滅無常及確定死常，而錯解佛之圓妙最後微言，縱覽千遍有何所益？」行昌忽如醉醒，乃說偈曰：

固守無常心，佛演有常性；不知方便者，猶春池執礫。

我今不施功，佛性而見前，非師相授與，我亦無所得。】

這個是出於《六祖壇經》，其實不應該叫「經」，應該叫「六祖壇論」，因為是菩薩所說。這是古時的行昌法師來見六祖，六祖問他是作什麼的，他說專門讀誦《大般涅槃經》。《大般涅槃經》主要講兩種佛性，一種是可以使人成佛之法性，就是如來藏的眞如法性；另外一種就是十住菩薩眼見佛性時所看見的佛性，這個佛性也是指諸地菩薩的眼見佛性，諸佛的眼見佛性，以及凡夫誤會了的佛性。這位行昌法師在見六祖之前，不斷地讀誦《大般涅槃經》，始終就是不懂。後來聽說有六祖大師出來弘法，所以就來請問佛性的妙義。六祖跟他談論以後，發覺他眞的不懂，誤會了，所以六祖就為他開示，說佛陀一直以來就是像經中記載的那一些事相，這叫作「比」，就是拿一個東西來取代，這叫作比。「佛比為凡夫」，就是佛在《大般涅槃經》裡面，或者說佛陀弘法以來，為了那一些凡夫外道們「執著於邪見的常，以及為了那一些二乘人在常法裡面，」在常住法之中「錯誤的認知而執著為無常，所以總共成為八倒。」

八倒，還記得我們前面講過的嗎？用四個字就可以弄清楚八倒了，都不必死背，佛法不是用死背的。這四法就是常樂我淨。譬如說第一法為「常」，常計無常，就是一倒；無常計常，就是二倒。常樂我淨的第二法就是「樂」，同樣的道理，樂計非樂，非樂計樂，又是二倒。同樣的，第三法「我」、第四法「淨」，也是一樣各有二種倒。依常樂我淨這四個法來說，這樣總共是八倒，也就是針對每一法都各有二倒，總共是八倒。就是因爲二乘人把眞常之法誤計爲非常，而外道凡夫們因爲邪見而把非常的誤計爲常，所以就有非我計我、我計非我，以及非淨計淨、淨計不淨等，共成八倒。眞正的無倒是「常」悟爲常，悟的就是眞常；樂，所悟的就是眞樂；乃至眞我以及眞淨也都眞實證悟而不顚倒，這就是「無倒」。

有了這八倒以後，深入加以瞭解，六祖說這些凡夫外道、二乘聲聞人，他們就是於涅槃生起邪倒，六祖就說：佛陀就是針對這些人將常樂我淨的大乘法所產生的誤會，提出說明而破斥他們的偏見。如果你想要判斷什麼人是有八倒、是有偏見的，可以先從他們有沒有斷我見來作判斷，這是絕對正確的。假使二乘法中的聲聞人，已經證果了，最少就是證初果、已經斷我見了，他就不會把非常之法誤計爲常，最少會離開這個第一倒。然後呢，常是什麼？他還不知道；因爲還不知道，他就不會亂講話，所以他也不會把常計爲非常。當他聽到佛菩薩說如來藏是常、本識是常，他就不會去否定祂；只會在心中打上一個問號放著：「這不是我的所證，非我所知，所以我就不要隨便講話評論。」這就是已經證初果的人。如果對於自己不懂的法義，常常想強出頭而亂作評論，一定是還沒有斷我見的凡夫。

什麼是究竟樂？他還弄不懂，就不會隨便說話，不會輕易評論。可是非樂，初果人一定懂。當大家在說：「老子被砍頭了，也不過碗大一個疤，二十年後又是一條好漢。」還將苦果自以爲樂，這叫作欣阿賴耶、憙阿賴耶、愛阿賴耶、樂阿賴耶；殊不知阿賴耶識的功能會將他變生爲下一世的地獄身、餓鬼身、畜生身，他還自以爲是英雄好漢呢。其實都是錯誤的認知，這當然屬於非樂之法。初果人一定很清楚知道：「五陰中的每一個法都是虛妄法。」那些凡夫惡人總以爲：「我覺知心意識心，下一輩子入了胎，又有新的下一輩子出生了，我還是一條好漢。」他沒想到下一輩子已經不是這個意識心了，不但下輩子成不了好漢，說句不客氣的，下輩子也許成了狗熊，甚至更慘，連畜生都當不成，因爲他這一世殺人越貨啊！縱使他不是主謀，最少也會是狗熊，還能是一條好漢嗎？不行了！他以爲意識可以去未來世繼續存在，以爲這個意識下一輩子還在，所以他就非常計常。可是初果人絕對不會，他知道意識心是意法因緣生的，也是藉此世的色身為緣而出生的，下一輩子所依的緣—色身—既然變換了，當然下一世不是這一輩子的意識心，所以初果人不會把非樂之法誤計為樂。所以這個覺知心不可樂，只有一世而已；在人間多麼快樂都是空歡喜，只有眞實常住的第八識才是眞實樂。初果人還沒有證得，就不敢亂講話；可是他絕對不會把意識心認作是可以讓他實現來世快樂的心，所以他一定會離開非樂計樂的邪倒。

再來說我，初果人會很清楚的看見五陰中的每一個法生滅不住、非我；當然最主要的還是看待意識心，了知這個覺知心是不是眞實不壞的我。他看得很清楚：「**原來這個覺知心都是意法為緣生。**」所以他知道這覺知心不是眞我，所以他絕對不會非我計我，他就可以離開這個邪倒。可是，會把眞我計為非我，把眞我當作是不常住的生滅法，就是那一些二乘法中的凡夫們；而他們反而會把意識心這個無我法、生滅法，誤計為眞常不壞的眞正的我，所以堅決主張細意識常住不壞。當今的全球佛教界，不論是大乘、小乘全都如此，那就是非我計我。由於非我計我是錯誤的知見，一切初果人絕對不會去犯這個錯誤，所以他已經離開這個顚倒。

我計非我，他也不會犯，可是他還無法實證；因爲到底哪一個是我身中眞實不壞的眞我，他還不知道。可是當別人親證而說出來：如來藏就是眞我。當菩薩這樣講出來的時候，顯示菩薩已經離開了我計非我、非我計我的顚倒；一切聲聞初果人都不會去評斷菩薩這個說法，他們都會閉嘴不談。因爲所有初果人已經滅除見取見，他們會認爲說：「這是我所不知。既然不知，我就不講話。」所以如果有人出來否定如來藏，就是我計非我；當他們說如來藏阿賴耶識是虛妄的，是外道神我，那你就知道，他們不但連我見都還沒有斷除，本質上是八倒全部都存在，一定如此。「我計非我、非我計我」這兩倒，聲聞初果人都不會犯，菩薩當然更不會犯。

最後二倒：「淨計非淨、不淨計淨。」哪個心是不淨的？意識心啊！關於意識心，譬如今天剛剛結婚，嬌妻娶進家中，明天要陪嬌妻回娘家，還在新婚期間，路上看見哪一個少女，覺得她好漂亮！就偷偷多瞄了幾眼。那你說他的意識心淨不淨呢？不淨啦！修行人心中想著：「我離念靈知是最清淨的。」可是廚房那邊，不曉得哪位典座菩薩今天做了許多手工菜，飯菜飄香，心裡面就想：「肚子開始餓了，今天飯菜這麼香！爲什麼還不敲引磬讓人用齋？」這到底是淨還是不淨呢？當然不淨啦！如果是那些喇嘛們，成天尋思著有沒有女信徒可供他們合修雙身法，可就等而下之了，那種離念靈知根本就排不上邊的，那已經是太下賤了！全都是意識心在作怪，這意識顯然是不淨之心，都因爲祂會跟六塵相應。意識覺知心會跟六塵相應，就會有染淨的區別：看見了佛像在那邊，什麼妄念都不敢動，就是恭敬禮拜；可是才剛離開大殿，一轉眼又變了個人了。這就是意識心，這是不淨心。把不淨的意識誤計爲清淨心，就是不淨計淨。

無始以來到現在，從現在到無始劫後，永遠都是清淨的心，只有一個如來藏，這才是眞淨。可是這個眞淨妙明之心，初果人並不知道在何處。正因爲不知道，他們就不會亂評論，所以初果人只會說：「這是我所不知。」一定不會妄作評論。可是凡夫外道們，他們就會評論：「那是外道神我、外道梵我啦！什麼才是眞正清淨心？當我們一念不生，妄想都不起來的時候，修成細意識境界了，就是眞淨心。」原來他們是「不淨計淨」。可是初果人絕對不會「非淨計淨」，因爲初果人已離四倒。另外還有四個倒，初果人也不會落進去，但是他們也無法弄清楚那意涵是什麼。所以眞正離四倒的人，一定不會去評論大乘法，也不會亂講話。會亂講話的都是具足八倒的人，屬於凡夫之輩。凡夫不可能離開八倒，也不可能離開四倒，已斷我見的人都不會落入四倒、八倒中，這是一個檢驗的方法。現在回來本文說「二乘人於常計無常」，講的不是二乘法證果的人，講的是二乘法中的凡夫，只有凡夫才會這樣。

接下來說，因爲凡夫外道落於偏見；二乘聲聞中的凡夫人，也會「常計無常」，所以總共有這八倒，這三類人有八倒。爲了破斥這八倒，所以 佛就在入滅前講《大般涅槃經》，這部經是了義教。因爲有三部是最後說的經典：《無量義經》、《大般涅槃經》、《法華經》，這是 世尊最後所說。《法華經》是屬於最後的圓教，把整個佛法都收攝於法華所開、示、悟、入的如來藏妙義之中，這叫作圓教，整個佛法就這樣圓滿了。所以諸佛若是說了法華，就表示快要入涅槃了。將來如果在 彌勒尊佛座下，彌勒尊佛有一天開始講《大般涅槃經》時，你就要有一點點悲哀的感覺，說：「唉呀！佛陀快要走了。」因爲這是成佛前的最後一著：眼見佛性。所以這表示說，佛陀是爲了這三類人有八倒，所以在《大般涅槃經》這個了義教中破斥他們的偏見；因爲他們的見解不是正中無偏的，因此這個偏見必須破斥。爲了破斥這個偏見，所以就很明顯地開示說：眞常、眞我、眞淨。眞常、眞我、眞淨，得要怎麼樣才是眞樂？《法華經》中有一段記載說：「**大通智勝佛，十劫坐道場；佛法不現前，不得成佛道。**」是什麼緣故不能成佛道？因爲還在整理全部法義，在思索怎麼樣爲眾生說，這時還沒有離開大圓鏡智就不會接觸外六塵，所以還沒有眼見佛性，成所作智還沒有現前，還不能算是成就究竟位的佛道，光有大圓鏡智是沒有辦法起大作用的。

這樣解釋，大家就懂了。以前讀到《無門關》裡面說：「**大通智勝佛，十劫坐道場；佛法不現前，不得成佛道時如何？**」往往不懂。其實是因爲還沒有使佛地眞如起用，光有大圓鏡智的智慧還是不能成佛的；最後一定要眼見佛性，這一見性之後，使成所作智現前；當十方一切有緣的眾生，如果與佛有法緣，佛一定會感應到。如果成佛了，對有緣的眾生無法去感應，那他就不算究竟佛，所以說「隨緣赴感靡不周」。因此說，這裡面是顯說眞常、眞我、眞淨。有了眞常、眞我、眞淨，加上見性成佛，成所作智現前以後，才是眞樂，否則佛地的功德無法全部顯發。那怎麼樣才叫作眞樂呢？我們因地證得如來藏，說「我」是眞常、眞我、眞樂、眞淨，其實還只是方便說，因爲成所作智還沒有現前，怎能叫作眞樂呢？因此一般說常樂我淨，指的是佛地。

現在回到六祖的話來，他向行昌開示說：「你如今只是依著《大般涅槃經》中的語言文字，每天背誦閱讀，可是卻背棄了其中的眞實義，反而去把斷滅的無常以及死掉以後永遠不再生而說爲常，那你就錯解了佛陀所說圓滿勝妙的最後很難以理解的微細義理的開示了。在這種情況下，縱使你把《大般涅槃經》閱讀了一千遍，又會有什麼利益呢？」

《大般涅槃經》很長，想要讀一千遍，可不是短短的幾年時間可以讀完的。就算眞能讀完一千遍，也是沒有用的；因爲佛性存在歸存在，他仍然是眼見如盲，還是看不見佛性的。有許多人來到正覺同修會以後，就是這一點覺得很悲哀；因爲明心好幾年了，可是想要眼見佛性，始終作不到，你說悲哀不悲哀？有時候，有人來找我談見性的事，我通常都會把他打回票，我說：「你見性的緣還沒有熟，你如果強求而願意落入解悟的話，我現在也可以幫你下手引導，你要不要試試看？」因爲我明明知道他會變成解悟，一定看不見佛性，若是強行引導出來的結果就是解悟，這一世就沒機會看見佛性了。見性所需的三個條件還沒有具足以前，解悟的結果一定是看不見；那時佛性遍滿山河大地而看不見，心中空知佛性是什麼東西，但是縱使瞠破了眼睛也是看不見。那時還有什麼辦法？這一世都沒補救的機會了。所以來到正覺同修會，明心了以後還是無法看見佛性，大有人在，絕大多數是這樣子，那你說：悲哀不悲哀？

可是比起會外那些人來，你們可是幸福太多了。他們不但無法想像眼見佛性的境界，根本連明心的境界都無法想像。如果眞要跟你們相比，他們大概只能自覺慚愧啦！因爲這眞是「人比人，氣死人」，他們再怎麼想像也無法瞭解的，所以除了自覺慚愧以外，還有什麼辦法？這意思是說，佛經中所說的，必得要是實證，不能空說便罷。否則講得一大堆，就像銀行經理，台支、本票開出來：三千萬元台幣。卻是開給別人，不是開給自己，全都是過路財神。佛法中也是一樣，若沒有實證，把經中的道理講來講去，全都是別人，都與自己無干，豈非數他珍寶？不就是這樣嗎？所以佛法得要是實證才有用。

六祖大師這最後一句話就是責備他：「你如果錯解了世尊的圓妙最後微言，縱使你閱覽了一千遍的《大般涅槃經》，又有什麼利益？」不如快快樂樂去看話頭，快快樂樂去修集福德，快快樂樂去增長慧力；把見性所需的三個條件圓滿了，等到因緣時節到了，一刹那就看見自己的佛性遍滿山河大地了，也不必搞得那麼辛苦。那時就快快樂樂地看：原來到處都是我的佛性。那不是很好嗎？所以六祖這麼一罵，行昌法師才終於懂了；可是他這個懂，依舊不是眼見佛性，只是看見了如來藏具有的使人成佛之性，那跟《大般涅槃經》講的眼見佛性，可又是相差一大截了。這可是一丈整整差了九尺，不是只差一尺，因爲這兩個境界的距離太大了。行昌法師這時忽如醉醒，就說了一首偈：

固執地守著無常的意識心、識陰六個識，這是凡夫；可是佛陀卻演說有一個常性、永遠不壞的心。不知道如何方便去證得常住的這個法性的人，一天到晚在那邊摸來摸去地摸索著，就好像在春天的池水裡面隨便亂摸亂抓，抓到一個石頭就說這個是寶石。我行昌如今不必再作什麼方便，這個成佛之性就已經現前了；看見如來藏具有成佛之性，這卻不是六祖大師您跟我互相之間授給我的，而我其實也沒有所得。

這就是說他找到如來藏了。但是這只是文字記載的表面，實際上眞是六祖把他罵一遍，他就找到如來藏了嗎？我才不信。這類記載都是照顧著他的面子，其實還有別的部分被忽略而不記載。如果這樣罵一罵就可以找到如來藏，大家讀《六祖壇經》不該都悟了嗎？可是你看，那麼多大法師在講《六祖壇經》，連大法師自己都悟不了，何況聽者？但因證得如來藏的是無所得法，因爲所找到的如來藏是自己本有的，六祖並沒有給他，所以行昌說的是正確底道理。

見性也是一樣，我們會裡十幾位見性的人，從來沒有哪一個人說是我把佛性送給他們，因爲那佛性也是他們自己的；不管他們是從天上的明月看見自己的佛性，從花、石頭、狗屎上面看見自己的佛性，那都不是我給他們的，因爲佛性本來就是自己的。說句老實話，佛性也不在明月裡，也不在狗屎上，卻可以在那上面看見，你說奇怪不奇怪？眞的好奇怪！但這是實證的。如果不是從山河大地上可以看見自己的佛性，那就不叫眼見佛性了。以往常常有人明心以後說：「我看到別人身上有佛性。」我說：「你弄錯了，你是看到人家如來藏在運作，你並不是看見佛性。」他說：「我明明看見了。」「我問你：山河大地上，你看見了沒有？你看見山河大地上有你的如來藏嗎？有別人的如來藏嗎？」「沒有。」我說：「那你只是從別人身上看見他們的如來藏的自性，無法從山河大地上看見自己的佛性；那就不是見性，不要再繼續妄語了。」一個是開悟明心以後看見如來藏的自性，另一個是看見佛性，所見的佛性不等於是如來藏能使人成佛的眞如自性；這兩個是不一樣的，差異很大的；所以你若沒有眞正走過來，一定說不出這其中的道理，也說不出其中的差異。

所以，這裡所說的「佛性而見前」，講句不客氣的，他只是明心而已，還不是《大般涅槃經》講的眼見佛性，所以行昌還進不了十住位。雖然還進不了十住位中，卻已經被記在典籍中，不是籍籍無名了。可是我們會中那麼多已經眼見佛性的人，到現在還是籍籍無名，除非我們把他的見性報告給登出來；終於有一本書登出來，才能在書中看見他的大名。

那麼到底見性了以後，是有所得還是無所得呢？從本以來就是自己的佛性，不是師父給他的，這樣來看，說他還是無所得。可是，如果從眼見的境界來說，是有所得；因爲以前看時，山河大地是山河大地，看不見佛性；可是見了性以後，鬱鬱黃花無非佛性。眞的是佛性，可以看得見。豈止鬱鬱黃花？一切事物上都看得見，那才奇特！所以見性很奇怪呵！見性以後，比如說春天，現在滿樹櫻花：「哎呀！好漂亮！」是什麼漂亮呢？不是花漂亮，而是佛性漂亮；是在櫻花上面看見佛性，不只是看櫻花，所以很美。可是，你也可以說：「我不看佛性，我只看櫻花。」那也可以啊！「我兩者要兼看。」也可以啊！那全都由著你，沒有看見的人就覺得好奇怪。所以心所法很厲害的，當你在修證的時候，這些心所法是可以有不同運作方便的。那是不是你要特別去作什麼才會這樣？不必，你見了就隨時可以是這樣，不必另外再作加行。

所以佛法都是實證的，不是用來給人作學問研究的，更不是講著玩的，這樣才是眞正的學佛。因此說，眞正的眼見佛性，如果從境界相來講，你也可以說有所得；因爲以前沒有看見，而現在分明看見。這是以前所沒有，以前佛性雖然也在，可是沒看見；而現在看見了，那不就是有所得嗎？可是從祂的是否本有來說，又是無所得；因爲只是以前看不見，而祂本來就在，並非本來不在。所以，如果已經眼見佛性的人，聽到我這麼講，就知道我有沒有見性；因爲我可以把其中許多跟明心差異的地方，一一講出來；而我又不是用文字記錄下來去死記的，因爲你眞想要背也背不來；所以見性這回事，結果還是無所得。但是，見性以後覺受完全不同。吃飯的時候，有時候我會說：「他現在不是在吃飯，是在吃佛性。」是眞的吃了佛性嗎？不是！他是藉吃飯在領受那個佛性，不是在領受那飯菜底味道。這些見性的境界相，都是以前所不曾經歷過的，所以你也可以說見性是有所得，就看你從什麼角度來說。這是因爲行昌法師談到佛性，所以我們談了一些有關佛性的題外話。凡夫們都會弄錯，都把佛性弄錯了，都是落在六識的知覺性裡面，那叫作凡夫所見的佛性。接著再來看，宗門裡面的理說是怎麼說的；這段開示語錄還不算宗說，這是宗門裡面講的理說：

《大慧普覺禪師語錄》卷二十六：【如今學道人，多不信自心、不悟自心，不得自心明妙受用，不得自心安樂解脫，心外妄有禪道，妄立奇特，妄生取捨；縱修行，落外道二乘禪寂斷見境界，所謂修行恐落斷常坑。其斷見者，滅卻自心本妙明性，一向心外著空、滯禪寂。常見者，不悟一切法空，執著世間諸有爲法以爲究竟也。邪師輩，教士大夫攝心靜坐、事事莫管，休去歇去；豈不是將心休心、將心歇心、將心用心？若如此修行，如何不落外道、二乘禪寂斷見境界？如何顯得自心明妙、受用究竟安樂、如實清淨解脫變化之妙？須是當人自見得、自悟得，自然不被古人言句轉，而能轉得古人言句。如清淨摩尼寶珠置泥潦之中，經百千歲亦不能染污，以本體自清淨故；此心亦然，正迷時爲塵勞所惑，而此心體本不曾惑，所謂如蓮華不著水也。忽若悟得此心本來成佛，究竟自在如實安樂，種種妙用亦不從外來，爲本自具足故。】

這是大慧宗杲講的，他說「如今，」當然，這個如今是指九百多年前，將近一千年前的時候；大慧宗杲說：「如今這些學道底人，大多數不相信有一個自心是本來就存在的；因爲不能夠悟得這個自心，所以沒有辦法得到這個自心的光明勝妙的受用，」九百多年前，將近一千多年前就已經如此了；如果是現在，是否更應當如此？當然更應當如此，因爲那個時候距離像法並不遙遠。正法有幾年？五百年；像法有幾年？一千年。一千年前是正法還是像法？是像法時期剛剛過去。現在是佛紀兩千五百多年，所以當時是像法剛剛過完。在像法剛剛過完時就已經是那個樣子了，何況像法後一千年的現在末法時期，當然應該大家都沒有悟才對；怎麼可能大家都眞正開悟了，就只有一個蕭平實悟錯了？有智慧的人，從這裡一想就懂了。

所以，那一些人一天到晚在罵：「我們各大山頭都錯了，就只有你一個蕭平實對，豈有此理？」他們不是一直如此謾罵嗎？可是你想想：他們到底罵得有沒有道理？眞是沒道理！因爲像法才剛完，就已經大部分的人都悟不了。接著像法過去，到現在又一千年了，怎麼可能比那時候還好？百萬將軍一個兵，是不合理的；一個將軍百萬兵，倒是比較合理的；所以眞悟底人少，錯悟底人多，才是合理的。因此，在這個年代，就是該有一個人開悟，其餘多數人都悟錯了。但是這個證悟者，一旦出世弘法接引有緣人時，就會像老鼠會一樣，一直度出很多人來，就像是諸位悟後在這裡聽我講經一樣。因爲這個眞悟的智慧威德力很大，當然會造成這個結果；也因爲我們必須要完成偉大的任務，就必須要這樣作，所以要幫助很多人悟入。

除了佛世以外，可能再也找不到像我們這樣悟了這麼多人的年代。佛陀的時候是很多的，證悟的菩薩非常多。可是你說：「奇怪！那些菩薩都哪裡去了？」當然都有大用，都要一個一個派出去，去當外星人去了，不會一直留在地球上。所以你想要見　文殊等等大菩薩，沒得機會啦！他們都要隨著佛又到別的星球，再去示現受生，再一次示現八相成道；就這樣一個星球又一個星球，不斷去示現；每次在一個星球度人以後，就留下一些人繼續在原來的地方弘法。所以末法時期想要開悟是很困難的，但是如果有大事因緣，逮到機會就不要放棄。在這種大廟裡面睡覺，都比坐在小廟裡辦道好。你看，有很多人在那個幾十公頃、二百公頃的大道場裡面一直打坐，一念不生坐了三十年，還是悟不了，那種道場就是小廟。有一句話說：「山不在高，有仙則名；水不在深，有龍則靈。」就是要這樣。所以，什麼是大廟？法大，廟就大。可是來到正覺講堂這裡，看一看：這又不像廟。眞的不像廟，但這才是眞廟，這叫廟堂。

好，現在回到大慧宗杲的開示來：「不得自心安樂解脱，心外妄有禪道，妄立奇特。」也就是說，找不到這個自心，或者不信有這個眞如自心，當然就更找不到了；因此對於這個自心本來解脫、本來安樂（因爲祂本來就沒有生死），就無法實證。由於這個緣故，心外求法，弄出種種方法，說那樣就是禪。所以諸位看看，這十幾年來台灣的禪、大陸的禪，還有南洋傳過來的禪，眞的有好多種禪，太多種了！然而問題是，那一些禪是不是在這個本來清淨的自心上面來用心呢？結果都不是，都落入生滅而染污的意識中；所以不管他們講什麼生活禪、自然禪、出坡禪、安祥禪或什麼禪，全都是「心外妄有禪道」，都是外於眞如心而說有修禪之道，其實根本與禪宗的禪無關。

如果那些大法師哪一天來找我說：「請問，到底如何才是禪？」我說：「你準備一大罐墨水、一大支毛筆來，我再告訴你：如何是禪。」如果他眞的回去準備了來，我說：「你眞該打，現在還來問我。」也許他低聲下氣說：「拜託你啦！請你告訴我，如何是禪啦！」我說：「好啦！墨水打開，把新筆弄散了來。」好，筆弄散了，我沾了墨水，只在地上寫一個好大的「禪」字，就這樣送給他。「這就是禪喔？」我說：「對啊！這就是禪啊！」「你寫在地上，我怎麼帶回去？」「你就挖啊！不會喔？笨蛋！」這就是說，他們都在心外求法，都是「心外妄有禪道」，然後就是「妄立奇特」，什麼生活禪！自然禪！反正他們就發明了很多的禪。你看那一些人眞的好多，甚至有一些人在教插花，也說是禪，那可能要叫作花禪。以前還有人寫一本書，好像是公司經營的方法，他也弄個禪，那叫作什麼禪呢？我都忘記了。因爲攀緣於禪的人，施設各種與禪有關的名目，眞是琳瑯滿目，眞的太多了！那都是「妄立奇特」。

其實禪是簡單扼要，直接了當；當他們「妄立奇特」的結果，當然就會「妄生取捨」，把眞正的法捨掉，將錯誤的法去取了來，結果怎麼開示呢：「禪呵！很簡單啦！吃飯的時候專心吃飯，就是禪啦！」那要怎麼專心呢：「你吃飯的時候要很清楚分明，飯是什麼味道、什麼感覺，硬啊、軟啊，你都要很清楚知道啊！吃菜的時候也是如此，要很專心啦！不能落到無記裡面，這就是禪啊！」原來那叫作吃飯禪，我說那是飯桶禪。這還不是小山頭的堂頭和尚講的，還是台灣四大山頭之一，名聞四海的大法師講的呵！那不是「妄生取捨」嗎？明明他吃飯的時候一大座金山寶山在面前，他不想要，偏偏在那個寶山下撿取一顆黃銅說：「這才是寶貝！」你說可憐不可憐？這叫作「妄生取捨」，該取的眞如他不取，該捨的六塵妄境與六識妄心他不捨，反而把它抱得緊緊地說：「喔！這個是寶貝。」然後人家就把他面前那一大座金山給搬回去了，他說：「那個我不要，你要就搬走去。」不就是這樣嗎？這就是現代台灣禪宗的怪象。

像這樣子，縱使很努力地修行，不免會再落到外道以及二乘的禪寂斷見境界裡面。沒有智慧的人，就把識陰（特別是意識）當作是常住的，那就是非常計常。然後比較有智慧的，他很努力修行以後，很努力去閱讀四阿含諸經，結果發覺說識陰虛妄：「識陰六個識全都虛妄，色受想行也都虛妄；原來都是虛妄的，沒有一個法可以常存。」又落入斷滅空中。因爲他現前看見五陰十八界全都虛妄，又不信還有一個第八識眞如常住，所以他又落入斷滅空去了。有的人就打坐，坐到很深的定裡面，在未到地定中發覺說：「我在定中什麼都沒有，原來都沒有。」喔！又落在禪寂加上個斷滅，這就是幾十年來台灣佛教禪宗很常見的現象。有哪個人是實證如來藏的？沒有啊！所以才會說「所謂修行恐落斷常坑」。因爲害怕落到常見裡，要否定五陰全部；有智慧的人又害怕落到斷見裡，心中遑然而不敢否定粗意識、細意識了。可是明明看見十八界是虛妄，所以不知如何是好，心中就惶恐害怕了起來。

大慧宗杲又說：這裡面落入斷見的人，最常看見的現象，是「滅卻自心本妙明性」，把自心如來藏當作是不存在的；只因爲他還沒有證得，就把祂當作是不存在的；而這個自心顯現出來，本來就勝妙光明的那個法性，他也棄捨了，然後一心向外去求法，求的結果執著在空無裡面，這也正是現代佛教的現象：「一切法空，所以般若是性空唯名，所以成佛之道就是解脫道，解脫道就是緣起性空。」原來還是執著於空。再不然，就是教你：「每天要打坐，要坐在一念不生裡面；只管打坐就是禪，什麼事都別管了。」這種人哪天遇見了，我就問他說：「你爲什麼要取那一件無事甲穿得緊緊的？」那叫作無事甲。他們就以爲說：「我穿著這一件一念不生的甲胄，那就什麼事情都沒有了，生死就了了。」那就是落入無事甲中。如果是落入常見的人，他不知道蘊處界等一切法都空，誤以爲：蘊處界裡面的某一個法就是不空的如來藏，就是常住的空性心；然後把蘊處界裡面的某一個世間法、某一個有爲法，認作是究竟法。

還有一些邪師之類的人，在教導那一些士大夫、那些儒家的學者們：「要攝心靜坐，什麼事情都不要管，你只管休去歇去就好了。」大慧宗杲又罵人了呵！這是罵誰呢？罵那一些默照禪的學人。前幾年不是有個大山頭一直在宣揚默照禪嗎？奇怪！這幾年怎麼又不見他們弘揚默照禪了？不曉得現在又在搞什麼東西了？因爲他們搞來搞去，都在搞一些前後互相矛盾的東西；

他們一定要有一個「有」，才會弄得起來。否則就只好漸漸消失了，這且不說他。

大慧宗杲就說：「這些修禪的人，豈不是用這個心來把這個心給休了嗎？豈不是用這個心來把這個心給歇了嗎？豈不是用這個心來起作用、來認定自己這個心？」正是這樣啊！修來修去依舊是五陰這個自己，原來都沒有死掉我見。一千年前就這樣罵過了，現在我們還可以繼續拿他的言語來罵諸方大師；因爲現代的佛教大師們還是一樣，並沒有改變。所以他們所謂的明心，都是說：「我這個覺知心本身要克制自己、要把握自己，讓自己不要橫生妄想。」那不是將心用心、將心休心嗎？正是將心休心、將心歇心，能悟與所悟正是同一個心，前面的般若經教中早就斥責過了。這個心既然是虛妄的，把祂變成一念不生，就可以算是不虛妄的嗎？如果這樣可以算是眞心的話，那麼把一朵花弄成乾燥花，再把它染成跟原來的顏色一樣，是不是就會變成永遠不壞的眞花？不是嘛！它還是會壞的花嘛！

會壞的本來就是會壞的，不會壞的是本來就不會壞的，這樣才對嘛！所以不能夠將心休心，也不能將心歇心。因此說：「用覺知心自己去把妄想給歇了，這樣叫作真心。」正是大慧宗杲指責的「將心歇心」。實際上是應該說：「用這個心去尋找另一個心，而被找到的那個心是本來就休、本來就歇，而且本來就可以用。」這樣才對啊！如果以八識心王來講，就是用意識心去率領著前五識，共同運作來找到另一個第八識心。這樣才不會變成「將心歇心、將心用心」。如果不懂這個道理，就會像那些大山頭的大法師們一樣將心歇心。大慧宗杲禪師說，如果是像他們那樣修行，如何不落入外道二乘禪寂的斷見境界呢？又如何能夠顯得自心的光明與勝妙？又如何能夠受用究竟安樂？如何能夠如實地清淨解脫以及證得智慧變化勝妙之處？

如果意識心離語言妄念時就是眞心，請問這個意識心入無餘涅槃（就算他們能入好了），當意識眞的進入無餘涅槃時，這意識心有沒有寂靜呢？因爲意識心一定要有六塵才能存在，至少還要有定境中的法塵存在；那麼即使意識能住在無餘涅槃中，這個最細意識是不是寂靜呢？依舊不寂靜，因爲只要意識還在，就一定會有法塵存在。既不寂靜，就違背涅槃寂靜的第一個法印了！所以意識顯然無法入住涅槃中，他們爲什麼還要把祂當作涅槃心呢？涅槃心是不生不死之心，才能叫作涅槃心。佛陀開示：「涅者言不，槃者言滅，不滅之義名為涅槃。」不滅的心則是本來自在、本來不生的心，本來不生就是不滅之心，即是不生不滅。只有不生不滅的心才能稱為涅槃心，而這個意識心有生必滅，怎麼能稱為涅槃心？祂離念了還是生滅心，永遠都不是涅槃心。就好像愚癡人一樣，硬要把黃銅變成黃金，這樣的人一定會上當。所以那個老員外，被人家拐了一千兩白銀去，都還不知道自己是怎麼被拐的；只因為他妄想要把白銀變黃金，所以那個鍊金的術士就騙他，用手段把他一千兩白銀早就拐走了，後來鍊不成黃金，老員外還要被騙子罵。你說這種人傻不傻？傻啊！可怪的是，現在各大山頭都這麼傻，能奈其何呢！

所以，不可以用自己這個覺知心休歇下來就說祂是眞心，因為自己這個覺知心，有念的時候是這個覺知心，離念時依舊是這個覺知心，前後都是同一個覺知心啊！不會因為換個環境，祂就不同了。如果換個環境就可以不同，那麼閩南的牛拉到北京就該變成千里馬，不該再叫作牛了；可是明明你閩南的牛，拉到北京城去依舊是牛，怎麼能硬說是馬呢！為什麼這些人會愚癡到這個地步？我們還眞的想不透，百思不得其解啦！

現在回到本文來說，如果證得眞實心了，就可以「顯得自心明妙」；找到了如來藏以後，你可以現前觀察，如果不是我有這個如來藏，哪裡可能有我五蘊存在人間？而且我存在人間的時候，凡事還得要仰仗於自心眞如——第八識如來藏，這才顯得出如來藏的光明勝妙。如果不找到這個如來藏，又如何能夠受用究竟安樂？當你找到如來藏以後，你觀察看看：二乘聖人入了無餘涅槃以後，是個什麼東西？無非就是如來藏不再出生蘊處界而已。所以二乘涅槃還不是究竟安樂，阿羅漢們入了涅槃以後，他們並不知道入涅槃以後是什麼。他們知道入涅槃後不是斷滅，但並不知道入涅槃以後是什麼，所以他們不得究竟安樂。但是你證得如來藏以後，可以現觀：阿羅漢們把蘊處界滅光了以後，剩下他們的如來藏獨存，就稱爲無餘涅槃。然後返觀自己說：現在我自己五蘊還存在，但我是住在如來藏裡面，我不就是正在無餘涅槃裡面了嗎？當我住在無餘涅槃裡面時，卻可以繼續運作很多很多的法來利樂眾生，來成就自己的佛道。這不是究竟安樂又是什麼？阿羅漢之所不知，這才是「受用究竟安樂」。

「如實清淨解脱變化」，大乘涅槃並不禁制諸法；但二乘涅槃則是要禁制諸法，要把諸法都給禁止、都給制限，不讓諸法繼續出生。可是大乘涅槃事事無妨，當我住在如來藏自身的無餘涅槃中，雖然這個不叫作二乘的無餘涅槃，其實二乘的無餘涅槃還是這個；但是我卻不禁制諸法，也不把諸法給強制壓伏，我所有的諸法還是繼續出現，所以才說「萬象森羅許崢嶸」，卻無妨同時是無餘涅槃，這才是勝妙法。這個時候，眞正叫作腳踏兩條船。這樣好不好呢？好啊！一腳踩著大乘，另一腳踩著二乘；一腳踩著出世間法，另一腳踩著世出世間法；一腳踩在三界外，另一腳踩在三界內。眞是具足諸法啊！世間法、出世間法、世出世間法，統統兼顧，你說好不好呢？當然好啊！所以在涅槃中、在解脫中是清淨的，但也可以產生種種的變化，全都無妨啊！

所以，阿羅漢如果證得如來藏以後迴小向大，他就不再愛樂聲聞乘了，他就願意承擔如來家業；於是 如來又可以帶著 文殊等菩薩到別的世界去受生、示現了。迴小向大的阿羅漢菩薩們願意留下來繼續弘傳，他們可以把如來家業承擔起來，因爲他已經現前看見：如實的解脫變化之妙，清淨的解脫變化之妙，究竟智慧的變化之妙。他也如實看見了：如果是用那個妄心要變成眞心，就像用黃銅冶煉而想要變成黃金一樣。哪一天若有大法師還這樣來講，我且不罵他笨蛋，我說：「你眞的不聰明。」因爲現代的台灣，如果罵人家笨蛋是會被告上法院的；若說他不聰明，就不會被告。所以說，聰明的人要找到的是什麼？就像那個摩尼寶珠，它是本來清淨的，不是你拿起來洗了以後才清淨；因爲這個摩尼寶珠，你把它放在泥潦裡面，放上千年百年，它還是那個樣子；只要水一沖，它還是個清淨體。可是這個覺知心意識，祂是本來不淨的，這不淨的意識，你拿來當作清淨的心，怎麼洗都洗不淨，就像克勤大師常常罵的：「泥裡洗土塊。」有人因爲土塊不清淨，就拿到泥巴裡面去洗，他再怎麼搓、怎麼洗，永遠都是髒的；因爲能洗的泥與被洗的土塊都是髒的，洗到何年何月才會清淨？其實洗不上半天就都溶掉了，還會有清淨的一天嗎？那就叫作「泥裡洗土塊」。

所以你要找到的東西，一定是本來就清淨的，不是從染汙的狀況去把它變成清淨，這才是你要的。如果是染汙的東西，它可以變成清淨，就表示它將來還可以變成染汙。一定是本來清淨的，將來才不會再變成染汙。大家可以看看：八識心王裡面，有哪一個是本來清淨的？就只有第八識如來藏；因爲祂從來不了別六塵，從來不去作分別，所以祂就沒有愛、瞋的心行出現，沒有愛瞋就不會起貪愛厭惡，就不會有染汙與清淨的差別。所以，不要「將心歇心、將心用心、將心休心」，而是要將這個心去尋找另一個同時存在的清淨心，那心卻是本來就清淨的。可是講歸講，不是聽了就算數；大慧宗杲說：「必須是當事人自己親自見到了，自己親自去悟到了。這樣一來，有了這個過程與經驗，眞心、妄心就分清楚了，自然不會被古人語言文句所轉。」

因爲古人的開示非常多，其中有珍珠也有魚目；然而二者看起來全都是白的，到底哪個是珍珠？哪個是魚的眼睛煮熟了的呢？可都看不出來啊！這叫作魚目混珠。諸位都想說：「那個還不簡單，珍珠有亮光，有光輝，魚目沒有光輝。」但這是你有智慧，要是三歲小孩子，你跟他說：「這裡面有的是珍珠，有的是魚目。」他分得清嗎？分不清啦！你現在分得清楚，表示你有智慧了。這樣看來，那些還分不清楚眞如與妄心的大法師們是幾歲的孩子？可能還沒有滿三週歲吧！就是這樣啊！所以，有好多大法師抱著祖師語錄說：「你看，這祖師不是講嗎？離念靈知是眞心啊！」原來他把魚目當珍珠了！這正是現前的寫照，也是當前台灣佛教界的寫照。不但現在如此，古時就已經如此了，不然大慧宗杲怎麼會這樣講？再過一千年後，也許我們又相聚了，那時候來說：「你看，蕭平實一千年前就這麼講了。」還是一樣的情況啊！一千年後也會像現在這樣，一定會永遠都是這樣。所以，我們每一千年就來罵一遍，可不可以？可以啊！永遠不怕沒有愚癡的人可罵，永遠都是如此啦！因爲智者永遠都不可能是多數。

現在回到大慧宗杲的言句來說：「猶如清淨的摩尼寶珠置於泥淖之中，經過一百歲、一千歲以後，也不能染污它，因爲這個珠的本體本來就是清淨性的緣故。」般若的實證，並不是要把染汙的東西轉變爲清淨。如果只是一顆石頭，它是可以變染汙的，是因爲許多東西一直滲透進去；可是這個清淨摩尼珠是堅實性而不可被熏的，《成唯識論》裡面講祂的所熏性共有四種特質，其中一個叫作堅住性；也就是說，祂內容的種子可以被熏習而改變，但祂心體的本性是堅住而不會被改變的，所以祂的自體性不可被熏染，祂的本性永遠清淨不變。清淨摩尼寶珠，就是講眾生都有的眞實心，祂就是原本清淨的樣子。當你破參了，這個時候本來清淨的這個金剛心，你已經找到了；那麼，正當你一時被迷惑的時候，祂這個心體本身從來不曾被迷惑過。找到如來藏的人，可以現前觀察看看，假使哪一天誰來告訴你說：「我有一支黑馬股票，一定會連漲十支停板。」你想說：「我現在布施正需要錢，投入一百萬元，看會不會變成一千萬元。」十支漲停板，有沒有十倍？大概沒有啦，反正我不會算，我的算術很差。當你這個覺知心動了心，雖然是爲衆生而動心，也算被染汙了，因爲這時候起了貪。當你的意識心一時被染污了，你同時來反觀你的如來藏，祂會不會動心？不會。你被迷惑，祂不被迷惑，因爲祂從來都不動心；不論你怎麼樣誘祂、拐祂，都誘不動、拐不動，祂永遠不會被迷惑的。所以說，這就像經中所說的，如同蓮華不會被水染汙；它從汙泥中長了出來，可是汙水都染汙不了它；如果有一天忽然間悟得這個心，發覺說：「原來無始劫以來都是依祂而輪轉生死，現在這一世也是祂，將來成佛也是要依祂而成，其實祂就是佛。」這時是證實了自己已經證得究竟法，因爲不論你如何去推究所有的心，推究到最後都只有祂；不論你推究所有的法，推究到最後，一定會證明所有的法都從祂而來，這就是究竟法。

而這個心是自在心，本來就存在，不是有生的法。自在，就是自己本來已經存在了，不是像意識要藉意根與法塵作爲因緣才能出生，這叫作自在。而這個法於一切法中也得自在，因爲一切法都影響不了祂，無法使祂改變清淨的心性，所以祂是自在心。這就是究竟與自在。然後說「如實」，祂眞的如實，因爲一切法都從祂來，怎麼可能不實呢？可是祂又不是色法，所以又不能說祂實，只好說祂「如實」。觀察到這個時候，你心中就安樂了，你會覺得很實在。諸位想想看：「你們悟得這個心以前，不都是覺得所學佛法總是渺渺茫茫嗎？」學了三十幾年，都還覺得佛法渺渺茫茫，無所依從卻又無從下手。一旦證得這個金剛心的如實法性以後，卻說佛法是這麼實在，你確實可以把握；因爲祂是很現成的，不是想像的。這個時候不就是如實的安樂嗎？這時就跟以前不一樣了。

以前都覺得渺渺茫茫，又加上眾說紛紜，那一家那麼說，到了這一家又是另一種說法，那到底應該怎麼樣修學？無所適從。可是，你找到了這個如來藏以後，你說：「就只有我這一家才對，別人都錯。」因爲如來藏是現成的，是可以實證的，是可以把握的；你也知道確實可以依著祂而走向究竟佛地，這樣當然是「如實安樂」。這個時候你會發覺：「五陰十八界種種妙用，都不從外來，都是從如來藏中生出來的；而且祂的功德都是本來就具足。」這就是宗門裡面的理說，千年前大慧宗杲這麼講，我們今天還是這麼講；法是一樣的，沒有差別。

再來看宗門裡面的第二個理說，我們說：「眞如是無斷無滅之法。」這其實是《般若經》中早就這麼說的。既然眞如是無斷無滅之法，當然不應該從滅盡名色來證眞如。隨時隨地都與名色萬法同時同處，也與名色非一非異的法，才是眞正的眞如法。二乘凡夫所修的緣起性空不可能是眞如法，他們修證的緣起性空是斷滅空、是滅盡名色，那怎麼能叫作「眞」呢？那叫作斷滅，叫作空，當然不是眞如法；然後又怕落入斷滅空，所以對 世尊在四阿含中所說的「應厭離而滅盡名色」，心中無法接受，只好口中說要厭離名色、滅盡名色，卻又另外建立細意識常住說，把名中的意識切割出一分微細識，自己定義作不生不滅的心，又落入常見外道見解中，因爲意識我見斷不盡。所以「證眞如」時，不應該妄想把覺知心自己變成一念不生而取證，因爲一念不生的時候不可能生起實相般若智慧。

證眞如以後，可以表現出來的最明顯現象，就是有實相般若智慧。可是如果一念不生，能生智慧嗎？不能。也許有人說：「可能一念不生三天，是生不了智慧的；也許人家定力很好，一入定就是三年，三年後出來可能就很有智慧。」請問：「**有誰能入定三年？**」一個也沒有！縱使他眞的能入定三年好了，我再加持他，給他再增一倍，讓他一入定就入定六年好了，六年後，當他出定以後有智慧沒有？結果是《般若經》依舊讀不懂，禪宗祖師證悟的公案依舊莫明其妙，反倒要變成個呆子；因爲六年過去出定時，連人家換了總統、換了許多大官，他全都不知道。也許他不信我的話，就說：「**我再入定二十年試試。**」二十年後，正覺同修會的共修處也許都遍布全台灣了，已經有更多後學都悟了，他都還不知道，出定後一樣讀不懂公案與《般若經》，能有什麼智慧？到那個時節，他聽到人家那裡也講般若，這裡也講般若，全都講得很好；也去聽一聽，才知道原來都是從正覺同修會裡悟出來的人。他一想：「**我這二十年眞的白費了！**」想哭都沒有淚水了！

所以想要「證眞如」的人，不應該是以「滅」去取證，應該在五陰十八界同時存在的時候、正常運作的時候去取證；因爲這個眞如法與五陰十八界非一非異，一直都與五陰十八界同時同處，不必外求，這樣才能成就中道的眞實義。在《大品般若經》中，以非常多的篇幅來宣說，眞如法性於一切法中存在。不但如此，也說：眞如法性也於二乘菩提中存在。大乘菩提中，當然更是如此。這個眞如，祂是本來就不生，而不是像二乘聖人所修的蘊處界滅後的不生。因爲若以蘊處界滅後的不生來說無生，那還是滅蘊處界，仍然是以「滅」來取證無生；但眞如是本來就不生的，不是滅後而說不生；無妨每一世蘊處界不斷的生滅、生滅、生滅，但眞如心還是不生；祂是本來就不生，這樣才是眞正的眞如法性。這個眞如法性要怎麼示現出來？要由金剛心如來藏藉著蘊處界而顯示出來，顯示出這個如來藏駐留在蘊處界之中，祂就是本來眞實與本來如如的法性，所以對這個如來藏，就乾脆叫祂是「眞如」，這就是般若諸經所說的眞如義。接著我們就來看宗門裡面怎麼說這個眞如、說這個無生，《景德傳燈錄》卷五：

【六祖慧能大師　簡曰：「明喻智慧，暗況煩惱。修道之人儻不以智慧照破煩惱，無始生死憑何出離？」師曰：「若以智慧照煩惱者，此是二乘小兒羊鹿等機，上智大根悉不如是。」簡曰：「如何是大乘見解？」師曰：「明與無明，其性無二，無二之性即是實性。實性者，處凡愚而不減，在賢聖而不增，住煩惱而不亂，居禪定而不寂。不斷不常、不來不去，不在中間及其內外；不生不滅，性相如如，常住不遷名之曰道。」簡曰：「師說不生不滅，何異外道？」師曰：「外道所說不生不滅者，將滅止生，以生顯滅，滅猶不滅，生說無生。我說不生不滅者，本自無生，今亦無滅，所以不同外道。」】

所以，你們看一看這一段《六祖壇經》所說。前些時候應成派中觀的六識論法師們都罵說：「如來藏是外道梵我思想，如來藏富有外道神我色彩。」那些應成派中觀師不都是這麼說的嗎？他們是現在才開始亂作指責的嗎？不是！這是古時候他們就有人這麼講了。所以，我們現在其實還是遇到同一盤千年冷飯，被他們再三拿來熱炒。好啦！他們既然要繼續炒冷飯，我們就把它炒得更熱一點；不但炒得更熱，我們還要把它吃掉，不讓他們以後再繼續炒同一盤冷飯，就是要這樣作。古時候他們就曾經炒過，現在依舊有徒子徒孫繼續炒，所以我們這一世就來終結這盤六識論的冷飯。

回到本文來，這個薛簡是什麼人？是武則天派來的；武則天當了皇帝，還想當法王，她野心還真大。雖然說她一生護持佛法，功德很大；但我說句不客氣的話，這只是福德很大，並沒有功德啦！她派了薛簡去見六祖慧能。第一次派薛簡來，邀請六祖上京城，六祖稱病而不答應；第二次又派來，也不答應；第三次再派來，又不答應。現在這一段經文講的已是第四次派來了，武則天吩咐說：「這一次再不來，將頭砍來。」看來眞要六祖的頭了。但六祖依舊沒有答應要進京，薛簡很不得已就說：「皇上交代，這一次如果再請不來，就要砍頭回去。」當他才剛說完，六祖就不客氣地說：「將刀來！」就當場把脖子伸出去，要給他砍。雖然有武則天皇帝的命令，薛簡也不敢動手；因爲他知道這一動手，武則天捨報後一定會遭殃，他自己捨報後也要遭殃，他自己很清楚知道啊！既然嚇唬不了六祖，所以才請問六祖佛法，就是這樣開始這一段對話。

他請問佛法，六祖就問他：「你們在京城，不是有神秀大師教你們佛法嗎？神秀大師怎麼教的？」然後才開始了上面這一段對話。六祖說：「神秀大師那個法也很好，但是悟不了。」雖然六祖講得蠻客氣地，其實意思就是說：神秀那個方法都是在意識心上用心，那不可能開悟啦！所以薛簡才會談到這一段：「明就是譬喻智慧，暗就是比類煩惱，」就是用明與暗來作比喻，又說：「修道的人儻若不以智慧來照破煩惱的話，無始以來的生死，憑什麼能夠出離？」原來都在意識心上面作文章，所以六祖大師就說：「如果是用智慧來照破煩惱的話，這個是二乘人、是小兒，不是大人之法。」

誰是大人？諸位啊！你們就是大人啊！你修菩薩所行的道，才是大人。修聲聞法，那是小兒之法；那是什麼樣的根器？羊鹿之機。法華不是有三車之喻嗎？大白牛車、鹿車、羊車。如果是羊車，用一頭羊就拉動的車，能夠載得動幾個人？只有他自己一個小孩子，連大人都拉不動。如果是鹿車呢？譬如說，用一頭麋鹿來拉車，那可以載上二、三個人；但畢竟只是二、三個人，那就是辟支佛。因爲聲聞人大部分不現神通，辟支佛總是會示現神通；那世俗人一看，這辟支佛受了供養以後，擎著飯就飛走了，心想：「喔！這一定是聖人。」他們就大有信心，願意修行了。可是阿羅漢大部分是慧解脫，托了缽以後，還是一步一步走回去，眾生看了心裡想：「這算什麼聖人？」所以一般的慧解脫阿羅漢，所能度的人很少，因此叫作羊車。可是菩薩不一樣，菩薩遇到辟支佛、看到阿羅漢時，一說起法來，那兩個人只能聽，沒辦法開口；眾生想：「這個菩薩可厲害了！連能夠飛天來去的辟支佛都沒辦法與菩薩對話。」可是菩薩深藏不露，既不飛，又不弄什麼神通，還是走路回去；辟支佛都拿他沒辦法，連三明六通的阿羅漢也拿他沒辦法，於是眾生就信受菩薩法啊！所以菩薩一世度人就像大白牛車，可以拉走很多人，這才是大人；羊、鹿之機，在菩薩面前都算是小兒。你看，六祖罵得可厲害呵：「你們在那邊講什麼緣起性空？那是羊鹿之機，二乘小兒。」讀《壇經》、講《壇經》的大師們很多，就沒有人說：「六祖好狂妄呵！」他們都只敢說：「蕭平實好狂妄！」只因爲蕭平實沒有六祖的背景與傳承，他們才不管你悟得眞、悟得假呢。

好！言歸正傳。六祖說：「上智大根全部都不會像他們這樣，所以有上上智的人，大根器的人都不會像他們這樣。」都是要直取根源，那些枝枝節節才不想要。如果要車乘，我就是要大白牛車，一拉就是幾十個人；既不當聲聞自了漢，也不當鹿車，那個只度兩、三個人。這才是菩薩，看來是很雄猛。可是作這些雄猛事業的背後代表什麼？是輕鬆還是辛苦？很辛苦啦！眞的不輕鬆啦！因爲你想要拉大白牛車，力氣要很大，並且載的人很多，當然就要多花力氣，這才是菩薩。凡事都有兩面，你不要只認爲菩薩這麼有力量，值得欣羨；要知道，你若是這麼有力量，就是要辛苦一點，不要想說：「我進了同修會，我得了法以後，可以輕輕鬆鬆過日子。」你得要肯承擔，才有辦法在佛法上面繼續深入實證更勝妙的法。

這樣講完了，因爲聽六祖講大乘是這麼勝妙，薛簡就說：「請問六祖大師啊！如何是大乘的見解？」因爲他聽神秀大師爲武則天開示的，是用智慧來照破煩惱，用光明來照破黑暗，卻被六祖指責是二乘小兒。六祖大師開示說：「明跟無明，依二乘人來證就是二法；」無明就是黑暗，沒智慧；「可是明跟無明，其性無二。在明與無明當中，有個其性無二的眞實法，這個無二的眞實性，才是實相，才是眞實性。」六祖說：無二之性才是實性。又說：「這個眞實性處於凡愚之中，」說眞實性在凡夫以及愚人之中都有；愚人就是二乘聖人，他們雖不是凡夫，卻還是愚人，因爲沒有般若實相智慧；「這個實性處於凡夫和愚人之中，並不曾絲毫減少；這個眞實性處於大乘賢聖之中，也沒有絲毫的增加；這個眞實性住於煩惱之中，卻是從來不曾散亂過。」

請問：「你的如來藏有沒有散亂過？祂打過妄想沒有？」如果祂也會打妄想，你就死定了。還好，祂從來都不打妄想。祂總是由著你打妄想，可是祂從來不曾打妄想；那顯然是常住於禪定之中，就是法界之中最大的大定；因爲所有的定都有出有入，祂這個定卻永遠不出也不入；你說這是什麼禪定？這叫作法界大定。那麼，祂居於這種法界大定之中，卻從來不會主張說：

「我都不要出生六塵。」祂不會，祂照樣出生六塵，所以六祖說祂：「居禪定而不寂。」六祖又說：「這個眞實性不斷也不常，」如果是離念靈知，一定會落入斷常二邊；離念靈知每天晚上睡著了都會中斷，可是醒來時又覺得自己是常；而且永遠落在斷常二邊，會跟斷見相應，也會跟常見相應。但這個第八識眞實性卻不斷也不常，不斷是因爲祂心體常住，不常是因爲祂的種子會流注生滅，才能有三界萬法。六祖又說祂「不來不去」，你來到正覺講堂，說你來了，但祂有沒有來？你告訴祂說：「我們來了。」在祂心中卻完全沒有「來」這回事。聽經完了，你回家了，你說：「我們已經『去』了，不在講堂了。」而祂心中也沒有「去」這回事；有來有去，都是你家的事；祂家沒有來去等事，這樣子不來不去。

也許有人說：「那祂是不是在來與去的中間？」那你就去觀察看看啊！你說來了、去了，在來與去的中間你找找看，有沒有祂？你一定找不到，保證你找不到，因爲祂不在來與去的中間也不在其內外。六祖又說祂「不生不滅，性相如如」，祂本身不曾出生過，所以將來也不會有滅的時候；會滅的一定是有生的法，將來才會滅。覺知心、離念靈知從母胎中出生了：「喔！

原來世界是這樣子。」就說是出生了。既然生了，將來就會滅；將來年老了，色身壞了也就跟著滅了。今天早上醒過來就是生了，生了以後晚上睡覺了，一定就會滅。凡是有生的法才會有滅，若是本來就在而沒有出生的法，未來就不會有滅。這個眞實法的識性與行相，永遠都是這樣如如不動。也就是說，這個心的自性是如如的，祂從這樣的如如的自性當中顯示出種種法來，所以祂的一切運作時的法相，當然也是如如，所以叫作「**性相如如**」。

而這個心是「**常住不遷**」的。常住不遷，意思是說祂的心性永遠住於這種狀況中，永遠都不改變如如之性。「遷」就是換了另一種，才叫作遷，但祂永遠不遷。不遷就表示祂不會變異這種如如的法性，祂永遠是這樣子如如的法性。六祖說到這裡作個結論：「**像這樣常住不遷的法，才能稱之為道。**」所以，所有的人要求佛道，必須要求這個道。有些神道、仙道、丹道、天道，不管他們求什麼道，甚至於世間人修練合氣道，那都不是眞正的道，都叫作世間道。既是世間道，就可以再跟它們加個註腳，叫作生滅道。只有眞實如如的這個道，才是眞道，其餘都是假名爲道。所以眞正求道的人，應該要求這個眞道；否則努力求得了仙道、神道、天道以後，不管他求得什麼道，都是生滅道。當你證得這個眞如實性的眞道時，你就不再歸依別人了，這就叫作自性歸依——你歸依了自性佛。

六祖慧能這樣子說完了，薛簡說（因爲他心中還是不太信受）：「師父！你說這樣的不生不滅法，外道也說不生不滅法，那你說的跟外道說的有什麼不同？」這也問得不錯啦！但同時也顯示他眞的不懂。所以六祖大師，就只好從這個異同之中把它講清楚：「外道所說的不生不滅的法，是用現在的『滅』來停止將來的『生』。」所以，那些斷見外道都說：「我們證得不生不滅。」其實只是把自己給滅了以後妄說不生，是將滅止生。六祖又說：「而外道這個將滅止生，並不是眞的不生，是用生來顯示那個滅，所以他的生不是眞正的無生，他的滅也不是眞正的滅；」所以我才會說斷見外道其實還是依常見而有，他們口裡說的斷滅空，其實只是一個說法，因爲他們死的時候心中還是很恐怖，還是會趕快再去投胎；斷見外道心中也不肯把自己滅掉，所以斷見外道都還會再生到未來世去；只是嘴裡面說未來不生，但下一輩子照樣會繼續出生在人間，甚至於因爲謗法而出生到狗熊、貓熊裡面去了。所以六祖說他們是：「以生顯滅，滅了以後其實還是不滅。」可是那些常見外道是怎麼樣呢？是把「已生」說爲無生，而斷見外道背地裡也跟著這樣子；他們其實下一輩子都還會再生，卻說他們自己已經證得無生，都是這樣來說他們自己已證得涅槃。所以佛出現在人間以前，外道就在講涅槃了，就已自稱是阿羅漢了；但本質全都不是阿羅漢，也不是證得涅槃；因爲他們是「生說無生」，把有生、把會繼續出生的法說爲無生。「**我六祖慧能說的不生不滅，是本來就已經無生的，所以現在與將來也是不會滅的，所以我所說的『不生與不滅』不同於外道。**」

現在，諸位從這裡可以看得見，那些應成派中觀等六識論者，他們所講的無生，緣起性空、一切法空，不就是「**將滅止生**」嗎？他們「**將滅止生**」以後，下一輩子能不能無生？根本不行。因爲他們恐怕落入斷滅空，所以在中陰階段時一定會再去投胎，全都是「**生說無生**」，也是「**將滅止生**」。那些落在離念靈知裡面的人，自稱是證得無生，其實是「**生說無生**」，是落入斷常二法之中；所以他們那個無生也不是眞的無生，是把有生之法當作無生之法。現代大法師們的這一些錯誤現象，以及混入佛門中的斷見、常見外道，其實古時《六祖壇經》裡面早就斥責過了。更有台灣的大法師講《六祖壇經》

時自己都依文解義講過了，可是他自己也不知道《六祖壇經》在講什麼，所以才會繼續否定如來藏，才會公開主張說意識是常住的，那眞是打著紅旗反紅旗，其實六祖早就罵過了。諸位今天可都弄清楚了，以後可別再落到意識上去了。

《金剛經宗通》上一週〈無斷無滅分〉，宗門中的理說已經解釋完了。講了那麼多的理，最重要的主旨，就是在顯示佛法不是斷滅相，佛法不是斷滅空；而佛法也不是六識論者所說的緣起性空，那是二乘法；佛法是在一個常住不滅法爲前提下，來說蘊處界的緣起性空，這樣才是眞實的佛法，才能符合《金剛經》〈無斷無滅分〉的眞實意旨。換句話說，佛法是整體的，不可切割的。如果把佛法的根本切割了，把三乘菩提的大前提常住法切割出去，然後拿剩下的那一小部分來說就是佛法，那麼佛法就會淪入無因論的外道法中；因爲斷滅見的外道，他們也講緣起性空、一切法空。如果把常住法，把涅槃本際的本識切割掉，單單說蘊處界的緣起性空，那麼他跟斷見外道就沒有不同了。如果那也可以說是佛法，佛陀又何必這麼辛苦來人間受生，來人間依照人類的不清淨的環境來長大，然後還要示現去跟外道學法，再示現六年的苦行，瘦到只剩皮包著骨、前胸貼後背？人天至尊來人間得要這麼辛苦，然後成佛還要四十九年說法，都靠兩條腿走路，不像我們有車子坐。這麼辛苦來人間的目的，結果所說的竟然跟斷見外道完全一樣，那又何必人天至尊這麼辛苦來人間一趟呢？人間既然已經有斷見外道在講緣起性空，也就夠了，何必要辛苦人天至尊再來跑這麼一趟，重講同樣的緣起性空，根本沒必要嘛！

所以，佛法中所說的「法」一定是無斷無滅的，才是眞實的佛法；若是緣生法藉緣而起，那就不是眞正的法。佛陀故意示現爲一個人類，證明人類修行可以成佛；所以就示現作如同凡夫眾生一般，特地示現對一切法都不懂，然後隨諸外道學法，立即學成又立即一一加以否定，並且都把否定的道理講清楚；再來跟隨外道所謂的阿羅漢們一一受學，又一一推翻，說他們根本就不是阿羅漢。在　佛陀示現於人間之前，外道們不但宣稱已證阿羅漢果，宣稱已經不生不死而證得涅槃了；外道們還一直傳說有眞實如來可證，也曾有人宣稱他們已經實證了，可是他們其實都落到常見外道法中。也有外道主張說有阿羅漢，說可以滅盡一切法而證無生，而說他們自己就是阿羅漢，可是全都落到斷見裡頭。在斷見外道之外，常見中的一部分外道，也說他們是阿羅漢；結果全都落在五現涅槃裡面，都是常見外道法。所以，佛陀這樣示現親證他們所證的一切法以後，又一一加以推翻，然後自己來示現苦行；因爲這種五濁惡世的眾生，你如果沒有示現外道所謂的阿羅漢們所作不到的苦行，他們就不服你。在這六年之中，世尊日食一麻一麥，其餘都不吃，維持了六年。所有外道們都說：「這樣子我們作不到。」然後，再來示現苦行不能成佛，於是放棄苦行改修不苦不樂之行，然後才成佛，是依憑智慧觀察、思惟以後才能成佛，不是依靠禪定與苦行。

那麼，成佛以後所說的法，都有一個大前提，就是不斷不滅之法。這不是在二、三轉法輪的經中才如此說，在四阿含諸經中就已經如是了。可惜的是，當初結集四阿含一千餘經的四十位阿羅漢，跟四百六十位三果以下的聖者與凡夫僧，他們都不懂大乘法，所以聽了許多大乘經以後，結集出來都變成二乘法；但是，其中還留下許多的文字，顯示他們都與菩薩們同時聽聞過大乘佛法了；而且他們結集的二乘經典中也證明了 佛所說的緣起性空，絕對不是斷滅法，我們已經在《阿含正義》書中舉證出來了。所以，眞實法都不是斷滅法，三乘菩提也都不是斷滅法，不能把「無斷無滅」的大前提砍掉了，再說蘊處界的緣起性空，而把剩下不到一半的殘缺的二乘法，說那就是佛法。六識論的聲聞凡夫們那樣的弘法，本質是自欺欺人，也是破壞正法，更是誤導眾生。誰要是那麼作，那個業就得要在捨報後由自己承擔。

所以，眞實法就是眞實法，外道無可取代；除非當代沒有菩薩住世，才能容得外道法在佛門裡頭猖獗。因此，在二轉法輪與三轉法輪諸經之中，佛陀特別強調「無斷無滅」。其實 佛陀在初轉法輪時期，所講的二乘涅槃中早就說過了：涅槃是清涼、寂靜、眞實、常住不變。明明已經告訴我們：滅盡五蘊、十二處、十八界的自我而成爲無餘涅槃以後，是**常住不變**而且是眞實，那些六識論的應成派中觀師們，總不能夠說斷滅空是常住不變吧！總不能說斷滅空是眞實吧！如果滅盡蘊處界以後沒有金剛心離見聞覺知而獨存，如果滅盡蘊處界以後是斷滅空，如果斷滅空也是眞實，那麼斷見外道們都可以來當佛教教主了。因此，任何法師講緣起性空都是很好的，但要特別說明：緣起性空是針對有生有滅的蘊處界來說，是針對眞如法性可以藉種種助緣來生起名色諸法，而不是針對法界的實相來說緣起性空。

如果法界的實相也是緣起性空，諸位你們在人間眞的沒辦法生活了，因爲既然同樣是緣起性空，不是由一個眞實法來執持你的種子，那麼應該每一個男人生來都一樣，而每一個女人生來也都一樣。請問：你們來共修以後，你們要跟誰回家？今天回家了，也不知道堂上二老是不是自己的父母，因爲全都一樣啊！那就是工業產品，因爲都沒有往世的種子來顯示差異。但是這種現象明明不可能有嘛！必須是有一個常住法，你才可能有往世熏習得來的種子；而往世所造的業各自不同，所以這一世大家出生後，就像世人講的：「人之不同，各如其面。」同樣的道理，往世有各種不同的熏習而不同的種子，都由自己的眞如心執持著，才能夠使眾生能知能覺時「心之不同，各如其性。」

所以眞實法絕對不是斷滅空，乃至二乘道的緣起性空，實修四聖諦的蘊處界斷滅而成爲無餘涅槃以後，都不是斷滅空。特別是專講實相法的《金剛經》裡面，當然更要主張「無斷無滅」，因爲《金剛經》講的不是虛相法而是實相法。如果眞實法是斷滅空，那麼我們同修會應該成立一個禮拜就可以結束了，因爲反正都是斷滅，那麼每一天八個鐘頭都來講蘊處界如何是緣起性空，講完了就結束了，這就可以了，佛法就全部講完了。那麼佛陀初轉法輪轉完以後就可以入涅槃了，爲什麼還要二轉、三轉法輪？就是特地要直陳二乘所觀察蘊處界緣起性空的背後，還有一個實相心存在，不是斷滅空，要詳細地說明出來。如果依照應成派中觀那些六識論者的說法，他們說：「佛陀只說有六識，沒有說過有七識、八識。」他們的意思是不是在指責說：「佛陀好笨呵！意根在哪裡也不知道，第八識在哪裡也沒有證得，那還不如正覺同修會的大眾呢；正覺同修會這些同修們都比佛陀還要厲害，應該叫作佛上佛，叫作佛中之王；因爲佛只證得六識，正覺同修會那些人竟有好多人證得八個識，那不是比佛陀更厲害嗎？」他們的意思不曉得是不是這樣？我們還得要費思量呢！所以我說他們眞的是胡說八道。所以，眞正的佛法絕對不是斷滅空，一定是「無斷無滅」的。

這一品的主旨說完了，再來看看應該怎麼樣實證「無斷無滅」的實相。那就要去證實「無斷無滅」的那個金剛心到底在哪裡。總不能夠說：「我相信你蕭平實啦！」就認爲可以了，這叫作迷信。如果不迷信的話，最多也只能叫作仰信。迷信不足取，仰信也還是不值得安住。一定要住於證信之中，實證了以後產生決不改變的信心。這個證信，是由於已經實證了不生不滅的金剛心妙法，所以通達了《金剛經》，因此信力具足決不退轉，這樣才叫作證信，是由實證而生信。這才是我們應該要安住的，對於眞修佛法的佛弟子來說，迷信、仰信都不足取。但是要如何實證？就來看看宗門裡是怎麼說的；因爲宗門是最直截了當地直示入處，讓你直接就將祂一把抓住了。可是諸位照子要放亮一點，這是江湖話，意思是眼睛要放亮一點；因爲祖師們的這類機鋒都是平平淡淡的，一剎那就過去了。

《景德傳燈錄》卷八：**【潭州石霜 大善和尚。僧問：「如何是佛法大意？」師云：「春日雞鳴。」僧云：「學人不會。」師云：「中秋犬吠。」】**

看見了機鋒沒有？你看，像這樣很快就過去了，眼睛眞的要夠亮才行。潭州石霜山的大善和尚住世弘法，既然有人知道他是證悟的和尚，學人爲了求法，當然要來請問他。在大乘法中，五祖向六祖開示一句話很有名，也是在這十幾年來才很有名；因爲以前的大師們都不願意講這一句話，我們就提出來講。五祖說：「**不識本心，學法無益。**」你如果修學佛法時不能認識第八識這個本心，老是落在妄心七轉識裡面，那你是在學什麼佛法呢？所學的那些佛法全都只是表相上的佛法，對你不會有實質上的利益；最多就只是熏習、熏習，種點福田；從實證上面來說，沒有眞實的利益。然而本心是哪一個？這就值得斟酌了。這個本心，你如果實證了，這件公案就通了；如果這件公案通了，那就表示已經實證本心了。有人也許這樣想：「你這不是廢話嗎？你這樣講，就等於說：到底是雞生蛋、還是蛋生雞，是哪個先？」我說兩個都可以，你如果有蛋就可以有雞，你如果有雞也可以生蛋，隨便哪一個都行。一樣的道理，這公案如果通了，就能證得如來藏，本心現前。如果證得本心如來藏了，這個公案也就通了，所以你從哪個下手都可以。

這個僧人來問：「如何是佛法大意？」這不是問二乘法解脫道，而是問大乘佛法。二乘法叫作羅漢法、緣覺法，不是佛法，二乘法只是佛法裡面很小很小的一個部分而已。這僧人來問佛法的大意，就是要問佛法的總綱。佛法以什麼作總綱？以如來藏作總綱；因爲一切佛法、三乘菩提都從如來藏出生，沒有這個如來藏就沒有三乘菩提可說；而大乘菩提成佛之道也一樣以如來藏爲中心，找到了如來藏，三乘菩提就可以貫通，三轉法輪的經典就可以貫通。這個金剛心如來藏，祂就像端午煮粽子時那些粽子的繩子綁在一起的總結，只要把那個繩頭的總結一拉，整串粽子就都提出來了，如來藏就像那個總綱、總結一樣。

僧人來問說：「如何是佛法大意？」也就是問佛法的總綱，那就是問說：「這個本心在哪裡？阿哪個是本心？」沒想到這大善和尚竟然回答：「春日雞鳴。」有些大師可能會這樣解釋：「春天呵，雞比較會叫啦！如果到了冬天冷死了，牠根本就不叫了！當時可能剛好在春天，所以禪師就隨口答覆他說『春日雞鳴』。意思就是說，生活就是禪；沒事情就是好日子，就是禪。」喔！原來如此，所以就弄了個生活禪，有沒有？你們都看過人家的月刊，整張報紙的那一類每月一刊的，有沒有？是哪一家就不談了。不是常常有人在講生活禪嗎？可是他們的生活之中完全沒有禪。因爲他們只懂得每天一直不斷地專心生活，活到最後一定會很慘；因爲不是老就是病、就是死，那樣的生活哪有禪？生活中眞正有禪，不是他們那樣講的。眞正要有禪，得要像大善和尚這樣。當他說「春日雞鳴」時，他並不是在講「春日雞鳴」；他這話的弦外之音要能夠聽得出來，否則怎麼叫作慧眼呢？禪又在哪裡呢？學禪的人要有智慧之眼。所以才說照子要放亮一點，照子不夠亮就看不見的。

這個僧人聽了，他的照子還是不夠亮；應該回去再刮一刮，刮上三天再來回話；可是他沒回去刮，當場就承認說：「學人不會。」在二乘法中的學人，講的是初果、二果，都可以稱爲學人；三果人就屬於聖人，不再來人間了，就不再叫作學人了。禪宗裡面自稱學人，是說還沒有悟入，所以都自稱爲學人。這個僧人說：「學人不會。」意思是說：「我還是在學的人，我還不會，所以聽不懂您的意思。」這下子，大善和尚聽了，倒是有心爲他，就說：「中秋犬吠。」如果比照前面那個解釋，想當然，當代的大法師們一定會說：「到了秋天，秋高氣爽，所以那些狗最喜歡結伴，於是就吠來吠去。」可是如果他們這樣講禪，半夜裡睡覺時一定要小心，因爲大善和尚可能會到他夢中來，兜頭一棒給他說：「吠你的狗屁！」禪師們往往很粗魯的，就直接罵人。大善和尚一定會這樣罵，他們個個都得要小心。大善和尚一定會這樣罵：「我好好一個公案，你拿那些屎把我抹得滿身臭！」他一定得要罵。

那「中秋犬吠」很明白呵！看見了沒？唉！見者本來見，盲者依舊盲。

再來看下一則石霜大善和尚的公案：

【師上堂云：「大眾！出來！出來！老漢有箇法要，百年後不累爾。」眾

云：「便請和尚說。」師云：「不消一堆火。」】

你看，禪師當得很寫意，不必像我這麼辛苦。有一天打了雲板集眾，然後蠟燭點了，大善和尚上堂普說；然而小小一根蠟燭還燒不到一半，他已經講完了，下座休息去了。這才是禪師，這就是禪師的本分。如果自稱大禪師，可是這些公案都不懂，有一天忍不住終於講了一、二則公案，若是被大善和尚聽了，「噗」的一聲笑了出來，那算什麼大禪師？本分事都不懂，根本就沒個禪味。如果要轉借李清照的詞，就給他一句話說：「只一個『慘』字了得！」這樣的禪師不是很禪，而是眞的很慘；不但他慘，跟他學的弟子們更慘。說來說去，就只能說他「慘」：「只一個慘字了得。」

好，再來回顧這一則，他這回是不是比上一則公案中更老婆？他上堂就說：「大眾！出來！出來！老漢有個法要，百年後不累你們。」這是比上一則還要老婆了。而他也確實是這樣，所以才敢說：「老漢將來死後不必累及你們還要到處去行腳參訪善知識求悟。」他這些話，老婆在什麼地方？既然說是老婆心切，一定有老婆處；既然說「百年後不累爾」，當然是有很強烈的爲人處。到底他的爲人處何在？這就値得探究了。也許有人說：「我知道了，他就是要叫我出來，那我出來就對了。」對你個頭！對？還對？我們前幾週，《般若經》不是講了嗎：般若不是進退。那你進前來又退回去幹什麼？那叫作野狐禪。問題是，他已經明講了：「百年後不累爾。」然這回特別老婆，才敢公開這樣講。可是這一些很老婆的機鋒，當時在場的大眾可都是眼見如盲。明明看見了他所指示的眞實義，可是各個卻都說沒看見，還開口說：「便請和尚說。」大善和尚那機鋒眞的猶如石火電光一般早就過去了，他們才放馬後炮。眞是笨呵！

這新官上任，屬下到了城門邊去迎接，他的馬還沒有過城門就要放炮了；那些呆子卻不是，竟然等他縣老爺騎著馬過去很遠了，他們才放炮；那縣老爺當然都沒聽到，第二天上堂還責怪說：「下官來這裡上任，進城時你們爲什麼都沒有放炮迎接？」衙吏說：「有啊！有啊！我們有放炮啊！」「什麼時候放的？」「您差不多快到衙門時，我們才放的。」喔！原來是馬後炮，這有人情嗎？放這種炮，一點人情都沒有。放炮一定要有人情，當然要馬前放，怎麼馬後放呢？這一群僧人也是一樣，大善和尚已經送了給他們，他們竟不懂得道謝，還說：「便請和尚說。」然而大善和尚早就過去了，他還要請和尚說。這大善和尚只好說：「不消一堆火。」如果是那一些大禪師，大概又要來解釋：「因爲百年後本來就是要用柴火燒，可是這個心燒不了、燒不掉，所以也不必用到一堆柴火。」如果這樣也能當禪師，咱們到菜市場去拉了阿花、阿珠來講堂說禪，他們應該也可以上來當禪師了。不但如此，阿貓、阿狗也都可以上來當禪師了，因爲這些文字大家都讀懂。可是請問諸位，當大眾說：「便請和尚說。」大善和尚這一句話回覆說：「不消一堆火。」有沒有爲人處？往往證悟者都會說：「哎呀！這一句已經是放過了。」可是我卻要把這一句放大，我要把這一句拉回來放大說：「他這一句也有爲人處，只是難會。」問題是，什麼處難會？有沒有人想要知道？有的話，請舉手！喔！有人舉手，三個講堂都有人想要知道呢！（這時平實導師提高了嗓門，一字一字說）好生聽了：無—斷—亦—無—滅！

〈不受不貪分〉第二十八

【「須菩提！若菩薩以滿恒河沙等世界七寶布施，若復有人知一切法無我，得成於忍，此菩薩勝前菩薩所得功德。何以故？須菩提！以諸菩薩不受福德故。」須菩提白佛言：「世尊！云何菩薩不受福德？」「須菩提！菩薩所作福德不應貪著，是故說不受福德。」】

講記：「須菩提！假使有菩薩以布滿恒河沙等世界的七寶用來布施，假使另外有人眞的知道一切法無我，由於實證而得以成就這個法忍，這位菩薩勝過前面以廣大財寶布施的菩薩所得到的功德。是由於什麼原因而這樣說呢？須菩提！是由於所有的實義菩薩都不受福德的緣故。」須菩提就稟白佛陀說：「世尊！是什麼緣故實義菩薩們不領受福德？」「須菩提啊！實義菩薩們對於所作的福德不應該有所貪著，以這個緣故而說不受福德。」

接下來是第二十八品〈不受不貪分〉。這一品的內容，若從字面上來說，都是很容易懂的。佛法中總是說：「不要貪取三界中的種種覺受，覺受都是虛妄的；也不要貪取三界中的種種法，因爲三界中的種種法也都是虛妄。」所以這種道理，大家都是耳熟能詳；自從學佛以來，聽過多少遍了，應該不必再三聽聞這種道理了。可是爲什麼 佛陀還特地要提出來講？當然一定是要拿它來作文章，也就是故意要拿它來搞怪，才會把這種看似淺顯底道理再度拿出來講。如果不搞怪，這些菩薩怎麼懂得要拜佛呢？所以一定要搞怪。搞了怪以後，菩薩們才會懂得說：「原來佛陀一天到晚掛羊頭賣狗肉，祂掛著羊頭只是吸引我們注意，實際上要給我們的卻是狗肉。」如果以現在的語言來說，應該說祂擺出亮晶晶底銅器來，其實想要給你的卻是黃金，所以祂特地拿這個「不受不貪」來搞鬼。你如果有因緣、有福德、有慧力，突然間一刹那會了，你就跟著 佛陀一樣也會搞怪了。那時，當你發覺今天 佛陀可能要搞什麼怪，你就會配合來演出一齣搞怪的戲，於是你因爲配合的緣故也同樣獲得一分度眾底功德。凡是配合 佛陀搞怪的人，一定會被寫入經中，因爲他也在其中獲得一分度眾的功德了。

現在先從字面上來看，這一段經文，佛陀依舊是不問而說。既然是不問而說，顯然一定有重要底弦外之音，因爲 佛陀從來不是言不及義的聖者。

那麼這一段，祂是故意自己提出來講的；須菩提並沒有問，佛就自己講了。世尊呼喚說：「須菩提啊！如果菩薩以遍滿恆河沙等世界的七寶來布施，如果另有一個人知道一切法無我而能夠成功地安忍下來，這位菩薩的功德勝過前面那一位以布滿恆河沙世界的七寶來布施的菩薩。爲什麼這樣說呢？須菩提啊！這是由於所有菩薩都不受福德的緣故。」當然這種菩薩一定是實義菩薩而不是名義菩薩。須菩提隨即向 佛稟白說：「世尊！爲什麼說菩薩不受福德呢？」佛說：「須菩提啊！菩薩所作的福德不應該貪著，以這個緣故說諸菩薩不受福德。」也許有人想：「這到底是在講什麼？這些我全都懂嘛！何必世尊再講一遍？」佛跟須菩提畢竟已經重講了，你們也都聽懂，然而佛陀還是特地要重講一遍。也許有人想說：「這不是老生常談嗎？早都聽膩了！佛陀啊！您不要再講這個了。」佛陀卻偏偏要再講一遍。那麼如果是瞎眼阿師，也許就說：「我知道啦！佛陀就是要常常教導大家不要貪啦！不論是世間法或者五欲的覺受，全都不要貪啦！不要貪求才能得解脫啦！」那他可得要小心了！他如果眞的這樣講解，小心晚上夢境裡，須菩提來打他一棍，因爲須菩提很清楚知道佛陀不是這個意思。

那麼我們從頭再來解析一下這段經文。我這個解析，權且叫作鋸解秤砣。那個秤砣，整顆內外都是鐵；如果有人不信，再三把它鋸呀、鋸呀！終於把它鋸開了，而且再鋸成很多個小塊以後，答案還是鐵；不過我們無妨隨俗一番，把這段經文依文解義一番：如果菩薩以遍滿恆河沙數的世界所有的地面全都擺滿了，每一處都放上七寶；這樣多的七寶眞是無法想像，因爲光是恆河沙等世界，就無法想像到底是多少世界了，然而 佛說的是：於遍滿恆河沙世界的大地全部都鋪滿了七寶，用來布施。我看是沒有人能夠這麼有錢，就算眞有這麼一個人，遍滿了恆河沙等世界的七寶都布施出去了，都用來利樂眾生了。但是如果另外有一個人，這個菩薩並不是用那麼多的錢財來布施，而是能夠遍觀一切法都沒有眞實不壞的我，他能夠這樣遍觀而且接受了。不論在哪一個法裡面都如此觀：眼根、耳根、鼻根、舌根、身根、意根，乃至六塵與六識，甚至進而對十八界輾轉出生的無量無邊法都同樣觀察，都找不到其中有一個眞實常住的不壞我；而且觀察這一切萬法之所從來，諸法背後那個實相眞如心的自住境界中，也同樣是無我性；不但自己是如此，包括所有有情眾生也都和自己一樣，全都是一切法中無我；所以他了知「一切法無我，得成於忍」。也就是說，這個無生之法，他如實觀察而能安忍了，那叫作證得無生法之忍了。像這樣的一位菩薩，在他親證以後還沒有爲人說法、還沒有爲大眾來作法布施之前，他的福德就已經勝過前面那一位已作廣大無邊的七寶布施的菩薩所有福德。

那你們想一想，這二種大福德，你要哪一種福德？前面那一位菩薩的福德非常廣大，但只是世間福德，終究會有用盡的一天；可是後面這一位菩薩的福德，因爲是世出世間的大福德，他是永遠都用不完的。並且後面這位菩薩，如果向前面這位菩薩開口說：「**把你所有的財寶都拿出來布施。**」前面那位菩薩也得要聽從。這樣大家就明白了：到底誰的福德大。爲什麼他的福德特別大？因爲他的福德是來自無生法忍；而前面那位菩薩用財寶布施，所得的福德種子到底存在哪裡？他並不知道。他只能從事相上去作布施，然後下一輩子好好地享受；享受完了以後，由於享受的過程中又曾經造了惡業，所以再過一世就得接受惡業的果報，可就難過了。如果他能夠稍微聽一點佛法，善法種子都還存在，那麼下一輩子享受福德時他就會這樣想：「**我不要把所有的福德都實現，我只要實現一小部分福德就好；剩下的福德**

都留下來存著，而我這一世所實現的一部分福德，再用其中的大部分來作布施，成爲滾雪球。」滾雪球的目的幹什麼？迴向世世值遇正法，迴向世世實證佛法。那麼他就會有很好的因緣，於將來之世同樣得到第二位菩薩所證得的無生法忍。

如果他不懂得這個道理，布施了遍滿恆河沙世界的七寶，下一世又重新把福德全部實現，於是他也許當了金輪王、銀輪王等，很多世實現了福德以後，如果後來都不懂得繼續布施，專門追求享受，最後一世可就完了。在他當輪王時，他享受的其實很有限。吃，最多給他吃三碗飯好不好？睡的床鋪，就算他睡特別高廣的大床好了，一百坪（編案：約三百平方米。）的大床鋪給他睡好了，結果變成睡總鋪一樣，那有什麼好？如果說到討老婆，就給他一千位老婆好了，他享受得了嗎？也沒辦法啦！他把所有的福德在一世之中全都擁有了以後，享受還是那麼一點點，到下一輩子時可就統統不見了。結果那一些金銀財寶等等，包括眷屬等等，只是暫時給他擁有而掌控一下，也只是那幾十年擁有所有權；可是所有權會移交的，等他一死就得移交出去了。那你想想，他如果聰明，懂得只實現一小部分；已實現的那一小部分中，拿大部分比例再把它布施出去，這樣一世一世去滾雪球，拿來作世世行菩薩道的資糧；結果所想要的，到最後也只是要後面這位菩薩的無生法忍。諸位這樣一比較，前後二位菩薩所獲得福德之勝劣差異，不就高下立判了嗎？所以如果是聰明人，一定這樣想：「**我要取得無生法忍，才不要遍滿恆河沙等世界的七寶。**」因爲有那麼多的錢財，結果還是要追求後面這位菩薩的無生法忍。這樣從事相上來作比較，諸位一聽，馬上就知道此菩薩勝前菩薩所得功德，因爲那些福德是要用來追求實相智慧功德的。世間福德不可靠，功德才可靠；因爲功德是出世間福德，會永遠追隨著你，一世又一世都不會遺失。

可是，後面這位菩薩證得無生法忍時，都還沒有出世爲眾生作法布施，功德已是如此之大，不是前面那位菩薩的福德所能相提並論。這個原因究竟在哪裡呢？佛說：「**須菩提啊！由於這位菩薩不受福德的緣故。**」他有功德卻不受福德。有功德的人，福德一定很大，只是他不想去具足實現；當他實現福德到了一個階段時，就會想：「**夠了！夠了！不要再賺錢了！因爲我這一世賺得這些錢來，是爲家裡那幾個冤親債主賺的。**」那些兒子、女兒們都是要來承接你的福德，難道不是這樣嗎？對啊！你賺得的錢財，將來都要交給他們。這一世疼得要命，愛惜得不得了，看作金孫、鑽石子，將來死了都得要留給他們。天曉得，他們也許是你上一輩子的債主，只是來要債的。也好啦！這一世把賺的錢、財產留給他們，那些債就還完了。這樣也好啦！不要再欠債到未來世去了。

不過，菩薩得無生法忍，爲什麼還不作法布施之前，功德也能勝過前面那位很大財施菩薩的福德？這就大有文章了！佛陀隨即爲我們點了出來：因爲菩薩不受福德的緣故。可是有沒有人想到一個問題說，佛陀是不是在罵人？有好多人每天課誦《金剛經》，有沒有想到這個問題？佛陀說：「**以諸菩薩不受福德故**。」請問：前面那位菩薩以布滿恆河沙等世界七寶布施，他到底是受了福德還是沒有受？因爲他受了！他如果不受福德，怎麼會擁有布滿恆河沙等世界的七寶呢？又怎麼能用來布施呢？顯然他受了福德。正因爲他受了福德，所以他比起後面這位證得無生法忍的菩薩，根本不能相提並論。後面這位無生法忍的菩薩，就是因爲不受福德的緣故，所以這位無生法忍菩薩，假使也擁有滿恆河沙等世界的七寶，他還是不受福德的。

你可別說：「**蕭老師！你別亂扯欸！**」然而我眞的不是胡扯，因爲眞實了義究竟底佛法確實如此。當他有功德的時候，就同時伴隨著廣大的福德；所以當他把福德實現了一部分的時候，他其實也是不受福德的。因爲這位無生法忍菩薩，是腳踏兩條船的賢聖，不折不扣的劈腿族；因爲他這一腳站在不受福德那一條船上，另一腳踩在福德那一條船上。也就是說，當他領受無量無邊福德之時，他同時也有另一部分是不受福德的。所以每當有人質疑說：「菩薩！你們不是很慈悲嗎？不是講布施嗎？現在窮苦人那麼多，請你把財產全部都布施出來好了。」可是菩薩明明知道說，這個傢伙是來騙錢的，根本不是爲了窮苦人來求財的，或者只是故意來使激將法找麻煩的，菩薩就告訴他說：「哎呀！我眞的沒有錢，我窮得鬼都怕。」那個騙子也許說：「你開這輛車值六、七百萬元台幣，怎麼可以說你沒錢？」菩薩還是說：「沒有錢啦！這車也不是我的。」「明明登記在你名下，怎麼不是你的？」菩薩說：「眞的不是我的。」因爲菩薩眞的沒有說謊。「眞的不是我的，當然就無法布施給你。」菩薩眞的沒說謊，因爲那輛車確實不是如來藏的，那是五陰的，這時菩薩是從如來藏眞我、轉依如來藏眞我來跟他說。等到須要用到那部車來幫忙別人的時候，菩薩又開口說：「某甲！你把我那輛車開去，幫我載某某人回家。」或是吩咐說：「幫我載某某人去醫院，同時幫我把他的醫藥費給付了。」那騙子在旁邊聽了說：「現在又說是你的車了。」菩薩說：「對啊！是我的車啊！」「可是我剛才要跟你化緣，化那一輛車子，你為什麼說不是你的？」菩薩說：「對啊！不是我的。」因為不是如來藏眞我所有的。所以全都由著菩薩說，菩薩也都沒有妄語，這就是無生法忍的好處。而菩薩也確實沒有妄語，連一絲一毫的妄語都沒有，也沒有一絲一毫底欺瞞之心。你們明心了以後，你想想實際理地的境界，是不是這樣？當你這樣說的時候，眞的沒有欺瞞他，所以那騙子還不能控訴說菩薩妄語。還不行欸！菩薩到了布薩的時候，照樣坐在前面誦戒，眞的沒有犯戒，因為法界的實相就是這樣子。所以這句話，佛陀好像暗地裡在罵人，都沒有一句髒話呵：因為菩薩不受福德的緣故。

前面那位布施財寶的菩薩就是受了福德，如果他夠聰明，就會懂得慚愧：「佛陀是說我已經受了福德。」那他就要趕快弄清楚：「如何才是不受福德？我就來找後面這位無生法忍菩薩求法。」然後經過幾年修學以後，他眞的悟了，就說：「原來菩薩眞的不受福德，可是照樣能夠擁有恆河沙世界的七寶。」他已經不受福德了！這時候不管他怎麼樣去布施，他也都不受福德；無妨未來世很有錢，可是仍然不受福德，這樣才是眞實義的菩薩。

須菩提聽完了，就向 佛稟白說：「世尊！爲什麼說菩薩不受福德？」這須菩提其實是爲了後代眾生而問，他是借風使船，也叫作順水推舟。傻瓜才會把帆降下來，努力用手搖槳；聰明人把帆拉上去，藉著風力輕輕鬆鬆就到目的地。須菩提也是這樣，他知道 佛陀在講什麼，知道 佛陀作什麼文章，所以就配合來演這一齣無生戲。他故意問，因爲明明知道菩薩是不受福德的，也明明知道菩薩是爲什麼而不受福德，也知道這個不受福德的是什麼心，他就故意爲大家問：「世尊！爲什麼菩薩不受福德？」有這句話當作羊頭，世尊就可以賣狗肉了：「須菩提啊！菩薩所作的福德不應貪著，由於這個緣故，說菩薩不受福德。」看見狗肉了沒有？還沒有啊？我把狗肉端給你了，你怎麼還沒有吃到？你看，世尊與須菩提師徒兩個人合演一齣無生戲，可憐從古到今有多少人會得？眞的知音難覓！這種知音不是常常有，你們進來正覺同修會，就要當須菩提的知音，也要當 佛陀的知音。禪三破參明心回來，這一段得要讀懂，要知道說：原來 世尊他們師徒兩人，是在這裡作文章。這時候你才會想到說：這師徒兩人眞的不簡單，竟然能夠這樣子作文章。這眞的是處處作文章，所以禪師說「生緣處處」，不是沒道理的。

我這樣子鋸解了秤砣以後，大家終於知道原來內外都是鐵。知道了沒有？等到回去以後，家裡老爸說：「你今天去正覺聽到什麼法？」你說：「我今天去聽的就是鋸解秤砣。」老爸問說：「什麼叫鋸解秤砣？」你就告訴他說：「內外都是鐵。」可是到底爲什麼你要說內外都是鐵？又爲什麼內外都是鐵？很簡單嘛！因爲「內外都是鐵」嘛！如果今天有新學菩薩在座，從別的道場初來乍到，今天第一次聽到這麼說《金剛經》，回去也許想：「這蕭平實，大概生來喜歡講一些幽默笑話吧！可是我聽來聽去都是很冷欵！眞是冷笑話，我都笑不起來欵！」如果有人這麼想，我這裡且先跟他下個註腳：「三十年後，說向作家。」

接著我們再來看看補充資料〈不受不貪分〉理說之一：以不受故無貪。《大寶積經》卷三十九：【「復次舍利子！夫菩提者無流無取。云何名爲無流無取？舍利子！離四流性故曰無流。何謂爲四？離欲流性，離有流性，離無明流性，離見流性。舍利子！離四取性故名無取。何等爲四？離欲取性，離

有取性，離見取性，離戒取性。舍利子！如是四取皆由無明，而爲盲闇愛水隍池之所擁閉，由執我故受蘊界處；如來於中如實了知，我取根本自證清淨，亦令眾生證得清淨。」】

既然《金剛經》的這一品是講「不受不貪」，從理上來說，無受所以就無貪，凡是有受就一定會有貪；如果是不受的，就一定不會有貪。世尊開示這一品之目的是要告訴我們說，不要落在能受有受的自我裡面，譬如粗意識、細意識等覺知心；如果落在意識裡面，一定會與六塵相觸而有各種覺受，一旦有覺受就會有貪，有貪就離不開欲界境界，落入欲取、欲流中；密宗的樂空雙運正是如此，所以他們永遠也無法遠離欲界的貪欲境界，專門在無上瑜伽樂空雙運的覺受上面廣作文章，日趨下墮。如果不能夠離開欲界受，就會有不同的取，有取就離不開欲界，何況超脫三界？那麼他們想要弄清楚法界的眞實相，就永無可能了。所以不受與不貪，這當然很重要；千萬不能落在有受有貪裡面，一旦落進去了，法身慧命可就完蛋了。這話好像有語病，好像不該說完蛋了，因爲完好的蛋是無缺的，應該說會變破蛋才對。如果想要實證無貪無受的境界，就得離開四流與四取；但是如果沒有辦法證得金剛心，即使成爲阿羅漢了，捨壽前也還是要住在四流之中，不能離開欲界等四流境界而存活。

回到《大寶積經》卷三十九的經文，看經文中是怎麼說的：「舍利子啊！所謂的菩提，是沒有流漏也沒有取受；有流漏就有流轉，不停地在流轉。什麼叫作沒有流轉也沒有取受呢？舍利子啊！離開四流之性，所以才說無流。哪四流呢？要離開欲流之性，離開有流之性，離開無明流之性，也離開見流之性。」

欲流，都是屬於我所執。落在我所執裡面的人，是根基很淺的人。根機如果高一點，就落在見流裡面，所以欲流是淺根之人。當今佛教界，哪一種人或者說哪一個宗派，是落在欲流裡面？（有人答：密宗。）諸位都知道，他們都落在欲流裡面。所以，我們小小的台灣一島，現在已經是幾乎每年都會有喇嘛搞出來的性醜聞事件，幾乎每年都有了；沒爆發出來的性侵事件，更是不知有多少，都被遮蓋了。因爲台灣的佛教徒很迷信、很好騙，除非是來到正覺同修會聽過幾堂課了，也聽過幾次講經了，否則都很好騙。來到這裡才會變聰明，否則往往被騙——若不是落在粗細意識裡面具足我見，就是被密宗所騙而失財又失身。被藏傳的假佛教欺騙了以後，只有兩個現象：一個是女信徒自己失財又失身，另外一個則是家中的男人賠了夫人又折兵。就是這樣啊！這是每年都看得見的事，受害人都是一堆又一堆；只是大家都不敢出來指認，只有比較勇敢的少數幾個人敢出來揭發密宗的祕密。

但是目前還有一些愚癡人，一直在要求他們西藏密宗：「不要再搞出什麼性醜聞來，不要再性侵害人家了。」我就說：「作這種要求的這一些人，都是緣木求魚，都是拿著釣竿在樹上想要釣到魚。」樹上是釣不了魚的，即使紅樹林那個彈塗魚，用釣竿在樹上也釣不到。可是他們卻依舊想要那樣釣，你有什麼辦法？問題就出在他們對密宗的法義不瞭解，因爲密宗是以男女交合的雙身法作爲他們即身成佛的根本教義，怎能要求喇嘛們不矇騙誘姦或強行性侵女信徒？他們認爲被強制性交的女信徒其實是被強姦的喇嘛加持的，不但不該舉發，而且還應該感恩喇嘛的加持才對，因爲喇嘛把白菩提心（編案：精液）進入女信徒身體中，宣稱會使女信徒獲得佛法中的大智慧。其實，消除密宗喇嘛們性侵女性的唯一方法，只有遠離密宗喇嘛教。所以說，在佛法上要如實瞭解，才能離開愚癡；對這四取如果瞭解了，以後就不會再上西藏密宗喇嘛教的當，因爲密宗那些法都是欲流，也同時落在欲取之中。欲流之性，其實就是六識心的自性；六識心都免不了落在六塵五欲之中，這叫作六情五欲。凡是落在這裡面的人，不管他說得多麼冠冕堂皇，本質都是欲取；是在六塵中的五欲去執取，然後就被五欲所流轉而成爲欲流。然而會被五欲所流轉的心性，就是六識的心性。必須離開四流之性，才能成爲無流者；若是無流者就不會再流轉，以後不再於生死中流轉；如果讓他後世再來受生於人間，那已不是被生死所流轉，而是乘願再來，因爲他已經離開欲流之性。

再來說：「**離有流性**。」有流，講的就是色界有與無色界有。凡是對於色界的有情身心，或者對於無色界的「名」也就是受想行識，有了執取，那就是「**有流**」。執取色界、無色界的有，就會被有所流轉，那是什麼心會被色有、無色有所流轉呢？（有人答：意識。）是意識覺知心。這些問題，如果我到外面去講，我能問誰呢？我根本就不該問，因爲他們一定不知道，一定無法回答，只有你們能回答。

那麼「**離無明流性**」先不說，先來講「**離見流性**」。見流，是由於他的所見錯誤，所以被錯誤的所見流轉了，無法脫離生死。如果以簡單的方式來說見流，那就是一法——惡見；稍微把它細分一下，又叫作五利使；若把五利使稍微綜合一下，這個見流就叫作三縛結。總而言之，就是聲聞初果見道所斷的惡見。如果知道自己的見解錯了，就要探究它的原因：爲什麼這個見解錯了？大約是因爲觀察錯誤、所見錯誤，把緣生法當作是本來無生之法，把緣起法當作是不生不滅的常住法，他就會被錯誤的見解所流轉。由於爲見流所流之故，所以他捨報的時候，到了中陰身境界時，恐懼落入斷滅空中，所以他無論如何都要再去投胎。這就是從錯誤的所見，產生了錯誤的見解；因此被錯誤的見解所流轉，生死就無法斷除，這就是「見流」。見流之性是誰的心性呢？還是意識的心性，因爲意識最會胡思亂想；意識不斷地胡思亂想，熏習的結果就使意根不斷地抓取各種法，猶如人家說的八爪大章魚，一直不斷地抓取。事實上意根不只八爪，意根可是無量無邊爪，因爲祂遍緣一切法。爲什麼意根會這樣呢？都是因爲意識這樣教導祂，無量劫來每一劫每一世的意識都這樣教導祂，才使祂產生了這樣的習性；因此見流之性，就是意識心的自性。意識最會胡思亂想，自以爲很聰明，自以爲所知、所見、所說都正確；結果都是胡說八道，還要跟人家狡辯：「我說的才正確。」人家好心好意告訴他，他反而理直氣壯說：「我明明就已經成佛了，你爲什麼說我還沒有成佛？」你眞的無可奈何他欸！這叫作「見流」。眞正學佛的人應該離開見流之性，不要落在見流之性裡面，否則永遠都會在外門修學，進不了內門修學。

然後接著再來說「離無明流性」。什麼是無明？在阿含中，佛陀常常說：「某某阿羅漢，已經離開欲漏、有漏、無明漏。」有，不就已經函蓋三界了嗎？爲什麼還要建立一個無明漏呢？那就是說，最後一個無明是最微細的，但它卻是函蓋三界一切有情的。譬如說，八解脱者，爲什麼還不是阿羅漢？有人覺得很奇怪，百思不得其解。這個人已證滅盡定，竟然還不是阿羅漢，說他還只是三果人而不能出離三界生死；佛陀說他還要再修不放逸行，原因就出在無明漏。他能進入滅盡定，只是因爲他的知見能夠捨棄非非想定而已；可是他還有一分最微細的無明存在，認爲最微細的自己還應該存在，才不會落入斷滅空中；所以即使他已經能夠背捨非非想定裡的覺知心，卻還不肯入無餘涅槃。這個人捨壽以後，還會再去投胎的；如果不來人間投胎，他就會生到非非想天去；因爲非非想天之上無處可住，只好落到非非想天的境界中，原因就是無明漏還在。

他不曉得無餘涅槃是要滅盡自己，一絲一毫都不許繼續存在。他對這一點不曉得，有這最後一分的極微細無明，所以世尊才教他還要繼續再作觀行，要不放逸地深入觀行：這個自我是如何的虛妄。這最後一分，就是說當他在證得滅盡定以後，體驗過了，出定以後不可以再存著一個捨棄自我的那個「捨」。他如果捨報的時候，還有一個捨棄自我的「捨」存在，無明漏就沒有斷盡，他就會繼續受生於非非想天中。所以嚴格說起來，八解脫者如果不聽大善知識的話，他是很危險的；他比一個正在懸崖邊站立的人還要危險，因爲懸崖邊站立的人若是不小心跌死了，二十年後又可以繼續成爲佛弟子，可以繼續修證佛法；可是這個八解脫者，如果沒有聽「老人言」，他這一捨壽生到非非想天去了，八萬大劫就這麼耗下去，都不會有道業上的長進，虛度八萬大劫時光，當然更危險。他的問題就出在無明漏沒有斷除，而這個無明漏其實是遍三界中的，只是一般人都不會接觸到，一般的三果人也不會接觸到；只能中般涅槃的三果人，雖然還沒有具足四禪八定，卻反而比那個八解脫者更厲害，他可以很快就瞭解這個無明漏，在中陰階段取無餘涅槃。所以無明流是非常非常微細的，連八解脫的聖者都不知道，所以被佛陀要求說：他還得要修不放逸行，要詳細去作觀行，去掉捨心，把無明漏斷除。

無明流，還是意識的作用。是落在意識中，還有最後一分的自我繼續存在，沒有眞的下定決心把五蘊的自己變成斷滅無、斷滅空，只留下本際獨存。這個無明流無法斷除的原因很簡單，說穿了不值五毛錢；也就是說，他對於佛陀所說無餘涅槃中有本際常住不滅，心中有所懷疑；就這麼一絲絲的疑，使他無明漏不能斷盡，所以八解脫的聖者就產生了無明流。人類正是因爲這四取不能斷除，所以流轉於欲界的人間。三惡道眾生也是如此，但他們更加執著，所以造惡業而下墮於三惡道中。

以上說的就是因四取等無明或執著而產生四流性，被四流所流轉而生死輪迴。當這四取都離開了，不被四取所流，已無四流性了，那就成爲慧解脫者；所以說離了這四取之性，就稱爲無取的人。離四取，是要離開「欲取」之性，也就是對欲界法不再貪愛；要離開「有取」之性，換句話說，心中對於色界、無色界的法得要有所了知，然後對色界、無色界境界都不起貪愛，沒有執著；接著是離見取之性，就是不會自以爲是。見取的背後動力是什麼？就是見取見。見取見有一個特性：以鬥爭爲業。這個見取見會使人產生一個作用：當別人的說法跟我不同，我就要把他鬥倒。所以說見取見以鬥爭爲業，從見取見發展而產生的事與業，就是跟人家鬥爭；不管別人說我錯在哪裡，說得多麼有道理，我都要與對方爭辯，我一定要贏；即使我是錯的，也要爭到贏。這就是見取見，見取的體性就是這個模樣。

而這種見取性，諸位可以觀察一下，到處都可以看見。遠的就不說，只說時間比較近的好了；像索達吉那一些人，那都太遠了，就不談他們了；最近的是什麼人呢？我們《正覺學報》諸位讀過了，你們看中華佛學研究所那些審稿委員們，不就是見取嗎？明明是錯誤的說法，他們也要掰到贏。想要掰到贏，最後能不能贏呢？他們只在是否刊登論文上面贏了，可是他們的強辭奪理行爲等證據，卻被我們全部刊登在《正覺學報》中流傳千古。如果沒有正覺同修會可以據實辨正，他們就會贏；不幸的是有正覺同修會，他們就贏不了，可是他們永遠都不會認錯。聰明人是錯了就儘速認錯，所謂道歉「了事」，道歉以後就沒有人會再講他的錯誤。所以，老人家會教導孩子說：「人家如果要打你，你就先躺下來，不必等到被打了才倒下；你自己先倒下了，人家看說：『哎呀！算了！他都倒地認輸了，我再打他，勝之不武。』」那就沒事了，不會再被傷害了。聰明人，就是在錯誤被指出來而無法如實的辯解時，就儘速道歉。道歉以後，人家還會再講他的錯誤嗎？不會了嘛！換句話說，道歉了就是接受這個錯誤，接受別人指正而承認自己錯了。很簡單，聲明一下，別人就不會再拿來作文章了。然而台灣的中華佛學研究所的審編等人就是死不認錯，還要指責投稿者講錯了，當然會被錄入《正覺學報》中登載出來。所以見取是到處都看得見的，很少有人是沒有見取見的，才會成為凡夫。由於有見取性而離不開，所以就無法發起見地。沒有見地，無法證得聲聞初果，斷不了三縛結，永遠都會落在意識裡頭，想要證實相就更難了；因為當他不論怎麼參禪去求證實相，證來證去都會落在粗、細意識裡頭。那麼這個見取之性，在世間不斷地爭名爭利的結果，到頭來還是自己吃虧。

離了這三取，還有個戒取性。戒取性，是從哪裡來的？從見取來。所以沒有智慧的大師們會施設一些事相，要求他的徒眾們遵守。譬如他們私底下規定說：「正覺同修會的書統統不許讀，讀了會中毒。」其實不是因爲會中毒而不許徒眾們閱讀，是因爲怕徒眾們閱讀之後知道師父講錯了，心就疏離了，是怕這樣啊！還有一個某某淨苑，規定說：「我們大家研讀《佛藏經》時，只要讀前半部就好，後半部不許讀。」徒眾們不曉得什麼原因，也不敢問，就一體奉行。如果有一天哪個徒眾起了疑心說：「我來讀讀看好了，後面半部到底在講什麼呢？」在家裡偷偷把它讀，才剛一讀之後說：「我的媽呀！這些都是了義法、究竟法，奇怪！師父爲什麼不許我讀？」想來想去，想到半夜終於弄通了：「我知道，一定是師父自己也不懂，怕我問他。」信徒們想通了，會怎麼樣呢？一腳就闖進正覺來，不就是這樣嗎？因爲我們不但不怕人家讀，我們還把它附印在書裡面到處流通，這表示我們不怕人家拿來問。現在進一步，不但不怕人家拿來問，等我們《法華經》講完了，還想要講《佛藏經》，還想要把它請出來開講，整部都講解；然後整理成文字印出來以後，不但要讓某某淨苑的信徒們讀，還要讓所有的佛教徒都好好地閱讀，來提升所有佛教徒的知見水平，趣向眞正的佛菩提道。因爲《佛藏經》的後半部經文義理都很重要，如果大家都願意讀，整個佛教界的素質就提升了。

有一個大師一直在打廣告說：「我們要提升人的品質。」我說：提升人的品質要幹嘛？我們又不競選總統。但是我卻要提升佛弟子的品質，這不是更好嗎？當大家的程度都提升時，大師們難道還能不自我提升嗎？當大家都提升了，他們不想自我提升，後果是什麼呢：別混了！這就是強迫性的要求他們提升。這些大師們如果還不趕快自我提升，他們就會被漸漸提升佛法知見的佛弟子們淘汰。一定會被淘汰，因為他們從來不敢講的了義經典，我們都會請出來講；被他們曲解過的經典，我們也都會正確地講解出來。現在已不是他們可以一手遮天的年代了，即使在大陸，大師們也無法完全一手遮天；雖然他們是把天遮了百分之九十九，可是還有那麼一個漏洞，光明就可以照下來了。那個漏洞，我們還會慢慢地把它擴大，看他們能遮多久？正法的威德力是無法想像的，除非人間已經沒有正法。

他們無法回應正覺的了義正法，也無法跟進，所以面對正覺的了義正法時，他們的對治之道是怎麼樣呢？就是施設種種戒取。施設了種種戒取的目的是作什麼呢？希望徒眾的品質都不要提升，都不知道大法師落在意識境界裡，大家就跟著他混混沌沌的這麼混完一生；等他死後，大家都封他作大師。當他死了，徒眾們都讚歎說他入涅槃了；然後就爲他建塔，建什麼塔？涅槃塔。不幸的是，《護法集》裡面，我們早就先印了經文：「不得言得道，死言入涅槃；眾人信起塔，而自入地獄。」《佛藏經》中早就這麼講過了，現在假名善知識的大師們還繼續在跟進，眞是愚癡。所以錯誤的見解，產生了錯誤的說法；然後就會施設錯誤的戒禁，要求徒眾們遵守，而他自己就無法離開戒取。離不開戒取，那就師徒同淪；淪到哪裡去？淪到無明生死海中。

接著說，前面講的這四種取，都是由於無明所致。無明作因，然後被「盲闇愛水隍池之所擁閉」。無明就是沒有光明，明就是有了智慧，所以產生了光明。有了智慧的光明，就不住在盲闇中了。明對治了盲與闇，就會知道愛水會戕害自己的法身慧命。愛水隍池會關閉自己，永遠在愛水海裡面沈淪。也是由於這樣被愛水沈淪，以及被盲闇所遮障的關係，因此就執著於自我，捨報以後一定會再去接受另一個蘊處界。而如來就是在這裡面如實的了知我取的根本，如來很清楚看見眾生之所以會有我取，就是因爲這四取。會有這四取，就是因爲無明盲闇的緣故。如來看清楚了，所以淨除無明種及貪愛種，自性清淨，因此也發起了悲心，使得眾生同樣去證得清淨法，離開了四取，不再落於盲闇愛水的隍池之中。

那麼佛陀不但講了那麼多，而且在大乘經裡面好多地方，特別是般若諸經裡面，好多地方都在使機鋒，好多地方都隱藏了教外別傳；只是難會，若不是家裡人，就看不出來。菩薩有幸親值 佛陀，同樣證得自性清淨心以後，終於懂得爲什麼 佛陀要說「不受不貪」。當菩薩證得不受不貪的心以後，回頭再來看看眾生，特別是看見那一些正在求解脫的眾生竟都被誤導，於是悲心不由自主流露出來，只好入廛垂手；就是走入市場作買賣的那些街頭，走入街市作買賣的熱鬧場所之中，垂下慈悲之手來利樂眾生。因此他就是要進入三界中，特別是在人間跟眾生一樣；但菩薩們是進入貪三昧、瞋三昧來利樂眾生，從此不再害怕生死了；因爲有貪三昧護身、有瞋三昧護身，所以不怕生死，願意受生人間入廛垂手跟眾生打成一片。眾生怎麼樣看不起他，都無所謂，因爲他雖然示現有貪有瞋，他其實是住在貪三昧、瞋三昧中。爲什麼會如此？那貪三昧、瞋三昧，到底是個什麼東西？且聽下回分解。

《金剛經宗通》上週〈不受不貪分〉的最後，說到能證得不受不貪的如如境界之後，反而是應該走入市廛之中，就是走入市集之中，舒手接引眾生。但是要這樣舒手接引眾生之前，必須先證得貪三昧、瞋三昧，然後才能夠說自己眞的是入廛垂手；否則不免等而下之，就把貪與瞋當作是證實相，那就不免要跟密宗那些喇嘛們同流合汙而落入貪欲中廣修雙身法，或者落入大瞋之中常修誅法了。所以，如何是貪三昧、瞋三昧，當然必須要先有所實證。等到實證了，再來說自己是以貪三昧、瞋三昧而入廛垂手；否則的話，盡皆是大妄語人。如果不能親自證實這兩個三昧其實只是一個三昧，那也是大妄語人；空嘴薄舌、欺瞞眾生，美其名曰自度度他；臘月三十來了，可就不妙了。每一個人都會遇到臘月三十的日子，沒有人是遇不到的；到那時候，想要補救也都來不及了。所以，貪三昧一定是要實證，而不只是理路上的瞭解，也不只是名相上的知解。

那麼，什麼是貪三昧？並不是在名相上作探討，就稱爲證得貪三昧了；而是必須有一個常住的不生不滅法，確實被自己所親證了；並且觀察一切的貪、瞋，都從這個不生不滅法中出生，而這個不生不滅法卻是從來不貪亦不瞋的，這樣轉依而減少或斷除了貪與瞋，這時不再害怕受生人間度眾生時必須要面臨的貪與瞋，才能夠說是實證了貪三昧、瞋三昧。否則臘月三十來了，閻王老子可不怕你空嘴薄舌會講話。到了閻王老子面前不會有孔明那一條舌，不管什麼樣的舌，到了閻王老子面前都要爛壞，所以那時已不可能有不爛之舌可以狡辯了。因此，參須眞參，證須實證，不能有一點點含糊。古人常說：「毫釐有差，天地懸隔。」又說：「若有纖毫不滅，不免三塗惡報。」都是只差那麼一點點就全盤不是了，既不是，那就會成爲大妄語。大妄語這回事，千萬不能開玩笑。自古以來，政治上怎麼樣亂，怎麼樣跟人民開玩笑，那些罪惡都抵不上大妄語的罪惡。因爲這是一點點都差不得的，只要差那麼一點點，將來死後就會出大紕漏。到那個時候，不要說穿著長袍，衣襬好大可以兜著走；縱使有十件長袍也兜不了，根本都沒有辦法兜著走。

因爲這個因果律，在三界法界中是不通人情的。所以大乘法中所謂的開悟，務必要詳審思量，千萬要求眞求正；只要偏了一點點而自稱開悟證聖，那果報都難可思量，因爲都是大妄語的地獄業。所以宗門禪裡面，祖師們爲什麼一向都很嚴厲？原因就在這裡。越是嚴厲就越發是慈悲，不能忍受任何一個弟子有了差錯。如果不是很嚴厲的，只剩下一條路可以走，就是悟後不斷地攝受、不斷地獎導，讓弟子們越來越深入實相之中而不退轉。這就是說，宗門裡面，若是還有纖毫不去，將來果報難量。所以，我還是特地要藉著貪三昧與瞋三昧開講之前，先爲大家吩咐一番。吩咐過了以後，如果還有人要自以爲是，那將來果報就自己去承擔。將來見了閻王老子，可別向他抱怨說：「我死前都是蕭平實不好，沒有告誡我。」我今天總算告誡過了，不要向閻王老子告狀，告了他也不會信的。好，什麼是貪三昧？《大寶積經》卷二十九云：

【平等實際中　無解脫分別　若於貪解脫　於空亦解脫
虛空及與貪　無盡無差別　若見差別者　我說令捨離
貪實無有生　妄起生分別　彼貪本性空　但有假名字
不應以此名　而生於執著　了貪無染故　是則畢竟空
不由滅壞貪　而得於解脫　貪法與佛法　平等即涅槃
智者應當知　了貪寂靜已　入於寂靜界　是名貪三昧】

這個貪三昧，仍然是像現在一句流行的世俗話，說這個人愛劈腿，一樣是腳踏兩條船。菩薩永遠都是腳踏兩條船：一隻腳踏在實相法界無餘涅槃界中，另外一隻腳卻踩在生死輪迴的現象界當中；兩頭兼顧，但是卻不會被其中一頭牽著走。換句話說，菩薩既顧著了涅槃本際，也顧著了生死輪迴；並且把這兩個法緊緊扣在一起，所以菩薩永遠不會掉到海裡去，這才是眞實義菩薩。

以前有一位大法師，私底下跟我說：「你啊！不要腳踏兩條船；腳踏兩條船，到後來會掉進水裡。」那時候他以爲我在跟現代禪學法，因爲那時候我還沒有破參，還在苦參之中；但我覺得李老師有一本書《與現代人論現代禪》，我認同他在書中的一句話說：「學禪的人要先能夠於未到地定得自在。」由於當時我認同他這一句話，所以就託人買了兩本，拿去他們寺院裡送給二位出家的好友，結果反而被他們打了小報告，所以我就被大師訓話了。然而當年我從來不曾見過現代禪的李老師，也不曾與他談過電話，也不曾遇見現代禪的任何人，怎有可能與他們學法呢？大法師只是想要我繼續留在他身邊被他所用罷了。

大法師當年告誡我不要腳踏兩條船，但是菩薩就正好是要腳踏兩條船；如果只有腳踏解脫一條船，那叫作聲聞人；如果只有腳踏生死這條船，那叫作凡夫。菩薩既然不是凡夫，也不是聲聞人，那當然要腳踏兩條船；就這樣子，一腳踩在聲聞解脫道的船上，已經有能力出離三界生死；另一腳踩在生死海裡的船上，在三界中不離生死而不在生死中，全都是因爲住在法界實相的智慧中。菩薩是有能力出離三界生死的，但是卻依於所發的大悲願，世世不入涅槃，不取無餘涅槃，一直都在三界中不斷地生死；可是在生死中，卻分明地看見眾生本來涅槃，也分明地確定自己是有能力取無餘涅槃的，這樣才是眞正的菩薩。這樣的菩薩，所見的貪與瞋是與實相不即不離而平等的，當然是永遠住在貪三昧與瞋三昧之中。

接著再來看看《大寶積經》裡怎麼解說貪三昧：**有一個平等法，祂在平等平等無差別的實際之中，並沒有解脫或者輪迴的分別，也不會覺知自己已是解脫的**。什麼是平等法？是每一個有情各自都本來而有的那個實際——金剛心如來藏，也就是說祂是眞實的、不生不滅的境界。這個平等的實際出生了一切不平等法，由這個實際—也就是如來藏—出生了天主、天人，出生了人類，出生了三惡道有情，也出生了阿修羅眾生。所有的不平等法，都從這個永遠平等的實際裡面出生的，菩薩摩訶薩就是實證這個平等法。可是二乘聖人無法實證這個平等法，所以他們沒有貪三昧、沒有瞋三昧，所以他們必須要離貪與離瞋；因此他們不能像菩薩那樣發起大願，生生世世都在人間不離生死，他們害怕延續後有的生死。可是菩薩不然，證了這個平等法以後，由這個平等法、由這個實際自己的境界作爲依止，而不依不平等的蘊處界的境界來看：**原來實際平等法自己的境界中，並沒有認知自我是本來解脫的，也沒有認知自我是處於生死海中**。全部都沒有，任何分別都不存在，這就是**「無解脫分別」**。

阿羅漢證得解脫了，可是阿羅漢的蘊處界證得解脫的時候，阿羅漢他自己的實際並沒有分別自己是解脫的；因爲阿羅漢的實際—也就是說阿羅漢的異熟識—祂本身就是解脫的，可是祂不會起一個念說：我本身是解脫的。祂從來不起念，從來不起分別，所以不會分別說自己是否解脫，而是由阿羅漢的蘊處界來分別自己已得解脫，因此說平等實際中，無解脫分別。如果能夠於貪得解脫，於空也就同樣能得解脫了。阿羅漢被 佛陀印證說他是於貪解脫的，所以我所的貪愛斷除了，自我的貪愛也斷除了，佛陀印證他得解脫，授給他解脫果中的第一記。但他的證境，如果從菩薩來看，菩薩卻告訴他說：

「你沒有得解脫。」因為他害怕貪的心所又現行，他不曉得這個貪的心所，其實也是從平等的實際中來，不知貪與實際不一不異，所以他害怕；因此要把握住這一世的阿羅漢果能入無餘涅槃，不肯發願再來。因為害怕發願再來的時候，下一輩子是另一個意識，這一輩子所悟的解脫智慧不存在了，那麼來世可能會造惡業而下墮，無法解脫，那該怎麼辦？這就是說，因為他不曉得貪三昧的緣故，才產生這個現象。

想想看，連阿羅漢都有這個恐懼，而如果一個凡夫隨隨便便就說：「我早就得了貪三昧，所以我受用一切女人都無所謂。」他其實是準備下地獄去受用銅床與鐵柱！所以說，這些喇嘛們膽子很大，大到不可想像，卻是因為無知於佛法與因果而導致的，這個無知則是從小就被邪師、邪法作了邪教導而產生的。如何是於貪得解脫？也就是說，親自證得平等實際以後，來現觀所有的貪，無不從這個平等實際中來。因為與貪相應的是意識心，與貪相應的是五俱意識，是和五塵、五識同時存在的意識，離不開六塵境界，所以會起貪。但這六識卻是藉由六根六塵和合因緣才能產生出來，而這六識的種子卻是從平等實際中流注出來的；包括祂所依的緣—六根與六塵—莫不是從平等實際中來，推究到最後，原來貪還是從平等實際不一不異。

可是當菩薩現觀到這一點的時候，明明看見說那平等實際之中根本無貪，被祂出生的蘊處界卻是有貪的；而蘊處界之所以有貪，貪的相應種子還是從平等實際中來。蘊處界及貪等心所法種子全都虛妄，只有平等實際是眞實法，而祂卻是無貪的。那麼，菩薩從此可以遠離世間諸法的貪，遠離這些貪以後卻無妨繼續保有億萬家財、廣大眷屬，全都無所妨礙。所以，如果是二乘聖人，當他在家證得四果的時候，菩薩來了告訴他說：「你不是已經出三界了嗎？把你的眷屬都布施給我，你的財產都布施給我。」這阿羅漢想一想：「該怎麼跟他回答？」這是個大問題欸！因爲他既然無貪了，那他留著這些作什麼？他若想要繼續留著，那就是有貪啊！菩薩說得有道理啊！

可是，如果有人來到菩薩面前開口要財產與眷屬，那就沒道理可說了；因爲雙方層次差太多的時候，菩薩不跟他講那麼多的。當對方要求說：「那你全部都布施給我好了。」菩薩說：「你明天來好了，統統布施給你。」等他明天來了，又開口，菩薩說：「你這個笨蛋！早就給你了，你還不知道。」

他說：「哪有？你什麼時候給我？」菩薩罵將起來：「昨天就已經給你了，你今天還來跟我要！」如果他還要狡辯，菩薩就不跟他談了，只說：「你三十年後，去講給家裡人聽。」因爲菩薩早就證得貪三昧了，能夠解脫於貪，但是無妨繼續擁有三界法而完全無貪，這才是菩薩。而菩薩已經把貪三昧傳給他了，只是他證不得，所以一切都得不到。

如果心中害怕貪與眷屬，一旦證得四果就趕快全部都要丟掉，拋家棄子、散盡家財出家去了；那麼這個人顯然不是菩薩，他是聲聞人；因爲他不能在火中生紅蓮，他是要到涼水裡面去出生紅蓮，那怎麼叫作菩薩？所以維摩詰居士無妨眷屬成群、家財萬貫、名聲廣大，而且還能夠「入理政事」，但是無妨無貪與無瞋，這樣才能夠說是親證貪三昧了。換句話說，證得貪三昧的人，一定能夠於諸貪法之中，現觀其中有不貪者；然後轉依於不貪者，從此以後，在世法之中不再有貪；從此以後，他在世法之中，凡有所爲都是爲了佛道、爲了利樂眾生，不是爲自己去追求，這樣才能夠說他於貪解脫了，因爲他是轉依於一切貪法之中的不貪者。但是不必因爲證得貪三昧，就得拋家棄子；乃至有人連堂上二老都棄置不顧，半夜裡逃走，去出家；那顯然不是菩薩，那叫作自了漢。

菩薩能夠這樣於貪得解脫，就能夠於空亦解脫，因爲菩薩證得平等的實際以後，依平等法實際的立場，依平等實際所住的境界相，來看待苦空無常，來看待一切空乃至十八空，其實都只是名言施設；因爲平等實際中並沒有空可說，這樣就能夠於空亦得解脫。虛空以及貪，其實是無盡也無差別的。虛空可以從兩個方面來說，譬如說，一般人所認知的虛空，到底它是有盡或無盡？沒智慧的人會說：「虛空應該有盡頭吧！」但是有智慧的人不這樣想。假使虛空有盡頭，請問：到了那個盡頭，是不是銅牆鐵壁？如果是銅牆鐵壁，那個銅牆鐵壁有多厚？或者說那個銅牆鐵壁盡頭以外還是無？那麼無還是虛空啊！到底虛空有沒有盡頭？虛空其實說穿了，虛空只是一個名詞，本質叫作無。虛空，是依於物質世間的邊際，依於一個色法的邊際，來施設說那個物質以外無物之處叫作虛空，所以虛空叫作無，無怎麼會有邊際呢？如果有人說：「我有一個東西無量無邊的廣大。」可是某乙卻向他說：「我什麼都沒有，但是我比你更廣大。」那到底誰廣大？當然是沒有的人；沒有可以勝一切有，這是從名言戲論來說。注意呵！這叫作戲論，因爲言不及義，所以叫作戲論。譬如說，有一個傳說：某個地方有一家道觀，還有一個佛寺，那個道觀裡面的道士，法術高強，飛沙走石、紙馬木牛全都能變；這旁邊佛寺有個比丘，他說：「我什麼都不會，什麼都沒有。」有一天那兩個人比起來，比丘說：「你勝不了我。」道士不信，每一天晚上就弄出一些東西，哪一天弄個飛沙走石，第二天來弄個颷大風，然後又變個老虎，變個什麼東西。這比丘就不理他：「繼續坐我的禪定，看你變什麼？」變到後來，那道士黔驢技窮，七十二變全都變完了，再來就不曉得要變什麼；因爲再變就全部重複了，沒個辦法。這時候，比丘出來說：「我什麼都沒有，我永遠不變，那你再變變看。」道士可眞沒轍！不過這只是拿來作個譬喻，都是言不及義，所以叫作戲論。

但是虛空，可以從另一個方面來講，就是虛空無爲，是六無爲之中的一種。爲什麼叫作虛空無爲？是說一切有情的眞如心如來藏，金剛心實際猶如虛空無形無色、無有邊際，眞實存在卻是無爲法。色法才會有邊際，虛空無爲如來藏既然無形無色，怎有可能會有邊際呢？而祂是無爲性的，不會落在有漏性之中。然後又說：「有爲法住無爲性中。」意思是說，一切有爲法全都住於無爲法的體性中；換句話說，一切有爲法都從這個無爲法中出生，出生以後都在這個無爲法中存在與運作，不能離開這個無爲法的法性而存在。虛空，不論是講虛空無爲，或者講物質邊際─色邊色─那個虛空，都是無止盡的。既然無窮無盡，有什麼差別可說？凡是有差別的，必然都有盡。沒有辦法找出一個有差別的而且是無盡的，因爲有差別的一定有不同的形色、不同的物性，才能夠說有差別；這樣的東西一定是有盡，有一個範圍。可是虛空無爲，也就是有情都各個本來而有的如來藏金剛心，祂是沒有窮盡的。

凡是有體性差別的，就是有盡之法。譬如說人類，張三長得魁梧英俊，李四長得矮小醜陋。不管哪一個人，這兩個人都是有盡、有差別，有差別就有盡。譬如說，王五生得溫文儒雅，趙六生來就是粗魯愚鈍，這是有差別的，有差別的就一定有滅盡之時。所以說，虛空或者虛空無爲，是無盡無差別的。可是蘊處界所有的貪，卻是從這個虛空無爲來的，是由如來藏實際中出生的；既然蘊處界從這金剛心裡面出生，依附於金剛心如來藏實際而不斷地在運作，當蘊處界歸屬於金剛心如來藏時，顯然一定也是無盡無差別；所以每一個眾生都有貪，所有貪也都是無盡無差別。

所以在世間行善，永遠都不必害怕不再有人起貪，不必擔心將來沒有布施的對象。都不必擔心這一點，因爲永遠會有眾生希望你布施給他。爲什麼會這樣呢？因爲貪的種子一直在眾生的平等實際中存在；而它會不斷地從那裡面流注出來，所以貪也是無盡無差別。你哪裡去找一個沒有貪的？其實都只是貪的種子現行或不現行而已。即使阿羅漢也都有貪——仍有貪愛往世眷屬的習氣種子；並且阿羅漢也貪涅槃，所以阿羅漢不肯再來投胎受生，他們希望說：「**我這一世，三界貪愛的種子不再現行，我死了就入無餘涅槃了。**」他害怕下一世再來投胎導致三界貪愛的種子又現行，生死可能就斷不了，於是就會繼續有生老病死苦囉！而且下一世是不是還有善知識能幫他斷除貪與思惑呢？

阿羅漢有貪，千萬不要懷疑這一句話。所以有一位阿羅漢比丘難陀，每一次剛剛上座說法時，他都不先看你們男眾，一定要先看女眾。那正是他的男女愛貪的習氣種子。他最初上座時都不看男眾的，當作男眾都不存在；得要先把女眾看夠了，然後再看看男眾，才爲大眾說法。那就是難陀比丘，那麼你說：他有沒有貪呢？有啊！他只是不起貪的現行，但是貪的習氣種子是還存在的。如果投胎受生再來，下一輩子還沒有證阿羅漢以前，不小心遇見哪個女眾而喜歡上了，結婚去了，不讓他出家了，怎麼辦？又沒辦法了生死了，所以他們不肯再來投胎。那時候阿羅漢迴小向大，再繼續投胎受生的人都成爲菩薩，可是也有不少人入了無餘涅槃。所以眾生是一定有貪的，除非成佛時，貪三界境界、貪法的習氣種子全部斷盡了，否則都是有貪。眾生一直在三界中不斷地一世又一世輪轉生死，當然他們的貪也是無盡；既然每一個人都有貪的種子或者現行，那也就無差別了。這意思在告訴我們說：貪以及虛空無爲，是從那個平等的實際中來；而平等的實際，既然所有有情個個都有，當然這個虛空無爲以及貪，也就同樣的無盡無差別了。

那麼，如果有人不能證得這個平等的實際——金剛心如來藏，而說看見一切有情各有差別，一切有情個個不同，那麼我就叫他要捨離這樣的差別觀、差別見。這就是說，這種人非愚即凡。「凡」就是所見有差別的人；所見有差別的人若不是凡夫，他就是二乘愚人，不見法界實相。法界實相，也就是平等實際之中，根本沒有差別可說；結果他卻見有差別，顯然他是落在世俗法的蘊處界之中。既然落在世俗法的蘊處界之中而產生了差別，就應該捨離；那種貪是要斷的，必須斷，不斷就要流轉生死，所以說「我說令捨離」：我說這種看見有差別相的人，就要叫他捨離。一定要離開這個差別相，也一定要離開貪。

「貪實無有生，妄起生分別。」可是貪，其實本來無生，因爲貪的種子源於無生的如來藏，本屬於如來藏，因此生滅的貪就隨著如來藏而成爲無生法。虛妄想的人弄不清楚實際，就生起了種種的分別，然後就在那邊議論紛紛：「某甲貪財啦！某乙貪色啦！我是貪吃啦！」就這樣分別了，分別的結果是什麼呢？落在蘊處界中，所以貪就有差別了。因此，就在那邊討論來、討論去說：「貪是從何處生？哎呀！原來貪就是從色塵生，從這個觸塵生，從這個味塵生，就有了許多的分別，然後貪就變成有生。」所以，他就想辦法了，說：「我要離開貪，那該怎麼辦？」有的人就施設方法說：「我從今開始素食，我不許再吃肉，斷了這個肉貪。」可是到了素食店，看見人家作了什麼東坡肉、什麼肉：「哇！素食也有這個，好喔！」又大吃特吃了。原來又貪了，還是貪啦！離不開啊！甚至於 佛陀時代不是有個典故嗎？有個比丘貪淫，後來說要拿刀自宮，被 佛陀責罵，說這樣不是眞正離貪，這叫作逃避，怎麼可能離貪？所以都是落在蘊處界之中，才會有這些分別，因此貪就變成有生之法。可是，其實貪本來無生，因爲貪的種子都存在平等實際之中，流注出來以後也是在平等實際中運作，而且流注生滅以後還是回到平等實際中；但平等實際本來無生，貪屬於平等實際，於是貪就無生。

譬如說，你家老子如果當國王，你當然一定是王子。如果你不轉依你家國王那個老子，去當個平民，跟他脫離了關係，那才不會是貴族；否則你依止於國王，那就是跟國王的這個因緣綁在一起；國王不會被人殺，王子就不會被人殺；因爲國王是統治者，最有權力者。同樣的道理，貪雖然生生滅滅，可是這個貪如果攝歸於平等實際，平等實際沒有出生，貪就沒有出生。所以若不瞭解這個道理，不曾實證這個事實，就會虛妄的生起了種種的分別。因此初果、二果聲聞人出來托缽時，如果以色香味美的飲食供養他，他一定會起一個念頭：「我不要起貪，不可以起貪。」他要起這個念頭。可是，菩薩如果出家去托缽：「管他什麼多麼好吃的，再多也無所謂，我頂多分一半給師兄弟。」多也無所謂，少也無所謂。「很好吃！」很好吃也無所謂；菩薩根本無所謂，因爲貪的實際本來平等無貪，菩薩與聲聞的不同就在這裡。

所以聲聞羅漢結夏安居，如果不在道場裡面安居，問題就大了，那是要被趕出道場去的。但是你們看　文殊菩薩怎麼樣結夏安居呢？他在三個地方去安居，跟國王那些女人們混在一起，爲她們說法，那大迦葉還能趕他出道場嗎？趕不了欸！這就是說，要去瞭解所謂的貪，都是從事相上發生的。如果沒有這些事相，貪的本身是不存在的。當你純粹依於平等實際，從這個實際的立場來看待一切的貪，貪其實是不存在的，所以說「彼貪本性空」。它是附屬於平等實際的——附屬於實際如來藏，可是如來藏從無始以來就不曾貪過。貪是從蘊處界作緣起而出生的，貪是來來去去的，貪不是常住的。就好像一面明鏡，那些影像是來來去去的；剛才張三來了，張三的影像在這裡；張三走了，換你來看明鏡時，你說：「我叫作王二麻子。」現在就是王二麻子在這裡。貪就像這個影像一樣，在平等實際的表面上來來去去。

貪本性空，貪只是假名字；假名而有，一會兒過去了，但是平等實際一直都存在。由於平等實際一直都存在，所以貪就跟著祂存在；但是會變來變去，不斷地變化。因此說貪本身不是常住法，貪是本性空，只是用名字來假名施設說那個叫作貪。而那貪的本質是什麼？還是蘊處界的法；而蘊處界的法是要依於平等實際才能存在，所以貪的本性還是空。因此說，不應該用貪作為一個名義，假藉這個名義而生起了執著。世間人有一句話說：「人不為己，天誅地滅。」講得還振振有詞，說生而為人，如果不是凡事都為自己，那眞是要天誅地滅。豈有此理！如果天地懂得人類這句話，那眞的要暴跳如雷。竟然說人不為己就天誅地滅，天地何嘗鼓勵誰為了自己起私心呢？所以，不應該藉貪這個名義，就主張說：「人們生來都有貪，你怎麼可以要求我不貪？」所以有的世間人拿這個作藉口，你要求他學佛，門都沒有！因為他會認為很痛苦。

你教導他學佛，他會質問你：「學佛要清口素食、要受三歸戒，又要受持五戒。有時候還要受八關齋戒，一天只能夠吃那麼一餐，過了中午就不許吃，那還受得了？」他受不了欸！如果再告訴他說：「還要受菩薩戒。」他說：「謝了！謝了！」就走人了。他認為說：「我眼睛生來就是要瞧漂亮的，我嘴巴生來就是要罵人，生來就是要吃好吃的，你怎麼叫我一切享受都不要？」他受不了，然後就用這個貪作名義說：「人類哪有生來無貪的？」可是這一類人，都屬於「以此名」而「生於執著」；因為他們不知道貪的本性空，不知道說：「貪是無窮無盡，依於平等實際而有，所以它不眞實。」不瞭解這個道理。如果能夠瞭解貪的眞實性，那麼就可以說：「我現前住於貪的境界之中，而實際沒有染汙。」所以菩薩上了餐館，怎麼好吃都無所謂，看見這個好吃；好啊！就叫來吃了，怕什麼！阿羅漢呢，聽說這個很好吃，就抗拒說：「我不要吃！」避開了，他特地要避開。菩薩根本不管這個，好吃也照吃，難吃也照吃，都無所謂。阿羅漢卻要去選擇不好吃的來吃，菩薩見了可能要罵他：「你這個自虐狂！」因爲他們恐怕心中生起染著，因爲他們不知道貪的實際本來無貪。

如果能夠了知：「貪只是一個心所法，是意識相應的心所法；實際理地沒有貪可說，沒有解脱可說，沒有染汙也沒有清淨可說。」那麼，了知貪的這個特性以後，就可以離開染著了。離開染著以後，卻無妨好吃的照吃。所以，在佛法上也不必排斥說：「正覺那個法太好了，我要逃避。」不須要嘛！好，我也享受嘛！有什麼關係？法樂無窮就法樂無窮，都沒有關係嘛！如果心裡抗拒說：「正覺那個法太深了，我看還是甭去學。」菩薩也不必畏懼，因爲難與易，本性都空，畏懼它幹什麼？所以「了貪無染故，是則畢竟空」，這才是畢竟的空，最究竟的空。

如果不能夠「了貪無染」，就會把貪當作染汙法，然後一心要離開這個染汙法。如果老是想要斷滅貪，他就不是畢竟空，那個叫作假名空、方便說空；因爲這樣作的人一定是落在蘊處界之中，那不是最畢竟的空，那個叫作無常故空、緣生故空。阿羅漢所證的空，最後是要滅掉自己，剩下他本來就有的平等實際；可是阿羅漢不知道自己的平等實際究竟如何，所以要逃避三界有。但菩薩證得平等實際、證得畢竟空以後，無妨一切都有。所以，如果明天誰送了十億元台幣來供養我，我也收；我收了，可以拿來爲眾生作很多事情；不必是爲自己所有，但是可以作很多事情，我怕什麼呢？可是如果阿羅漢，你明天送上十萬塊錢去，他就躲得老遠的。這就是說，是不是畢竟空？是不是世間法空？這差異是很大的。二乘法的落處是在世間法空，不能及於實相；由於無法到達實相，所以他那個空不是畢竟；他那個空是有限度的空，是世間法世俗諦裡面所說的空，叫作緣起故空、緣生故空，所以阿羅漢不能學菩薩說：「菩薩清涼月，常遊畢竟空。」如果有誰膽敢說：「羅漢清涼月，常遊畢竟空。」我就上門打他一棍去，因爲他們都落在有煩惱法並存的蘊處界中。

但是菩薩不一樣，菩薩心境之遊履都在空性如來藏之中，這個空才是畢竟法，所以叫作畢竟空。阿羅漢之所遊履，他的心境之所遊歷，全都在蘊處界中；阿羅漢所遊履的是蘊處界緣起性空，無常故空、苦故空、苦故無我，聽起來很痛苦。對啊！緣起故空、緣生故空、無常故苦、苦故無我，這怎麼會有畢竟空？這不是究竟的空，怎麼會叫作清涼月？菩薩的足跡之所遊履，都是畢竟空；因爲凡有所遊所履，全都在平等實際中，而平等實際中從來沒有貪與瞋，從來沒有淨與染，這才能夠說是究竟的空，才能說是眞正的清涼月，這才可以說是常遊清涼月，才能夠說是遊於畢竟空。阿羅漢沒有清涼月可說，所以阿羅漢無法常遊畢竟空。

所以，能夠了知貪其實只是個心所法，只是平等實際中所蘊含的一些心所法種子，依附於平等實際而有；但平等實際本身沒有貪染可說，都是因爲意識心去起貪愛才變成染汙。能夠了知貪也無染，就是畢竟空，這才是實證畢竟空的菩薩。不是由於壞滅掉貪這個心所法而得到解脫，菩薩是在貪現存的時候已經得解脫。滅掉貪而得解脫，是二乘愚人；雖然是聖人，卻仍然是愚人；菩薩不滅貪的時候就已經解脫、已經涅槃，才是實相般若中說的智者。阿羅漢因為不能到達法界的實相而不知不見法界實相，沒有實相智慧。

貪這個法以及成佛之道所說的法，如果能夠二者平等，那就是涅槃了。貪與涅槃有沒有平等？貪與阿羅漢有沒有平等？貪與佛法有沒有平等？從菩薩來看，一切法平等，沒有絲毫不等。但是從阿羅漢來看就不平等了，因為他看見菩薩無貪，所以他就從蘊處界的表相來說：貪與佛法不平等。阿羅漢又看見了自己貪不再現行了，所以對他來講，這羅漢法、聲聞法與貪也是不平等，因為證得羅漢法就一定要斷貪。可是他不知道，菩薩雖然不貪，其實菩薩卻無妨示現於貪之中而依然無貪，這樣才能夠說是平等的。為什麼會平等呢？因為佛法也從實際來，貪也是從這個實際來，所有貪的法無一不從實際來。既然無一不從實際來，那麼一切法當然都是平等的。既然看見了這個平等法，那麼再來看看這個平等法有沒有生、有沒有死？顯然實際—也就是這個如來藏—祂沒有生也沒有死，無生無死就是涅槃，所以平等實際是無生也無死的，因此說「平等即涅槃」。

有智慧的人應當要知道，如果能夠了達貪的自性是寂靜的，從此以後，他就入於寂靜的法界中，這就是證得貪三昧的人。當貪被攝歸實際的時候，貪就是寂靜，因爲實際也就是涅槃，涅槃也就是如來藏；實際、如來藏、如、眞實、常住不變，就是說金剛心如來藏，而這個實際境界中是永遠寂靜的，所以這些名稱其實講的都是如來藏的涅槃境界。在如來藏自己所安住的境界當中，從來沒有六塵，那不是絕對的寂靜嗎？還沒有證得如來藏的人，也可以這樣想像及觀察：如來藏所住的境界中沒有六塵，想像看看是不是很寂靜？假使你有證得二禪的等至、三禪的等至，可以再進一步想像看看說，那就像我住在二禪、三禪等至位裡面都沒有五塵，夠寂靜了吧？是很寂靜，但是從如來藏來說，這還不夠寂靜，因爲如來藏裡面連定境的法塵都沒有。要這樣想像、推究看看。那如果已經實證如來藏了，可以現觀了：我坐在這裡聽著，蕭老師在那邊說得口沫橫飛，我聽到他的聲音震耳如雷；可是我的如來藏境界中是離六塵的，是絕對寂靜的，迥無覺觀。那不是寂靜的法界嗎？

菩薩就這樣腳踏兩條船，一腳踩在蘊處界上面無妨喧鬧紛紛，另外一腳是踩在平等實際的寂靜法界中迥無一塵，這就是菩薩。阿羅漢就只能兩隻腳都踩在蘊處界中鬧紛紛，所以如果正好喧鬧的話，他就離開而到樹下靜坐入定去了，或者到山洞裡面入滅盡定了，因爲怕吵。菩薩就不然，鬧紛紛之中，菩薩高聲喧嘩，爲人家說法都沒關係，這才是菩薩；可是菩薩卻又現觀實際理地完全寂靜，所以他現觀到貪生起的時候，同時卻有寂靜法界常住不變；然後再來觀察這個貪是從哪裡來的呢？結論還是從寂靜法界來，這個時候，貪就是寂靜的。能夠這樣實證的人，他就證得貪三昧了。

你們已經證得如來藏的人，如今可以住在貪三昧裡面了。所以，如果去作義工，飯盒發下來，別再挑三揀四說：「這個太好吃，我怕會執著，還是請你吃好了。」就別再來這一招了！當你心中害怕起貪的時候，平等實際中根本沒有貪，所以好吃就儘管吃啦！同時不起貪啦！那你就是有貪三昧了。有貪三昧的人還需要躲到深山裡面去逃避人間嗎？不需要了！那就不必像二乘人一樣，一天到晚要離開五塵，這就是貪三昧。請問：「這貪三昧到底是在講誰啊？」（有人答：如來藏。）對嘛！就是講每一個人自己的本地風光境界。每一個有情的本來面目都是這樣的，從來無受亦無貪。正因爲從來無受，所以祂也無貪，而無妨祂所生的你繼續有受有貪，這樣一世又一世不斷受生於人間而永遠利樂眾生。再來看瞋三昧。《大寶積經》卷二十九：

【瞋不在於聲　亦不身中住　因緣和合起　離緣終不生
如因乳等緣　和合生酥酪　瞋自性無起　因於粗惡聲
愚者不能了　熱惱自燒然　應當如是知　究竟無所有
瞋性本寂靜　但有於假名　瞋恚即實際　以依眞如起
了知如法界　是名瞋三昧】

經文歸結到最後，還是要你證眞如心而現觀眞如啦！所以大乘經，從般若一開始到第三轉法輪最後結束，三句不離本行，就是要你證眞如。這個瞋三昧裡面說，瞋其實不在聲音中。一般人所謂的瞋，就是看見人家破口大罵，就說：「哇！你這個瞋恚這麼重。」推究瞋的實際，瞋是從聲音裡面出生的嗎？不是啦！它不是從聲音裡面出生的。但是瞋也不在身中住，如果瞋是「身中住」，大家千萬可小心呵！特別是葬儀社的人，因為那個死人也會瞋呵！因爲瞋是「身中住」而非心中住，當然死人應該也會起瞋；你若沒有幫他把身子弄好，他也許就起瞋了，所以死人可能會跳起來破口大罵：「你怎麼都不尊重我！」可是事實上不會啊！最多就是中陰身會來搞搞鬼，那個死人身體是不會起來罵人的，因此說瞋這個法，「亦不身中住」。

瞋，這個法是因與緣和合而生起的，絕對不是唯緣而起，也不是唯因而起，一定是因緣和合。因就是平等實際，緣就是要這個有色根，也就是不壞的五色根，加上六塵配合，然後流注出了六識心，才能夠有瞋；所以要因緣和合而生起，離開這些所依的緣，這個瞋終究不可能出生。離開了因也無法出生瞋，所以如來藏一旦離身，就是因離去了，單單剩下各種緣，還是不會有瞋。因此，那個死人不管你怎麼罵他，他都不會跟你頂嘴，因為他一定要藉因、緣才能起瞋；離開了因與這些緣，他就不會起瞋，當然更無法罵人，所以說「離緣終不生」。

就如同因為先有了牛奶，才能夠用這個牛奶來作出乳酪，有了乳酪才能再作成生酥，有了生酥才能再作成熟酥，有了熟酥才能加工作成醍醐。請問：「醍醐、熟酥、生酥、乳酪，到底從哪裡來？」還是從牛乳來。同樣的道理，瞋的自性本來無起，都是由於眾生心起了不順心的覺受，所以才會有粗惡聲現行；從被罵的人來講瞋的生起，只是因為別人的粗惡聲，所以他生起了瞋，都是眾因緣和合才能成就。同樣的道理，牛奶要變成乳酪乃至醍醐，光是牛奶自身也不行，也要藉諸眾緣；牛乳的存在只是個因，可是要藉眾緣、人工和合才能成就生酥、熟酥乃至醍醐。瞋也是一樣的道理，瞋不自生。如果不是因爲有六識存在，如果不是因爲六識有五色根、意根以及六塵的存在作爲所依，再加上有人起了粗惡聲，那麼瞋是不會生起的，所以瞋本來是無自性的；因爲有這些因緣的和合，瞋才變成有了它的法性。

愚癡人不能夠瞭解到這個道理，所以心中煩熱，生起了種種恨惱，然後就被這個熱惱來燒燃自己，老是抱怨說自己這麼命苦；可是他不曉得這個瞋是因緣和合而生起的，老是抱怨別人給他受苦，然後再自稱是苦命人。有智慧底人，他從瞋的實際來看，何曾有苦命？自己知道瞋是和合的，熱惱不存在就不再被熱惱燒燃了。有智慧的人應該這樣了知，如果要推到究竟，沒有瞋可說。當你把瞋的現行，它的所依因、所藉緣，一一剖析了以後，你會發覺瞋從這個實際來，而實際的境界中根本就沒有瞋可說，所以說瞋「究竟無所有」。

而瞋的因是在哪裡？在於實際中的種子不淨。可是這個種子的不淨，要現行成爲瞋，卻必須要有許多的助緣，否則瞋是無法現行的。如果這些助緣都把它消除掉，再來看看這個瞋，其實瞋的本源只是眞如心中的瞋種，本性還是寂靜的。所以當有人說，這個瞋的種種法，其實都只是假名，因爲所藉的種種緣是假有的，落於名色的名之中；再由名色的名來施設種種的名相，說這叫作瞋。如果是有智慧底人，詳細地觀察以後說：**瞋恚其實是從實際來，所以瞋恚就是實際，卻都是因眞如心而生起的。**如果不是有這個實際、有這個眞如心存在，連瞋的種子都不存在了，何況還能有瞋現行呢？所以說「**瞋恚即實際，以依眞如起**」，這個眞如就是指實相心，就是平等實際——眞如心如來藏。

接著經文又說：如果能夠了知眞如法界，也就是能夠了知眞如的功能差別，這個人就是證得瞋三昧了。所以，眞如不是一個想像法，眞如含藏了一切種子：貪的種子、瞋的種子、蘊處界的種子、萬法的種子，都在祂裡面；因此眞如不是想像法，不是名言施設，祂是一個實際存在的法。因爲祂稱爲「**如法界**」，法界就是法的功能差別，哪一個法的功能差別呢？「**如**」的功能差別。那麼顯然「**如**」是有功能的，祂有種種的功能差別，正因爲「**如**」或者說「**眞如**」有種種的功能差別，所以才能夠有世間、出世間萬法。當你實證了眞如，現觀一切種子都從眞如中出生，由眞如配合來運作，你就知道貪本性空、瞋本性空。那就不必再害怕說：「我萬一起瞋，造了惡業怎麼辦？」都不會啦！因爲你轉依了這個眞如心的時候，眞如心中根本就沒有瞋可說。

當你有一天爲了解決問題而不得不起瞋的時候，那時的瞋是你所用的工具，不是因爲瞋而起瞋，只是把瞋拿來作一個工具使用。當你習慣了這樣的時候，你下一輩子跟這一輩子就不一樣了，它會成爲你的習性之一。當你起瞋時，並不是爲了心中有瞋而起瞋，你是認爲這個瞋可以拿來作工具，只要一發脾氣，事情就可以解決了，這時當然大發特發脾氣。這樣懂嗎？以這個瞋作爲工具來使用，你心中就不會有瞋，然後會成爲你的習性。因爲我這一世就是這樣，我還沒有學佛以前，當我還在世間法混的時候，我就是這樣。因爲當時我在那一個業界裡面，是大家公認的老好人，沒有對誰發過脾氣。可是，有一天有一件事情很不合理，但是我又沒有時間跟他在那邊耗，因爲人家急著要那個東西；那是救命的東西，可是有個公務員在那邊跟你耗時間。因爲那時候已經不是早上上班四個鐘頭、下午四個鐘頭，那時候改爲朝九晚五了，中午不休息的；所以那個公務員，她不應該說：「你等到什麼時候再來領，我要午休。」我說：「不行！我客户現在急著要，這是救命的東西，妳要先給我。」這老姊就始終不給，我看看這樣不行，想到這時得要發脾氣才能解決，所以我再跟她求最後一次，還是不行，我就拍桌怒罵。那主任從樓上聽到了，趕了下來：「老蕭！你到底幹什麼？你今天怎麼這麼大發脾氣？老好人也跟人家發脾氣！」主任下來就解決了，我就拿到了，趕快送去銀行，客戶的三點半難關就解決了。我在業界就只有發過這麼一次脾氣，但我爲什麼要發？因爲我知道說，發了脾氣一定會解決的；不發脾氣的話，我的客戶支票就得跳票而失掉信用。這就是說，它成爲你的一個習慣以後，你就懂得運用它，必要關頭就使出來，這就是把瞋三昧拿出來用，憑著這個瞋三昧的習氣現行就解決問題了。所以這一種功德，你能不能夠現行得受用，那要看你的智慧怎麼判斷。

所以，如果有人說：「你們算什麼菩薩？一天到晚生氣。」那你就要問他說：「誰說菩薩不能生氣？菩薩還可以殺人，你小心呵！」對啊！菩薩可以殺人，菩薩如果看見說某一個人，他要去下毒傷害很多人，想要報警阻止已經來不及了，菩薩寧可自己先把他殺掉，然後自己去服刑，這就是菩薩。這個時候菩薩下手絕不手軟，爲了救很多的眾生，時間很急而沒有別的辦法可以解決，必須要殺掉那個惡眾生才能解決時，那麼菩薩也願意幹下殺人的惡業。連人都敢殺了，還怕發脾氣嗎？但是，如果不到最後關頭，不會發脾氣，不能把我這些話拿來說：「你不是說可以發脾氣嗎？我就一天到晚發脾氣。」那就不對了，那是你的認知出了差錯，不能怪到我這裡。這就是說，瞋只是一個手段而不是你的心性，因爲你的心性不是這樣，你已經轉依了眞如而無瞋了；可是當你爲了護持正法，爲了利樂眾生，情勢不可轉時，如果你一旦發了脾氣就可轉，那你爲什麼不發脾氣？當然要發，因爲這不是在發脾氣，這是在作功德，而你的本際依舊是寂靜而沒有發脾氣。

因此，菩薩看待一切法時，不應該落在世俗法裡面來看待，而應當從實際來看待一切法。所以，假使下一世佛法已經被壓迫到瀕臨滅絕，而你已經十百千生都修童子行了，可是你發覺說：我如果娶了國王的女兒，這個問題就解決了。那你就要趕快去讓國王女兒喜歡你，你就趕快娶她成家，這問題不就解決了嗎？是，菩薩要這樣看待，不是從自己的立場來看。如果要從自己的立場來看，我早就把正覺講堂關門了，不在這裡說法了。快活的日子誰不會過？法樂無窮，自己受樂，不必眾樂樂，因爲眾樂樂蠻辛苦的。四禪八定明明擺在那邊，我可以繼續往上修，我有這個能力；但是為了正法的久住，就停頓不修了，都沒有再繼續往上走，就停在那邊。為什麼不去一一實證？如果把它完成了，再出江湖可就「金光喏喏滚」（台語）。可是沒有時間再修禪定了，為了正法，現在沒有時間為自己進修尚未全部完成的禪定。意思就是說，不要純粹從自己的立場來考量，要從整體佛教的立場，要從所有眾生的立場來考量，這樣才是菩薩之所應行。

也就是說，貪與瞋其實只是你的工具，菩薩要拿這個作工具。菩薩可以起法瞋，不能起心瞋；若是因為心的覺受不順心就起瞋，這個不行。可是因為法而起瞋，這是可以的；為了正法的未來，為了一切有情的法身慧命，菩薩可以起這個法瞋。可是菩薩起這個法瞋其實是沒有瞋的，有瞋就不叫法瞋、不叫瞋三昧了。如果有瞋，那已經是心上相應的瞋了。因此，你弄通了貪三昧、弄通了瞋三昧以後，你應當拿它們作工具，而不是被它們所轉。你要能運轉貪三昧、運轉瞋三昧，不被貪三昧、瞋三昧所自在；你要自在於它，不能讓它自在於你，這才是真正的菩薩行者。總歸一句話，不論貪與瞋，都是要藉種種的覺受才能存在；如果離了覺受，就沒有貪與瞋可說，也更沒有貪三昧與瞋三昧可言。所以總歸一句話，不貪與不瞋，離受與離貪，原理都一樣的；只要能離受，就能離貪與瞋；也就是轉依眞如心的無貪無瞋境界而住，就不受六塵境界了，那麼這時覺知心爲了眾生、爲了正法而不得不起貪、起瞋時，還是無貪亦無瞋，這就是《金剛經》這一品所說的〈不受不貪分〉的原理所在。

換句話說，你一定要先證得眞如；有了眞如三昧，你才有貪三昧、才有瞋三昧，否則你不可能有這兩個三昧；所以菩薩證得貪三昧、瞋三昧的前提，就是先有眞如三昧。如何是眞如三昧？就是這個不受也不貪的眞如心；當你證得第八識眞如心了，現觀祂是眞實與如如的，永遠都是如此。能夠看清楚這個心永遠如此，心中決定而不改變，那你就是有眞如三昧了。有了眞如三昧，你才可能有貪三昧與瞋三昧，否則任憑世智辯聰、聰明絕頂，也無法弄清楚貪三昧與瞋三昧。理上說過了，來說說宗門的部分，《景德傳燈錄》卷八：

【大陽和尚　伊禪師參次，師云：「伊禪！近日一般禪師，向目前指教人了，取目前事作這箇爲人。還會文彩未兆時也無？」伊云：「擬向這裏致一問、

問和尚，不知可否？」師云：「答汝已了，莫道可否。」】

我們來解釋一下這大陽和尚這一件公案。伊禪師也是個禪師，因爲他自認爲已經悟了，出世爲人，所以人稱伊禪師。可是他其實還沒有悟，當他來參訪大陽和尚的時候，大陽和尚就告訴他：「伊禪師啊！近日以來一般的禪師，都拿眼前看得見的那些事相來跟人家指教，指教完了就拿目前的這些事情，」譬如說，師父說法的這一念心，諸位在下面聽法的這一念心，說這就是眞如佛性，這就是目前事，「把眼前大家都看見的這個事情，拿來當作是這個，就這樣爲人。但是這些都已經是諸法生起以後的事了，」因爲文彩已顯。「可是正當文彩未兆，」連個預兆都沒有；也就是說，諸法都還未生起的時候，連預兆都還沒有的時候，「那個時候究竟是哪個？」換句話說：還沒有父母所生身之前的你，究竟是阿哪個？這伊禪師一聽，弄不懂了，他就說：「我準備要從這裡、就在這個地方向和尚您致上一問，來請問和尚，不知道許不許問？」卻沒想到大陽和尚當場回答他說：「我已經針對你的問題答覆完了，你不要再來問我說『可不可以問』啦！」

這就像是我師父講的：如擊石火、似閃電光。大陽和尚的機鋒一下子過去了，你眼光得要夠銳利啊！那個時候就要看見了！等到兩顆石頭敲過了，火星消失不見了，你才來問火星，那不是太晚了嗎？那閃電一閃，當電光出現的時候，你就要看到了；等到光亮已經過去了，你才來問電光，不是太遲了嗎？所以我師父最愛講這兩句話：如擊石火、閃電光，再問已遲。也就是，正當在告訴你的時候，你就要聽懂啊！不要變成馬後炮去了；人家縣官騎馬過去了，在馬後才放炮，就沒有人情啦！諸位探究看看，這伊禪師還在問說：「擬向這裡致一問、問和尚，不知可不？」想不到大陽和尚說：「我早就答覆你了。」人家還沒有問，他卻說已經答覆了，究竟答在何處？但我說，大陽和尚確實已經答完了；把伊禪師還沒有開口問的，已經先答覆完了。

可憐這伊禪師，人家說「輕舟已過萬重山」，他才在那江面上說：那艘輕舟在哪裡？早過萬重山去了！禪門裡面說伊禪師這樣叫作「機遲」，他對機鋒的領受太遲鈍了。大陽和尚的機鋒早就過去了，他才問說：「可不可以問？」大陽和尚是未問前已經先答了，伊禪師才提出來問，不嫌機遲嗎？問題是，那個不受福德的、不受與不貪的，到底在哪裡？大陽和尚究竟是何處爲伊禪師先答了？還是要回歸這一品〈不受不貪分〉來。大陽和尚嫌他機遲，說：「我早就答了你，你別再來問我能不能問。」大陽和尚答在何處呢？不問你們想不想知道？我當然早就知道你們很想知道，乾脆我直接講了吧：「諸位菩薩所作福德不應貪著，是故說不受福德。」

〈威儀寂靜分〉第二十九

【「須菩提！若有人言如來若來、若去、若坐、若臥，是人不解我所說義。何以故？如來者無所從來，亦無所去，故名如來。」】

講記：「須菩提啊！如果有人說如來或者來了、或者去了、或者坐著、或者躺臥，這個人不曾理解我所說的般若眞實義。是什麼緣故這樣說呢？眞實如來其實是無所從來，也是沒有所去的，以此緣故而名爲如來。」

前一品說「不受不貪」，要記住是實際理地「不受不貪」，是要你在六塵中看到了受、看到了貪時不害怕，願意世世不斷地行菩薩道。千萬別成了自了漢說：「我害怕受、害怕貪，我還是取無餘涅槃去。」所以經文中是講實際理地本來就不受不貪，要把你有受有貪的五陰轉依於祂，所以心中就成爲「不受不貪」；但是該要受的時候一樣受，不許離貪，這時就把貪三昧、瞋三昧拿來活用。因此菩薩不必害怕生死，可以世世常住人間。可是話說回來，正當你世世常住人間處於六塵境界的時候，你的法身威儀卻是寂靜的，所以五陰的威儀也就因爲轉依而跟著寂靜。可別像世間人一樣，一天到晚鬧紛紛，與眾生鬥個沒完沒了，那個威儀可就不是寂靜了。可是等到你悟後，破邪顯正的時候，看起來是熱熱鬧鬧、紛紛擾擾，你的實際威儀卻又是寂靜的；所以說菩薩法不通聲聞而稱別教妙法，有別於聲聞的正在此處，聲聞法是完全從蘊處界來說「威儀寂靜」，其實不是眞的寂靜。

所以聲聞人去托缽的時候，目視前方幾尺的地上，不許東張西望。等他來到了人家門前，錫杖搖起來：「哐啷！哐啷！哐啷！」男主人或者女主人送飯出來，或者婢女送飯出來時，都不許看著人家的臉，只能看著缽，看來很寂靜，可是心裡面想著：「我不能看人家。」其實並不寂靜。如果是個凡夫比丘，也許看見了一個漂亮的女主人，或者哪個婢女很漂亮，心裡面有了喜歡，那他可能眼看著缽，心裡面會抖動說：「不行！不能看！不能看！」當然心裡不寂靜了。但是菩薩無所謂，菩薩看著人家的臉說：「謝謝妳的供養，妳的功德無量，未來果報難可思議啊！」祝福完了，才轉身走人，所以菩薩照看不誤，菩薩沒有什麼不能看的。因爲菩薩是依眞如實際爲所歸，來看待這個蘊處界和一切法；而聲聞是完全從蘊處界來看待一切法，這是完全不同的。所以菩薩無妨嘴裡祝福，手裡捧著好吃的食物，然後告辭走了，心境卻是寂靜的；因爲菩薩以眞如無爲作爲自己的威儀，不以蘊處界爲威儀，本際眞的完全寂靜。

假使今天我是以蘊處界爲威儀，那麼我就應該要這樣坐好了說：「所──謂──眞──如──法──就──是──眞──實──與──如──如。」這樣就是蘊處界的威儀，但是我不以蘊處界爲威儀，所以我可以再加上一些手勢來強調一下，可是我的實際威儀仍然是絕對寂靜的。知者恆知，不知者恆不知；這樣的實證並非二乘聖人所能臆測，才是實義菩薩。菩薩不需要造作，因爲不以蘊處界爲威儀，是以眞如爲威儀，何需要造作呢？所以菩薩一定是性情中人。所以假使你證悟了以後，你兒子也許告訴你說：「老爸！我看你不像菩薩。」你問他：「爲什麼？」他說：「你一樣要吃飯，你感冒了，還在那邊發燒咳嗽，好難看呵！」那你怎麼辦？你說：「兒子啊！所以才說你不是菩薩嘛！」因爲事實上確實是這樣。所以菩薩的威儀不在蘊處界上面，而是在眞如實相上面，沒有所謂的好看或不好看，永遠寂靜。因此說，菩薩無妨每天爲眾生忙得一塌糊塗，每天都是追趕跑跳碰，可是他的實際威儀卻是寂靜的。這一品要講的就是這個道理。所以佛陀仍然是不問而說，佛說：「須菩提啊！如果有人說如來或者有所從來，或者是離開而過去那邊，或者說佛陀在這邊坐，或者說如來在那邊躺臥下來休息啦；作這種說法的人，他其實不曾理解我所說般若的眞實義。爲什麼我要這麼說呢？因爲如來無所從來，也沒有所去的去處，所以才叫作如來。」

同樣的道理，有一些世俗凡夫來拜望　如來，也許精舍裡有人就向他說：「如來剛剛走開欸！」那麼，你到底應該說：那個人是懂得如來或者不懂得如來？他明明說：如來剛剛走、如來剛剛離開。如果有人來問：「請問如來在否？我要供養、禮拜、求法。」也許有一個人告訴他說：「如來沒有來去，你爲什麼問我如來在不在？」如果是個利根人，遇到這麼一個人答他，他就不必拜見　如來，可以回去了，回去家中時再拜見眞實如來。可是如果哪一天，有人來到正覺講堂問你：「請問，蕭老師在不在？」那你該怎麼說？你如果說：「你如果來問我『蕭老師在不在』，那你就是個門外漢，你永遠入不了門。回去啦！回去啦！」那當事人該怎麼辦？是不是要暴跳如雷？回到家，立刻上網罵將起來：「這正覺講堂的人，都是好可惡呵！」所以在學法的過程、度眾的過程中，有一件事情一定要特別注意的；就是說，你是在理上說、或者是在事上說，這得要先分清楚，這個分際一定要把握好。可不能對初機學人也用理上的方式應對，那會壞了他的法身慧命，不能成功接引菩薩學人。

譬如十幾年前，我這一世剛學佛的時候，那時候佛教界常常在討論有我、無我。有的人說：「佛是無我的，怎麼可以自稱我？」有的人說：「佛陀雖然證得無我，可是在事相上弘法，一定要自稱我。」然後就舉出經中說我、說無我等等經文來講。所以那時候很流行一句話，當某個善知識（其實有好多山頭也都這樣）說某一些法的時候：「我們不說有我，我們也不說無我。」於是大家開頭時都說「我們說」而不是說「我說」，那麼他講出來的那些法到底是誰說的？是他們一群人說的而不是他所說的嗎？所以事相上無妨說有我、無我，理上可以說是無我，但不能夠說：「你問我們如何，我們答你如何。」不能這樣講，應該說：「你問我如何，我就答你如何。」因為有事有理，事與理總是要分清楚。同樣的道理，這一品說的威儀的寂靜，是在事上說寂靜嗎？或者是在理上說「威儀寂靜」呢？這個一定要分清楚，不能把事理不分，否則就變成含糊籠統，那麼就無法學佛、學般若了。

《金剛經宗通》上一回講〈威儀寂靜分〉第二十九品。這個品名爲什麼是「威儀寂靜」，已經大略爲大家說完了，現在先來依文解義一下。這一段也是世尊不問而說的，佛說：「須菩提啊！假使有人說如來或者來了、或者去了、或者坐在那裡、或者臥下來休息，這個人其實不懂我所說般若的眞實義。爲何這麼說呢？如來其實是沒有從某一個地方來的，如來也不會去到什麼地方，所以才說是如來。」這就是依文解義，可是這個依文解義並沒有錯；至於人們再解釋下去會不會錯？那就得看他們是否有實證了。如果不是實證者，他依文解義時將會是正確的，但是繼續解釋下去時就錯了。

如來，從字面上來說，就是「好像來了」；如，就是如同、好像。好像來了，祂究竟有沒有來呢？顯然是沒有來。如果眞的有來，就不該叫作好像來。可是，如果在梵文裡面，其實是「如去」，是如同去了，就是沒有去。那到底應該翻譯作如去好呢？還是翻譯作如來好呢？如果要從字面來講，應該是依照梵文直譯比較好，因爲好像去了，結果是沒有去。來到中國就翻成好像來，如果作反面的解釋，那就是沒有來。好像來而沒有來，跟好像去而沒有去，如果要作一個選擇的話，其實是應該選擇好像去。但是，如果從實際理地來說，好像來了、好像去了，其實都一樣，因爲好像去了就是好像來了。好像去是沒有去，沒有去的當然不會來。如果從另一方面來講，好像來了而沒有來，那沒有來就表示也不會去。所以從實際理地來探究，其實都一樣，怎麼翻譯就怎麼好，只要你喜歡就好。所以年輕人講那一句話，還眞有意思呢：「只要我喜歡，有什麼不可以？」好，那就隨著你喜歡吧！你要翻作如去也好，你要翻作如來也好，都隨你喜歡，因爲意思其實是一樣的。

既然是如此，「假使有一個人說如來好像來了、好像去了、好像在那邊坐、好像在那邊臥下來休息，這個人不懂得我釋迦牟尼佛所說的眞實義。」因爲如來既然是沒有來、沒有去，又怎麼會有坐與臥呢？這就是說，所謂的如來到底是指哪個法？是指 釋迦牟尼佛那個五蘊之身呢？或者是指 釋迦牟尼佛的法身佛無垢識呢？這必須要弄清楚，如果沒有弄清楚，說得一大堆的如來，挑著到處去逛道場，其實是從來不入道場的。因此，如來的眞實義，必須要確實瞭解；瞭解了以後，才有可能實證，否則就只好每天晚上課誦《金剛經》，就等於是每天晚上被經轉。如果你《金剛經》通了，到了該作晚課、該誦《金剛經》的時候，把《金剛經》兩手捧起來，往佛像前一放，你就在佛前轉一圈，向佛稟告說：「《金剛經》轉畢。」這樣晚課就作完了，然後禮三拜就沒事了，你就這樣誦《金剛經》。

有人說：「我誦《金剛經》，只要十幾分鐘就誦完了，我速度最快。」我說：「快不過我吧！我這麼轉一圈就誦完了，你還要在那邊動舌頭，誦到那麼辛苦。」要趕時間啊！一般人說：「我誦《金剛經》二十幾分鐘。」他老哥說他十幾分鐘誦完了，我說：「那眞的是超音速噴射機，但是還是不如我快。」也就是說，你找到了此經以後，你就去轉祂；你沒有找到此經，就被文字所轉，就在那邊用語言文字一直繞個不停，美其名曰旋陀羅尼。講得很好聽：「你看！我這個就是三昧，十幾分鐘就誦完了，你們還行嗎？」有一天來到我面前，又提起來說，我就說：「你不行！你這個旋陀羅尼太差了，這一旋得要旋上十幾分鐘，饒你功夫最好，十分鐘給你誦完好了，我不過這麼一滴溜，就解決了，到底誰快？」這就是轉經以及被經轉的不同所在，不同處就在於有沒有證得此經。

所以如來的眞實義，必須要先探究清楚。「如來者」這三個字，是說「所謂的如來」；釋迦世尊所謂的如來，是指所說的哪個如來呢？是指此經，就是指金剛心眞如，就是佛陀的無垢識，在八地菩薩位稱爲異熟識，在我們這個階位就多了一個名稱，叫作阿賴耶識；總名如來藏，又名爲心，又名眞如，這才是佛所說的如來。這個如來，有時候簡稱爲如，是每一個有情都有的，不論他有沒有修行，他都是本來就有這個如來。正因爲如此，所以才說三世諸佛；若不是如此，就不能講三世諸佛。也就是說，現在已成之佛，有這樣的法身如來；過去已成諸佛，也是有這個法身如來；而未成諸佛，就是我們大家，也同樣有這樣的法身如來，才能說是未來諸佛。《金剛經》所講的如來，就是講這個法身如來。正因爲你身中有這麼一位如來，才可以成爲三世諸佛中的未來佛，這也是佛啊！名爲未來之佛。

所以如果哪一天你出來攘臂高唱說：「我是佛。」沒有錯，沒有人能批評你，因爲是未來佛。你如果說你是究竟佛、已成佛，那就會招來有根毀謗了。可是如果單說：「我是佛。」這沒有錯，禪宗祖師都會恭喜你：「你終於懂得如來了。」但這只是證悟之後的未來佛，或者稱爲相似即佛。如果入地了，就稱爲分證即佛。如果還沒有悟的人，也拍胸脯說：「我是佛。」也可以啦！名爲觀行即佛，還在觀行法身如來之中，還在尋找如來：「到底我這個如來在哪裡？我有啊！可是我還沒有找到，但我也是未來佛。」因爲還在觀行，名爲觀行即佛。但如果是販夫走卒，從來沒有聽過佛法的，他絕不會說：「我是佛。」你卻可以告訴他說：「你也是佛。」那麼他聽了說：「啊！原來我也有佛，我也可以成佛。」那好，他就叫作名字即佛。可是，你如果遇到了一條狗、一條蜈蚣，你告訴牠說：「你也是佛。」牠始終聽不懂什麼是佛？牠沒有聽過，牠也聽不懂你在講什麼，所以牠心中沒有佛這個概念，那你就說牠叫作理即佛；因爲在實際理地牠確實也有這個如來，未來無量劫以後，牠終究會走上成佛之道，因爲這是最究竟的路；所以從理上來說，牠也是佛。不過這裡面所講的佛，其實都是要根源於實際理地這個自心如來，也就是念佛法門中講的自性彌陀。

這個自性彌陀，又不像覺知心。覺知心是有來有去的，今天早上醒來了，就是來了；晚上很累了，上床睡覺了，不見了，就是去了；所以覺知心不能叫作如來，因爲有來有去。不管是有念的覺知心，或者離念的覺知心，都是有來有去，所以不能稱爲如來。這覺知心兩個鐘頭前，在家裡面準備著要來正覺講堂上課，家裡面要先打理好才能來，或者公司有事要打理好才能來；那時覺知心是在家裡、在公司裡，兩個鐘頭後的現在坐在這裡聽法，那麼就是從公司、從家裡面來到這裡。所以從家裡、公司來說，叫作去了，從講堂這個位子來說，就說是從家裡來了，是有來有去的。覺知心遇到任何一個法，這個法在我們心裡面出現了，產生一堆的語言文字，接著加以思惟整理了以後就去了，所以那個法不見了；所以說覺知心剛才是來到那個法裡面，現在是離開了那個法，有來有去，就這樣不斷地變異輪替，所以覺知心不能說是如來。

假使有人悟了以後說：「我就是離念靈知，我這個離念靈知無來亦無去，因爲你說什麼話，我都了了分明，可是我都不會跟著你的妄想轉，所以我沒有跟著你去。」好，那麼請問：你告訴他某一個事物，他聽了，是不是來到你說的法裡面了？是啊！因爲他對某個法了了分明時就是來了嘛！卻都不知道：了了分明時就是來了。然後你說的那個法過去了，他的離念靈知那時雖然沒有語言文字跟著你，祂又轉到別的事相上去了，那就是在這個法中離去了，還是有去。只是凡夫大師們自己都不懂，自己來了還不知道來了，自己去了也不知道去了，然後還在誇大口說：「我沒有來也沒有去。」

那就像一個癡漢，肚子塞了三碗飯了，塞得飽飽的，還說：「我沒有吃飯。」眞的就像那個癡呆漢。因爲他是從意識境界來講的，我們當然要說他是癡呆漢子。可是禪師也說：「我雖然吃了三碗飯，其實我都沒有吃，也沒有飽過。」你卻不可以說他不對，因爲他是從如來講的，是站在如來的立場來說。只要你證得了這個如來，由著你說，全部都對；你若不是證得這個如來，怎麼說就怎麼錯。所以祖師也可以說：「我吃飯吃了幾十年，可是我沒有吃到一粒米。」說得也對啊！他也可以說：「我都沒有吃飯，我也都沒有吃到一粒米。」那也對啊！有吃沒吃都由著他講，飽與饑都由著他講，也都對，因爲他是站在如來的立場來講。

可是，他有時候變個法子，一方面這一腳站在如來那邊，另一腳卻站在妄心這邊來講，那他又可以改變一個說法，所以他永遠沒錯。那麼就只有家裡人才聽得懂他現在是純粹在如來那邊說，或者現在是純粹在妄心這邊說，而現在又是腳踏兩條船來說，所以知道由著他講都對。這就是你證得此經以後，也能夠轉此經了。那麼，這裡是純粹從自心如來而說的，所以說這個如來，不可能說祂是從哪裡來的。譬如說離念靈知，你可以說祂從哪裡來的，你現前就可以證明出來：有如來藏爲因，加上有意根，加上如來藏出生了這個身體五色根，然後如來藏再藉著這六根生了六塵，然後這六根觸了六塵，我們覺知心就來了。所以說，覺知心是從哪裡來的？藉著六根六塵爲緣，從如來藏、從自心如來而來。祂既是有來的，所以晚上睡著了就去了；哪裡去了？去到眞如心如來藏裡面了，不在色身上面了。所以，我們的眞實心可以叫作如來如去，而離念靈知就只能叫作有來有去，不能叫作如來如去；離念靈知就只能叫作來去，不能稱爲如來，因爲祂有來有去。

所以，眞實法就是「此經」金剛心如來藏，也就是如來。如來是無所從來的，即使你找到了「此經」，然後去觀察祂到底是從哪裡來的？不論是從聖教量、現量或比量來推究，你都無法推究出祂是從哪裡來的；乃至成佛了也作不到，因爲祂「無所從來」，所以 佛曾說祂「本來而有」。無所從來的法，當然就不可能有所去。常常有菩薩們乘願而來，然後走的時候跟大家說再見。說完了他就走了，然後走了是指他的意識走了，是意識去了；可是這五陰跟大家說再見了以後，他的自心如來卻沒有去，因爲仍然常住不壞；他的金剛心出生了中陰身以後又重新去投胎，再去取得一個色身，然後說下一世的五陰來了。如果他沒有胎昧，出生了以後就跟父母親說：「**我們又相聚了**。」那就是他已經沒有胎昧了。可是，若是從自心如來而說又相聚了，其實五陰何嘗相聚？因為那個下一世的五陰已是另一個五陰，只有一個意根是同一個，不變的自心如來卻又不知相聚。可偏偏那個意根笨得要死，到處抓取萬法，卻沒有能力去思辨及反觀自己，就沒有所謂的重新相聚可說了。

因此，從五陰來說，生來死後確實是有來有去；但自心如來，你真的不能說祂捨報以後到哪裡去了。雖然這一世的五陰生在台灣，下一世也許你發願投胎到大陸去了。也許你說：「**我先去極樂世界觀光、禮拜一下，然後再去大陸受生**。」那也可以啊！但是不管你怎麼來、怎麼去，實際上的你有來有去嗎？因為如來才是實際上的你，無形無色，祂又不了知六塵，又不自我反觀，怎麼會知道自己有來去呢？所以實際的你—自心如來—是沒有來去的。只有能夠從六塵裡面去作覺知的，才可能是有來也有去的生滅心；如果不是從六塵裡面去作覺知的，祂的知是六塵外的知，就不會了知自己有來或者有去。所以，即使下一世生到極樂世界去，距離娑婆世界十萬億佛土，也是沒有去。到了極樂世界時，也說是沒有來；因爲自心如來從來不了知來與去，連來與去的觀念都沒有，怎麼會有來與去？而且自心如來都是一念就到，根本沒有距離可說，怎麼會有來去？而祂本身無形無色，你當然也不能說祂有來去；而且，一定是能了知時間距離、了知空間距離的，才會覺得有來去。如來本身從來不加以了知，怎麼會有來去？所以說，祂沒有來也沒有去，這樣才叫作如來。

如果依文解義完了，他落在離念靈知中，他就會說：「如果有人說，如來有來、有去、有坐、有臥，那個人就是不懂我所說的眞實義，爲什麼呢？因爲如來——我們這個離念靈知——是無所從來的，這離念靈知也是無所去的，所以叫作如來。」你們看看天下阿師，不都是這樣解釋的嗎？有哪一個不是這樣解釋？全都如此啦！因爲天下的烏鴉，沒有一隻是白的；凡是烏鴉都是黑的，如果有哪一隻是白的，牠就叫作白鴉，不叫作烏鴉了。同樣的道理，白鴉不等於烏鴉，烏鴉也絕對不能叫作白鴉；白鴉就譬如自心如來、第八識如來藏，祂根本就不是烏鴉離念靈知，怎麼可以混爲一談呢？所以如果落到離念靈知去，註解了《金剛經》而有許多錯誤，這是平常事；不是現在才如此，而是自古以來就已經如此了。所以你看，古德註解的《金剛經》何其多，但都是如同天下一般的烏鴉；於是如果有識者略加評論以後，就不再有人願意為他印行而消失於人間了。

因此說，這《金剛經》要如實宣講，又要保護般若密意，眞的很難說；因此，世尊一開口，馬上把金剛妙義的心肺肝膽整個捧出來，那要怎麼再加以細說呢？所以我們就用這種方式烘雲托月，把旁邊一隻一隻的烏鴉給塡滿了以後，黑漆漆一片，中間空白處的月亮就烘托出來了。這樣已經講得夠白了，聽懂了沒？只有家裡人才知道我在講什麼，如果還沒有入門，都在語言文字上聽，就聽不出個所以然。不過，聽了也有用處，因為至少把邪知邪見給砍了，不會再落到邪知邪見裡面去，以後眞正參禪時就容易悟了。

這就是說：這個如來，無所從來、亦無所去，所以才叫作如來；有來有去的，就不是如來。既然無所從來也無所去，怎麼能說如來曾經來啊、去啊、坐啊、臥啊？所以不可以說如來有來去坐臥，因為如來一向不於六塵加以了別；既然不對六塵加以了別，怎麼會有來去坐臥呢？要這樣子，才能夠說是眞實如來，而不是示現受生而有五蘊的應身如來。這樣證得如來的人，就是懂得釋迦牟尼佛所說的金剛般若眞實義，這就是般若系列諸經所說的重點。所以，《大般若經》六百卷讀了好久，大部分人都是白讀了，因爲他們不曉得讀重點。如果有人來問我說：「《大般若經》的重點是什麼？」「重點就是《金剛經》。」「可是《金剛經》的經文還是太多了，我還是沒有辦法考得過去，請您再幫我把《金剛經》找個重點。」那就告訴你：「《心經》。」《心經》總夠短了吧？二百六十個字，夠短了吧？那麼大品的六百卷般若，濃縮到二百六十個字，這還不夠稱爲畫重點嗎？如果覺得這樣還不夠：「那二百六十個字，我還是不會啦！太多了，再給我個重點啦！」好，我就告訴你：「心！」這眞的是重點了，你說：「那我還是不懂啊！」正要你不懂！如果這樣就讓你懂了去，那麼外道要盜法也太容易了吧？

一定得要有菩薩心性，種性已經成爲菩薩，才可能讓你眞的懂了去。也許有人心裡面想：「這蕭老師騙我！就告訴我一個字，說這樣就是。」沒關係！你可以心裡面儘管這樣想，因爲這個「心」字你如果還聽不出來，那你眞的是沒有悟，絕對通不過我的勘驗。儘管罵，沒關係，但是我可以把話講在前頭：「三十年後遇見了家裡人，把我這個說法告訴他吧！」那時便見分曉。這個心既然是如此的，所以說祂是寂靜的。落在離念靈知裡面會寂靜嗎？不可能啊！即使進入到四空定裡面去，都還有定境中的法塵，怎麼叫作寂靜？那麼，這個心才是絕對的寂靜。雖然祂絕對的寂靜，卻不是像斷滅空一樣，祂可是有自己底威儀呵！才會將這一品立名為「威儀寂靜分」。祂有威儀，表示祂雖然沒有來去坐臥，可是祂有自己所屬底威儀。這表示說，祂是有功能，有德行的，不是斷滅空，不只是一個名詞的施設，所以祂有自己底威儀。而祂住在自己底種種威儀裡面時，卻是完全寂靜的。那我們再來看看補充資料中的經文怎麼說：

【《維摩詰經》云：「法不可見聞覺知」，又云：「不會是菩提，諸入不會故」，是故眞實法在三界一切法界中不斷運作時，其威儀是永遠寂靜的。】

我這話只有講一半，《維摩詰經》說眞實的法，祂是不會落在見聞覺知裡面的，眞實的法是不可以有見聞覺知的。如果有一個心說是眞如心，卻是必須在六塵見聞覺知之中，才能運作、才能存在，那就不是《維摩詰經》所說的法。《維摩詰經》所說的法，是不許落在見聞覺知裡面的，所以這個眞心如來不會六塵，乃至一切萬法都不會；會的都是咱們五陰，而祂從來不會。

所以好多人說：「我們學佛就是要學智慧，我現在悟了，所以我很有智慧，我了了分明時就是眞實心，就是證眞如。」禪師聽了就說：「原來你錯會了。」那如何才是眞實佛？如果他運氣好，遇見雲門禪師了，這雲門文偃會告訴他：「乾屎橛。」說乾屎橛就是佛。爲什麼他這麼說？其實雲門禪師不懷好意，他話中有刺；你要是找著了那根刺，你就會回他說：「原來雲門你就是佛。」他聽了卻不理你，直接回他方丈室休息去了，你也可以回你的寮房休息了。這樣才是眞實法，這才是如來。

雲門的乾屎橛，他有弦外之音，你要如何聽出它，這才是重要。只要乾屎橛這三個字會了，一切公案你就全都通了。原來一千七百則公案，取過來壓一壓、榨一榨、揉一揉，就是這麼一則，就沒有第二則了——除了見性與牢關的公案。這就是佛法的厲害處，除了佛法，沒有一個聲聞法或外道法是這麼厲害的。一切外道都不曉得，外道們如果曉得了，他就不再是外道了！因爲外道們如果曉得其中的祕密了，他的智慧就超過阿羅漢了；而外道天主甚至都還不知道阿羅漢的證境，還解脫不了生死，更何況是阿羅漢所不知道的般若實相智慧呢！所以假使有哪個外道，眞正悟了這個法，能通過我的考驗，他就不會再是外道，一定會成爲菩薩而不再歸依外道天神了；因爲他一定會發覺：「原來我所崇拜的大梵天沒有悟，原來耶和華也沒有悟，阿拉也沒有悟，一貫道中號稱已經開悟的老母娘也沒有開悟；看來眞的找不到一個證悟者，看來我的智慧比我的教主還要高。」那他怎麼還可能再去歸依原來信仰的教主？那不是笨蛋一個嗎？怎會是有實相智慧的菩薩呢？

只有悟錯佛法而沒有開悟的人，才會繼續信受原來的外道教主，一定是如此嘛！因爲阿拉、耶和華、老母娘都不懂般若啊！不但不懂這個，他們那些天主們，連阿羅漢的證境都不懂了，而這個外道所悟是超過阿羅漢的，那你說，這個外道怎麼還可能歸依原來信仰的外道天神、天主呢？不可能的啦！他最後一定會成爲佛門中的菩薩，一定會趕快去受菩薩戒而行菩薩道了。所以如果他還繼續歸依那個外道天神天主，表示他還沒有悟，他一定悟錯了；因爲他無法檢查他的天主天神是沒有開悟法界實相底凡夫，那表示他的般若智慧還沒有生起，還沒有慧眼，眞的沒有開悟，一定是悟錯了，道理一定是如此。所以大乘佛教中這個法眞厲害，阿羅漢來到這個法面前也開不了口；除非他迴小向大後來悟了，否則一樣開不了口。這就是佛法的厲害處，羅漢法、緣覺法都沒有這麼厲害。

剛剛我們說，我唸給大家聽的《維摩詰經》，只有講一半；確實是一半，因爲「法不可見聞覺知，不會是菩提，諸入不會故」，這都只是砍了一截來給你看而已；後面還有一截，要把這兩截湊起來才具足圓滿，所以又說：「知是菩提，了眾生心行故。」祂雖然「諸入不會」，又離見聞覺知，說這個不會六入的才是菩提心，但是祂並不是斷滅空；祂有祂自己的功德，你想什麼祂都知道，所以說，你要是證得了這一種六塵外的知，就證得佛菩提了，這樣的「知」才是眞正的菩提。有這樣的知，就能了眾生心行；眾生就是你這個五陰，你想什麼都瞞不了祂，祂可厲害了。像這樣悟了，說「知」也通，說「不知」也通；把這兩個「知」與「不知」湊起來整合一起，才是完整的佛菩提。所以，學佛法絕對不能只有一截，一定要兩頭具足。如果砍了那麼一截來，當作是眞實理解佛法，其實都不算數，因爲那樣對經文的認知一定是有過失的。因此說，眞實法在三界一切的法界之中，不斷地運作的時候，祂自己卻是永遠寂靜的；祂永遠不落在六塵裡面，所以祂當然寂靜。這樣建立正知見以後，接著再來看《大寶積經》卷八十九怎麼說這個「威儀寂靜」

的自心如來：

【爾時大精進菩薩，持畫疊像入於深山寂靜無人禽獸之間，開現畫像取草爲坐，在畫像前結跏趺坐，正身正念觀於如來。諦觀察已，作如是念：「如來如是希有微妙，畫像尚爾端嚴微妙，況復如來正遍知身。」復作是念：「云何觀佛？」爾時林神知彼菩薩心之所念，白菩薩言：「善男子！汝如是念：『云何觀佛？』若欲觀佛，當觀畫像。觀此畫像不異如來，是名觀佛，如是觀者名爲善觀。」時大精進作如是念：「我今云何觀此畫像與如來等？」復作是念：「如來像者非覺非知，一切諸法亦復如是非覺非知。如是像者但有名字，一切諸法亦復如是但有名字。如是名字，自性空寂，無所有；如來之身其相如是，如此畫像非證、非得、非果；非證者，非得者，非得果者；非住者，非去非來，非生非滅，非垢非淨，非色非非色；非貪盡，非瞋盡，非癡盡；非陰界入，非初非中非後，一切諸法亦復如是；如來身相亦復如是，如此畫像非覺非作，一切諸法亦復如是；如來身相亦復如是，如此畫像非見、非聞、非嗅、非嚐、非觸、非知，非出息、非入息，一切諸法亦復如是，無有知者。」】

讀過這一段《大寶積經》的聖教，再來回想看看，以前諸位在別的地方所學，跟這段經文所說有沒有相符合？不管以前在外道那邊或在附佛法的外道，或者在佛門中受學。其實現在佛門裡面沒有內道，就只我們這裡有。不管在佛門哪個道場裡，你們在那邊所聽的、所修的、所證的，有沒有符合這一段聖教？顯然都不符合。因爲現在濁水溪南北，或者長江南北，一樣都是離念靈知意識境界，不然就教你：「我們要了了分明，什麼都放下。只要了了分明，這樣就對了。」都在意識上面作文章，都是天下烏鴉一般黑，就找不到一隻灰色的，更不要說白的，因爲全都是如此嘛！但是這樣就顯然違背了聖教量。對於一個實證的人來講，他不忍眾生被誤導，就會用現量去破斥對方誤導眾生的各種錯誤說法，因爲錯悟者完全落在意識境界中。如果是有智慧的人，雖然沒有現量親證，也可以用比量來推知，更可以把聖教量拿出來比對；他也可以把聖教量及比量拿出來一推究，就知道兩方面都不對，就不用談到現量了，就知道對方講的一定錯了。

現在再來看這一段經文說的大精進菩薩，這是無量無邊劫以前的釋迦牟尼佛因地時的名號，是祂在因地時的事情，那時候祂的名字叫作大精進。祂在那一世想要出家是很困難的，那過程就不談了。現在說大精進菩薩終於獲准出家了，所以他就把「氈」，也就是用很微細的毛（如果以現在來講，最細的毛大概就是藏羚羊的毛），用那種很微細的毛去紡成細絲，然後再編成細線，最後再用那些很細的線去織成一塊布，這叫作氈。在這張氈上面畫了佛像，他把這張畫像帶著離開了家，到了深山去，找了一個寂靜無人的地方。那個地方多有禽獸，也就不管牠們了。有禽獸的地方才不會被人打擾，就在那裡把佛像打開而掛在樹上，就取一些草鋪在地上坐下來，正身正念來觀察那一張畫像所畫的如來。

他這樣觀察思惟，已經把畫像觀察到很詳細了，這時起了這樣的正念：「如來是像這樣的希有微妙，畫像本身都已經這樣端正莊嚴微妙了，何況是如來正遍知覺之身。」然後心裡面又想：「那我應該如何來觀察如來的眞實境界呢？」這時候，正好那個樹林子的林神，也是個證悟的菩薩，這個林神就告訴他：「善男子！你起了這樣的念頭說：『應該如何來觀察如來？』你如果想要觀察眞實如來的話，應該仔細地諦觀如來的畫像。要詳細觀察這如來的畫像與如來是沒有差別的，這叫作觀佛；你如果能夠這樣觀，就是善於觀察如來的人。」這一番開示聽起來很奇怪呵！如來怎麼會跟那個畫像一樣呢？其實不管是觀畫像或什麼像都一樣，雕像也是如此，你也可以說我們這尊白玉佛像：「如來如是端嚴，眞實如來應當更端嚴。」你就把它當作如來來觀。

如果你心中描繪不出一幅如來的畫像，就拿這尊白玉佛來觀也是一樣。因爲我們這尊白玉佛，也不像外面那些白玉佛看起來總是覺得憨憨的樣子，我們這一尊是經過好幾年才挑選到的。這也是很奇怪的事，當你到了某個道場，看到那一尊如來的法相如果有一點憨憨的，你就知道那個住持一定也是憨憨的，否則不會相應而把那如來雕像請回去供奉。我不是講笑話，我是講眞的。如果不是心性相應那種憨相，一定不會相應而請回寺裡供奉，都因爲他看著覺得喜歡才會請回去。我們看了好多如來雕像都不喜歡，請不回家，因此等了很久。我家佛堂裡供的那尊佛像也是一樣，找了三、四年才終於找到了，覺得這一尊可以，而且是一見就喜歡。那是二十年前的事，我可是給了好幾萬元定金，還等了一年半才請到，總共用了十幾萬元才請回來。因爲雕刻師傅還有別的定單，還沒交貨給人家，我只好慢慢等。我們講堂這一尊玉佛也是一樣，找了好久才終於找到這一尊與我們相應的雕像。所以你若想不出一張如來的畫像，你就用這一尊白玉佛的法像，你把它帶上去思惟也可以。

這時說，應該要觀這張佛像不異如來，說這樣就是眞正的觀佛。這如果是落在離念靈知裡面的人，可眞是不通，他們會想：「我們所知的自心如來，是有覺有知，伶俐得不得了。可是這尊玉佛之像，或者那張佛的畫像，根本就無覺無知，那怎麼能叫作如來？」他們一定沒有辦法相應。所以他們從來都不講這一類的經文，因爲才一講出來，馬上就自己洩底了，把底牌都掀給人家看了。那麼徒弟們坐在下面，一面聽就一面想：「師父依經文開示說如來非覺非知，可是師父教我們找到的如來卻是有覺有知，這究竟是怎麼回事？師父悟錯了吧！」一定會這樣想，他也會想到徒弟聽完了經文解釋以後一定會這樣想，所以他怎麼可能把這樣的經文拿出來講呢？因此，像這種經文，就只有我們正覺同修會裡能講，別的地方都不可能講解這一類經文。因爲講了就等於是自己掌嘴，當然不會請出來講。現在回來看剛才經文中這樣的說法，表面上聽起來是不合理的；眞的不合理啊！可是從實證者的現觀來講，卻是完全合理。

接著說，林神講完法要了，那麼大精進菩薩又起了這樣一個念頭；因爲林神告訴他說：「畫像中的如來是如此，眞實如來也是如此。」林神的說法跟一般大師說底都不一樣，一般人第一個念頭就會說：「你是在欺騙瘋子！怎麼會說這個畫像就是如來？你別矇我了。」一定會這樣罵。他就沒有這樣想：「眞正的菩薩，他寧可被人家騙一百遍，只希望其中有一次不是騙我，這就夠了。」所以，眞正菩薩絕對不會一開始就懷疑別人所說全都不對，都會先信受：「信受了以後，我就依照他所講的去實修；如果修到最後確定他講的不對，我那時再把他否定。」如果一開始就否定，就注定沒有開悟的因緣了。如果是一般人，一開始一定會否定：「你在騙我！如來怎麼會跟畫像這無情物一樣？」一定會否定。這一否定了，他就沒有證悟底因緣，因爲這條證悟的路就中斷了，他已經走到別條路去了；既然他這一條路不走了，走到別條路去了，那就與眞實如來不相應了。所以我們弘法十幾年來，一直說眞心離見聞覺知，那些大法師們偏不要接受，都說：眞心一定要有六塵境界中底見聞覺知。沒有見聞覺知怎麼能叫作心？他們都是這樣想，能奈他何！

接著大精進菩薩才剛聽到林神所講以後，他就直接相信了，然後他再思惟：「林神這樣告訴我，我如今應該要如何來觀察：這張畫像裡的如來跟眞實如來是一樣的？」就起了念頭，知道應該要怎麼樣觀了。因爲人家既然這麼講，卻又與現象界的事實完全相反，那一定有他的道理；我們要付諸於實行，應該如何觀？接著，大精進菩薩就起了這樣的觀察：「如來的畫像……」若是依你們現在所見的玉佛境界，那你就說：「如來的雕像非覺非知，一切諸法也像是這樣，非覺非知。」一切諸法以什麼爲根本？以萬法的根源爲根本。把一切諸法攝歸於萬法的根源時，那萬法根源就叫作一切諸法。

「如來的畫像非覺非知，一切諸法也是一樣非覺非知，」聽完了這一句，有沒有想起禪宗的公案來？有時候學人來請問，請問老半天以後老實說：「我不知，我不會。」禪師就告訴他說：「不知最親切。」有時候學人招認說：「我都不會。」禪師卻說：「我更不會。」有沒有啊？有啊！看到天下那些老狐狸都落在離念靈知裡面，老趙州卻說：「老僧不在明白裡。」只要清楚明白了，就落到離念靈知裡面去了。趙州說：「老僧不在明白裡。」「明明你看見我了，跟我講話了，爲什麼說你不住在明白裡？你老趙州當然明白說話的是『我』，怎麼還告訴我說不住在明白裡？」但法界實相中，事實上卻眞的是這樣；老趙州是從眞實如來的立場來說他自己不住在明白裡，他那個「老僧」不是指他自己的五陰，而是指自己的眞實如來不住在明白裡。這裡經文說的也一樣：「**如來像者非覺非知，一切諸法亦復如是非覺非知。**」如果哪個大師又告訴你說：「開悟就是什麼都放下，都沒有任何念頭的時候，那靈知心就是了。」你就拿這一句請問他：「師父啊！經裡面說：『**如來像者非覺非知，一切諸法亦復如是非覺非知。**』師父！您講的跟聖教量不符合欸！」他那張老臉鐵定要黑掉一半，沒辦法答嘴，答不了你的話。

大精進菩薩又這樣思惟：「**像這樣的如來像就只是個名字，而說它叫作如來畫像；而一切諸法也是一樣，就只是一個安立的名字而已。**」這個自心如來，你給祂個名字，叫作自心如來。自心如來畢竟只是個名字，而金剛心本身沒有名字；所以你可以給祂安個名字，但是那個名字並不是祂，只是在代表祂而已。代表跟本人畢竟不同，不可以說代表就是本人；但是你要給祂安立個名字，不可以用世間法中已有的名字，否則人家聽了就會混淆而誤會了。這時候《道德經》的話，正好可以拿來用：「**名可名，非常名。**」等你悟了以後，你就說：「**道可道，非常道。**」這時候《道德經》也是由著你講的，你就可以拿《道德經》來講，講了老半天你說：「所以老子是有悟的，只是他自己不知道自己說底道理，所以我說他還是沒悟。」就是這樣啊！所以說，如來像是只有一個名字，那都是安立的，不能說這畫出來的佛像就是如來。但是，這個畫像非覺非知，眞實如來卻是跟它一樣沒有差別：非覺非知。如來的畫像，畫出來時說它是如來；同樣的，一切諸法也像是眞實如來一樣立名爲眞實如來，或者立名說祂叫作自心如來，同樣也是但有名字，本身是沒有名字的，都是假名安立。

接下來說：「這樣安立的如來，名字自性空寂，無所有。」當這個畫像畫好了，說這是 釋迦牟尼佛、這是 阿彌陀佛、這是 琉璃光如來。好啦！可是這個畫像，它起了什麼作用呢？它有覺了嗎？它有知了嗎？它能夠跟你講話嗎？它知道你在這裡嗎？都不知道；它根本不跟六塵相應，自性空寂，什麼都沒有。而眞實如來之身，祂的法性正好就是這樣啊！所以當你來了，我眞實如來不知道你來了——我如來藏不知道你來了。以前美國有個金博士來台灣，那時候不是都在尋根嗎？美國人去非洲尋根，後來美國那個卡普樂禪師學禪，就說：「我學的禪也要來尋根。」結果聽說大陸已經沒有禪了，就跑到台灣來。他跑到台灣來尋禪的根是怎麼尋的？他去找耕雲居士，找南懷瑾，找聖嚴法師等人，就不懂得要去找土城老人。

廣欽老和尚是現成底證悟者，他不去尋找、請益，只顧著找那一些表相大師。結果他找到了什麼禪的根？只找到了浮萍根，沒有找到眞正禪宗的根。後來有個金博士來台參訪時，廣老不是跟金博士講嗎：「今天你來了，我不知道你來了；待會你走了，我也不知道你到哪裡去。」有沒有呢？還記得嗎？我在《宗門法眼》裡面有拈提啊！順便預告一下，我把《宗門法眼》增寫了，因爲現在要重印了。我這個人賣東西，就希望便宜又大碗。我這樣想：「這一本書比起其他的公案拈提書籍，顯得特別小，覺得對讀者有些抱歉。」雖然那是可以幫人證悟的書。因此我把它重寫好了，結果寫成四百七十二頁了；今天開始交出去校對，四月中旬準備把它印出來。到時候印出來，請你們大家就都拿出舊版書來換，這是我們正智出版社的售後服務，幫你免費升級（大眾鼓掌…）。

土城老人廣欽老和尚不是說嗎：「你來了，我不知道你來了。」這不是很奇怪的話嗎？明明金博士來到他面前了，他也正在跟金博士講話，竟然說：「你來了，我不知道你來。」如果一般人，沒有先聽到說廣老是開悟者，那他可能會罵說：「這個和尚瘋了！」可能會這樣講。明明人家在他面前，他也跟人家講著話，卻說不知道人家來了，這不是精神狀態有問題嗎？事實上眞是這樣嘛！所以有悟與沒悟之間，你得要有證據拿出來給人家看，要讓其餘的家裡人來檢驗，而且可以檢驗通過。末法時代其他的大師們都說他們那些人眞的有開悟，可是他們講出來的悟境，一看都落在離念靈知裡面。原來那些人全都是冒充的，把魚眼煮熟了拿來當作珍珠賣。可是，一般人眞的叫作魯魚亥豕，錯把馮京當馬凉，總是分不清楚啦！這個魯字跟魚字，他們已經分不清楚了；因爲都有個魚，他們就把魯字也念作魚。那亥就是豕，豕就是亥，他們也弄不清楚啊！就說亥是另外一種動物，豕才是豚。一般人對禪悟的認知大約是這樣，都弄不清楚，只有家裡人才弄得清楚。所以悟者講出來的話，得要同樣是家裡人也可以聽得進去、讀得下去，那才叫作眞的開悟。可是廣老有個徒弟，說她弘傳的是法身法，說她已經成就法身佛果了。法身佛！不得了！咱蕭平實見了都要頂禮的。然而那位法身佛竟然讀不懂我寫的公案拈提，也沒有斷我見、證初果，天下有這種法身佛，也眞的很顢頇。

前些時候也有一個自稱開悟者，名字我就不提起了。有個「法師」傳眞來，說他自己是 毘盧遮那佛。原來又有一個法身佛出現了，他可能是每一個道場都傳了：「所有自稱開悟者，如果沒有來我面前懺悔就要下地獄。」我當時應該起個念說：「看來是你應該來我面前懺悔才不會下地獄。」可是我沒有起那個念，現在才想起來，但他以後該怎麼下台呢？這個人懂法身佛嗎？眞的不懂。法身佛如來，本來就自性空寂，祂不住在六塵裡面，怎麼會是像離念靈知一樣，一天到晚與六塵相應呢？不可能嘛！可是那一些所謂成就法身佛、報身佛的比丘、比丘尼們，目前還沒有人自稱化身佛，都是自稱報身佛或者法身佛。而他們所謂的如來，全都跟六塵相應，從來都是自性叢鬧，因爲一天到晚在六塵中打滾。可是你們看，大精進菩薩說「自性空寂」，並且這裡面一塵也無；這裡面既不是六識心，也不是六根，更不是六塵；「無所有」，眞實如來法身的法相就像這樣。

接著又說：「就像這一張如來畫像，祂從來沒有所證，從來沒有所得，祂從來沒有證果。」一定是像這樣的如來，才是 毘盧遮那佛。結果我們台灣這二十年來所看到的，已經出現的就有兩尊假的 毘盧遮那佛了，都是跟見聞覺知相應，都住在六塵生滅境界中，全是有證、有得也有果。他們自稱說「我是毘盧遮那佛」，毘盧遮那佛會自稱「我是毘盧遮那佛」嗎？如果有哪個什麼人，來到你面前自稱是毘盧遮那佛，你就一巴掌打了說：「這才是毘盧遮那佛。」他如果不信邪，你就告訴他：「沒關係！這一掌你儘管跟我記住，都沒有關係，我不跟你計較。你儘管記，你要記恨多久都沒關係，但是我交代你：『三十年後，說給家裡人聽。』」三十年後家裡人就會告訴他：「你自己弄錯了，別怨對方；對方如果願意再打你一掌，你得要趕快向他頂禮，因爲你遇見眞的毘盧遮那佛了。」事實上眞是這樣啊！如果不是毘盧遮那佛加持，他還挨不了那一掌呢，那到底誰才是毘盧遮那佛？

所以他們都落在自性叢鬧「有所得」之中了，他們也都有證，違背大精進菩薩說底「無所證」。毘盧遮那佛自身是沒有所證的，所以說「非證」。有人說：「我現在悟了，得到智慧。」所以，他會自稱是「毘盧遮那佛」而說他有智慧，就說全台灣所有道場的住持、講經說法自稱開悟的人，都得要去他面前懺悔，否則就得下地獄。這表示他是有所得的。如果他換個名詞，倒還可以唬人，比如說他如果自稱說「我是報身佛」，那還稍微可以唬人；因爲報身佛可以跟六塵相應來說法，他的 毘盧遮那佛卻是法身佛，不會跟語言相應來說法的，所以他這一招根本唬不了人；他只能唬一個人，就是唬他自己。如果擴而大之，就唬一些凡夫異生；因爲他連阿羅漢都唬不了，阿羅漢早就知道說如來就是涅槃本際，涅槃本際是絕對寂靜的。那些人自稱是「毘盧遮那佛」，那就是涅槃本際，竟然會與六塵相應，那就是「有得」，有得就不是眞實佛。所以學法應當是越學越有智慧，可別越學越倒退，被人家三言兩語就給籠罩了。

被籠罩底人多的是，二十幾年前，那時候月溪法師的法正風行；翻起他的著作來，印著他捨報時候講的一首偈，他的最後那一句叫作「遍滿虛空大自在」。哪個人讀了他的偈以後，敢不尊敬他？沒想到後來就出了這麼個蕭平實，開始批判他；不但如此，而且把他判得一無是處。那時候，我們把《護法集》印出來剛開始流通，剛好流通到第七天，桃園縣長劉邦友被幹掉了。有好多人爲我緊張，說我評判了大名聲的月溪法師，恐怕會招來月溪法師的信徒們對我不利。我說：「是福不是禍，是禍躲不過啦！反正還是要繼續印，護持正法，別被相似佛法破壞了義佛法。」就這樣繼續流通，不理會是否有人要刺殺我。爲什麼我要這樣作？因爲我知道實相中「非證非得」，你轉依了「非證非得」以後，還有什麼可失的？如果被暗殺掉了，沒關係啦！下一世投胎再來，依舊是好漢一條，叫作「菩薩一位」，誰也沒奈何。

所以落到有證有得裡面，問題就來了，他就會有果。他的果，就是說「我是法王，我是毘盧遮那佛」，結果就跟聖教違背，因爲聖教裡說的是「非證、非得、非果」。實證般若以後眞的沒有果可得，有果可得的就有問題，有果的就不是眞實如來。可是現代有多少人能夠符合聖教？你沒有辦法找出這麼一個人來，所以他們全都是有證、有得、有果。也就是說，他若有證就有得，有得就有果，有果就不是自心如來。因爲他自性不空寂，有所得。眞實如來「非證、非得、非果」，爲什麼這樣呢？大精進菩薩說，因爲如來畫像如此，所以眞實如來也應該如此。如果是一般人聽了就說：「你這個人精神狀態有問題啦！一定精神出狀況了。如來何等尊貴，怎麼把祂拿來跟畫像相提並論呢？」可是人家大精進菩薩卻是這樣悟的。

接著說：「就好像這張畫像，如來的畫像非證者、非得者、非得果者。」也就是說，眞實如來沒有所證，也沒有能證者。「證」就是所證的內容，沒有一個能證與所證的人。譬如說，我證得如來藏了，這個「證者」就是我的五蘊，「所證」的就是如來藏，是從「五蘊我」的立場來說「所證」的如來藏。可是，你證得如來藏以後觀察如來藏，改從如來藏的立場來看時，祂的境界中並沒有能證者，也沒有所證的如來藏，因爲祂也不反觀自己。如果祂會反觀自己，作壞事了，祂就不得解脫，那麼滅掉思惑以後還是無法入無餘涅槃。凡是能反觀自己的都是能證的五蘊我，這個我是不可能得解脫的。

非證、非證者是一對，非得、非得者還是一對。從離念靈知來說，有得，也有得者；我證了，所以我現在得到第七住菩薩位的果位，我也同時得到聲聞初果，也就是大乘通教初果的果位；這時說我得到了那個果位，那麼究竟是誰得的呢？是五蘊我，這個我就是「得者」，而佛菩提中的七住果位及解脫道的初果果位，是被「我」五蘊所得的。可是「如來畫像非得、非得者」，因爲你是從眞實如來或者從那張畫像來看待證得如來藏這件事，而不是從覺知心來看。當你從那張畫像本身來看時，那張畫像沒有得到某一個果位，也沒有能得這個果位的人，而眞實如來也是如此。換句話說，當你證得「如來」的時候，是你有證，你是證者；也是你得到七住菩薩果位、通教初果的果位；

而你所證的眞實如來，祂沒有果位可說，所以祂也沒有能得者。是你成爲能得者，得到這個果位；可是你的如來沒有得到這個果位，祂也不知不覺自己是能證或被證者，所以祂也沒有所得者可說。接下來說，凡是得果都是如此，這才是眞的證果，因此說「**非證者，非得者，非得果者**」。

接下來，就是「**非住者**」。當你證了以後，你說：「**我轉依如來藏而住，我住在如來藏裡面。**」那麼你就有所住。可是你來觀察你所證的如來藏，祂從來無住，你有很多的境界可以住，祂從來沒有住，因爲祂不住於任何境界中。有境界的都是六塵中的法，但祂不住在那裡面，所以祂無所住。非去非來，這剛剛已經講過了；離念靈知有去有來，色身有去有來，你證得的如來藏卻是從來都沒有去來。「**非生非滅**」，能證的五蘊有生有滅，被證的如來無生無滅，就像那一張畫像一樣。那麼如來的畫像，它能夠了知生嗎？它能了知滅嗎？它完全不加以了知；既不了知生也不了知滅，就沒有生滅可言了。可是能證的、能觀察畫像的覺知心有生有滅；這畫像拿來張開，掛起來，畫像來了，就說畫像的影像出生了；把它拿下來收藏起來，如來畫像的影像滅了，所以有生有滅；但是這個畫像本身，它根本就不了知生與滅，所以從它自己的立場而言並沒有生滅，而眞實如來第八識正是如此。

「非垢非淨」，有好多人說他悟了——證得離念靈知了，弄一碗餿的麵給他吃，看他吃不吃？他一定不吃，因爲他所悟的離念靈知知道那個是髒的，不能吃了，表示他所悟的心是有垢有淨的。餿掉的麵他都不吃了，你如果從地上抓了一把垃圾放到碗裡面，弄上香湯，看他吃不吃？他更不吃了，他說「這個很髒」，所以他所悟的心顯然有垢。當他心中有垢了，就一定會有淨相。所以，等一下端出一碗剛剛下好的麵，色香味具足，他馬上端起來就吃了，他說這碗麵清淨，表示他心中有垢也有淨。所以你如果把自己的臉塗髒了，刻意走到他面前，他一定說：「你的臉髒了。」他所悟的離念靈知心有垢。等你擦乾淨了，再問他說：「清淨了沒有？」他說：「有，現在清淨了。」請問：他的離念靈知有沒有垢淨？當然有。可是如來的畫像，從來不了別垢淨；眞實如來亦復如是，從來都無垢淨，所以「非垢非淨」。

也許你想：「爲什麼要講這個垢與淨？」因爲這垢與淨很重要；如果祂不是非垢與非淨的話，祂就無法具足四遍，祂就沒有辦法遍一切處，也沒有辦法遍一切界、遍一切時、遍一切識。譬如說，如果你的眞實如來是知垢也知淨，譬如說哪一天你不小心掉進了糞坑裡面，你說：「哎呀！好髒。」那祂會怎麼樣？祂乾脆就離開你，讓你死在那邊了；因爲這身體好髒，爲什麼還要留下來一起住在骯髒境界裡面？然後終於有人救起來了，把你洗乾淨，祂又回到身體裡說：「我又回來了。」因爲祂知道你現在清淨了，所以回來了。可是也許等一下，祂還要離開你，爲什麼？因爲祂看見你身體裡面有一大堆髒東西，就決定說：「這個太髒了，我不要。」於是祂又走了，那你又該怎麼辦？所以，一定要非垢非淨才能遍一切界，在三界六道中，不管哪個地方有多麼髒，祂就在那裡住著，都沒有關係，祂從來沒有意見，因爲祂從來不了知垢與淨。

所以那個糞金龜，如果牠的如來也能分別垢淨，那怎麼辦？糞金龜要絕種了，人間的大自然環保就要出問題了。所以，這個非垢非淨很重要。一定是這樣的清淨自性，什麼清淨自性呢？離淨。只有離淨的才能離垢，不離清淨相就一定會跟垢相相應。如來的畫像正好這樣「非淨非垢」，而眞實如來第八識就像畫像一樣非淨亦非垢。這個畫像，你能夠說它就是色法嗎？祂能出生色法而有身體，但祂自己卻不是色法。可是，這畫像本身明明就是色法呀！如來也正好就是這樣，從來不了別色塵，可是祂卻能夠出生諸色。你所見的一切色塵與色身，莫非是祂所生。祂就是這樣橫跨兩邊，祂生了你所見的色塵以後，祂自己卻同時也繼續住在另一邊，不去了別那個色塵；祂出生了那些色塵，是讓你去了別的，祂自己並不了別，這才是眞實如來。

這個眞實如來就譬如這張畫像，這張像本身顯然是色法，但它沒有任何的色塵了別可說，因爲它不過是藉著一些四大去假合而成。眞實如來如同畫像一樣非色塵，卻能藉畫像上的色彩顯現如來影像，但畫像本身不是色塵之相。眞實如來也是一樣，祂本身不是色法；可是眞實如來卻又生諸色法，所以說一切色就是眞實如來。所以，祖師悟了以後，有人來問說：「如何是佛？」「這就是佛啊！」「你講的是哪個？你講的是色身嗎？」「對啊！色身也是佛啊！誰說不是？」你依舊悟不了，卻也無可奈何他；因爲只要「你」在，「我」如來就在；「你」什麼時候到，「我」如來就到。你對眞悟禪師，眞的無可奈何他。對阿羅漢來說，這色身是生滅法；但是色身所在之處即有此經，如來就在這裡。一切色，都從如來生；所以僧肇法師寫的《肇論》，不是說「天地萬物與我同根」嗎？就是這樣。天啊、地啊、萬物啊，都跟「我」是一樣同一個根源，這叫作「物我一如」，因爲天地萬物包括這個色身都從如來而來，當然同根。所以說，畫像非色非非色，如來亦復如是，非色非非色。

接著說，這幅畫像「非貪盡，非瞋盡，非癡盡」。這是從三毒貪、瞋、癡來說。請問：這一張如來畫像，貪盡了沒有？瞋盡了沒有？癡盡了沒有？沒有啊！這張如來畫像從來沒有貪、從來沒有瞋、從來沒有癡，如何斷除貪、瞋、癡？這幅佛像從來沒有斷貪、從來沒有斷瞋與癡，從來都不曾斷；你們有誰敢說這幅如來畫像已經斷了貪、瞋、癡？誰敢說？沒有人敢說嘛！但眞實如來就像這樣，不斷貪、不斷瞋也不斷癡，眞的很奇怪呵？我們證得眞實如來，轉依了祂，我們就變清淨了，卻爲什麼說祂不斷貪、瞋、癡？好奇怪呵？然而一點都不奇怪，因爲祂的自性從來就是這樣，祂從來不跟貪、瞋、癡相應，無始劫以來都是如此，怎能有斷三毒的時候？

還記得《心經》講的嗎？「無無明，亦無無明盡」，就是這樣子；祂本來就沒有無明，爲什麼要叫祂斷無明呢？那祂當然就沒有無明盡這件事可說了。無明就是癡，所以說金剛心沒有癡，也沒有斷癡可說。既是眞實如來，爲什麼要叫祂斷貪、斷瞋、斷無明呢？所以眞實如來就像這張佛像一樣，「非貪盡，非瞋盡，非癡盡」。如果是落在離念靈知裡面，能通這句經文嗎？通不了欸！落在離念靈知裡面，就是意識境界；意識一定會與貪、瞋、癡相應，修行以後就一定要貪盡、瞋盡、癡盡。有這三盡，那就違背《心經》說的眞實心意涵了，從此請他不要再誦《心經》；因爲《心經》告訴他「無無明，亦無無明盡」的正理，他不信；既然不信，他還有什麼資格可以誦《心經》？這樣看來，只有諸位有資格誦《心經》。

可是這樣一來，問題可大了！你說，叫那些佛教道場的出家人早上都不要誦《心經》，他們該怎麼辦？可是他們聽了世尊的開示以後又無可奈何，只能承認說：「我們眞的沒有資格誦《心經》，因爲我們很努力修行，都想要貪盡、瞋盡、癡盡，可是《心經》說的剛好相反。」如果諸位把今天講的這個道理講出去，也很好啦！該刺激、刺激他們，才會進步。因爲他們每天都太好睡覺了，所以應該刺激、刺激他們，讓他們晚上不好睡，才會思索一下看看：「《心經》這麼講，爲什麼我們每天努力修的都不是這樣？」他們不應該去買什麼安神藥吃了好睡覺，他們是應該每天要服用興奮劑，讓自己睡不著覺，才能好好去思惟，不該再不知不覺了。眞的應該如此，因爲他們都渾渾噩噩，每天都在無明暗夜中睡得一場糊塗。

接著說：「非陰界入。」這幅佛的畫像有陰、界、入嗎？沒有欸！這張佛的畫像，或者說我們九樓講堂這尊白玉雕像的佛像，它是五陰裡面的哪一陰？全都沒有。是十八界裡面的哪一界？一界也無。是六入裡面的哪一入？一入也無。就好比這尊雕像一樣，或像大精進菩薩那一張佛的畫像一樣，非陰、界、入；眞實如來亦復如是，非陰、界、入。法身如來本身從來不落在陰、界、入裡面，反而是陰、界、入在祂裡面，而祂自己卻是無五陰法、十八界法、六入法。

又說：「非初非中非後。」離念靈知意識才有初、中、後的認知。如果你在外面道場，參加他們的禪坐共修。你如果想要弄個機鋒的話，就等前面這位首座剛剛離去想要洗手，你立刻坐上他的位子去。等他來了，他說：「老兄！請你讓座給我。」你說：「爲什麼要我讓座給你？」他說：「因爲我先坐這個位子的啊！」你就說：「原來你不是如來。」他一定會問你：「你爲什麼這麼說？」你就告訴他：「因爲如來非初、非中、非後，你現在有先後，有先後就不是如來，原來你落在意識裡面。」這一下，他就滿臉豆花了，講不出一句話來了。如果他夠聰明，就說：「抱歉！抱歉！抱歉！能不能借一步說話？」把你請到旁邊去，好好請教你，他就有救了！否則他當了一輩子首座，連首座是什麼道理，他都不懂。這首座不好當的，首座有時是要代替和尚秉拂上堂的，那時就得像祖師一樣拿了拂子上堂：這拂子向上一晃，掛在肩膀上就上堂來了，那時要爲眾說法，這才是首座。但他枉當了一世的首座，原來還要向你借一步說話，全都因爲他落在離念靈知意識境界裡。所以，離念靈知都是有初、中、後，因爲落在六塵中才會有初、中、後。如果不是住在六塵中，有什麼初、中、後可說呢？而眞實如來正是如此，從來不住在六塵境界中，因此全無初、中、後可說。

講了這麼多的「非」以後，大精進菩薩作了一個結論說：「一切諸法亦復如是；如來身相亦復如是。」人家大精進菩薩就憑這麼一張畫像，這樣去觀察，就知道眞實如來了。眞實的如來法身，正是如此。這樣看起來，把它作一個簡單的歸納說：「凡是與六塵相應的，就不是眞實如來。」

接著就說：「就像是這一張如來的畫像一樣，沒有見、沒有聞、沒有嗅、沒有嚐、沒有觸、沒有知，眞實如來的身相也是一樣。」那一些所謂的大師們，什麼十地法王等等，又自稱他們成就報身佛，咱們且看看他們所說的如來，有沒有見聞嗅嚐覺知？全部都有！一法都不少。但是眞實如來沒有這六個東西，祂從來不跟這六塵境界相應。可是離念靈知心，不管祂如何放下煩惱，如何放下妄想，終究是住在這六塵裡面，從來不離六塵。如果他們能夠離開六塵中的一塵，我就說他們夠厲害了；可是他們如果聽到我這個讚歎，哪一天眞的要來炫耀時，我卻說：「你還不夠瞧！」因爲咱們進入二禪等至位裡面只剩下定境法塵，他才只能離開一塵，那算什麼？所以依世間法的禪定修證而來到正覺講堂時，他也是沒得混。如果要從出世間法告訴他說：「我現在正在跟你講話，我具足六塵，但我也同時不住在六塵中。」他聽了一定質疑說：「怎麼會這樣？好奇怪呵！」但我們這樣才是眞正的佛法。學佛不要學到變成學羅漢，說句難聽底話：變成學羅漢倒還是好的，就怕變成學外道。可是好多學佛人正在學外道時，都還不知道是在學外道呢！還以爲自己在學佛呢！

接著說：「如同這一張佛像，沒有出息，也沒有入息。」有沒有看過哪一張佛像有出息、入息？從來沒有看過，我們這一尊玉佛也沒有呼吸過啊！

如果你家裡供著一尊佛像，哪一天它開始呼吸了，你會怎麼樣？嚇死了，對不對？一定嚇死了（大眾笑…），原來你們還真的不想要真的佛來。但大乘法就是要這樣啊！不希望它會呼吸：「非出息、非入息。」真實如來也是像這樣，從來非出息、非入息；一切諸法就是真實如來，也是像這個道理一般。不但像這個道理，而且還說「無有知者」，什麼時候聖教量裡面曾經說「真實如來有見聞覺知」？三乘諸經裡從來都找不到，要這樣實證才能夠說是真正的開悟了。如果還落在離念靈知裡面，今天坐在這裡聽我說法，就只好掙扎了：「我到底要不要走人？因為我被師父印證開悟了，可是他蕭平實說的，我覺得很刺耳，耳朵裡面好多的針在刺我，真的聽不下去。」好在你沒有走人，你如果走了，你這一世就沒機會證悟般若了。這才是真正的佛法：「無有知者。」

（未完，詳續第九輯。）

佛菩提二主要道次第概要表——二道並修，以外無別佛法

佛菩提道——大菩提道

遠波羅蜜多

資糧位

十信位修集信心——一劫乃至一萬劫

初住位修集布施功德（以財施爲主）。

二住位修集持戒功德。

三住位修集忍辱功德。

四住位修集精進功德。

五住位修集禪定功德。

六住位修集般若功德（熏習般若中觀及斷我見，加行位也）。

外門廣修六度萬行

見道位

七住位明心般若正觀現前，親證本來自性清淨涅槃。

八住位起於一切法現觀般若中道。漸除性障。

十住位眼見佛性，世界如幻觀成就。

一至十行位，於廣行六度萬行中，依般若中道慧，現觀陰處界猶如陽焰，至第十行滿心位，陽焰觀成就。

一至十迴向位熏習一切種智；修除性障，唯留最後一分思惑不斷。第十迴向滿心位成就菩薩道如夢觀。

內門廣修六度萬行

初地：第十迴向位滿心時，成就道種智一分（八識心王一一親證後，領受五法、三自性、七種第一義、七種性自性、二種無我法）復由勇發十無盡願，成通達位菩薩。復又永伏性障而不具斷，能證慧解脫而不取證，由大願故留惑潤生。此地主修法施波羅蜜多及百法明門。證「猶如鏡像」現觀，故滿初地心。

二地：初地功德滿足以後，再成就道種智一分而入二地；主修戒波羅蜜多及一切種智。滿心位成就「猶如光影」現觀，戒行自然清淨。

解脫道：二乘菩提

→ 斷三縛結，成初果解脫

→ 薄貪瞋癡，成二果解脫

→ 斷五下分結，成三果解脫

入地前的四加行令煩惱障現行悉斷，成四果解脫，留惑潤生。分段生死已斷，煩惱障習氣種子開始斷除，兼斷無始無明上煩惱。

近波羅蜜多　　大波羅蜜多　　圓滿波羅蜜多

修道位　　究竟位

……故入三地。此地主修忍波羅蜜多及四禪八定、四無量心、五神通。能成就俱解脫果而不取證，留惑潤生。滿心位成就「猶如谷響」現觀及無漏妙定意生身。

四地：由三地再證道種智一分故入四地。主修精進波羅蜜多，於此土及他方世界廣度有緣，無有疲倦。進修一切種智，滿心位成就「如水中月」現觀。

五地：由四地再證道種智一分故入五地。主修禪定波羅蜜多及一切種智，斷除下乘涅槃貪。滿心位成就「變化所成」現觀。

六地：由五地再證道種智一分故入六地。此地主修般若波羅蜜多——依道種智現觀十二因緣一一有支及意生身化身，皆自心眞如變化所現，「非有似有」，成就細相觀，不由加行而自然證得滅盡定，成俱解脫大乘無學。

七地：由六地「非有似有」現觀，再證道種智一分故入七地。此地主修一切種智及方便波羅蜜多，由重觀十二有支一一支中之流轉門及還滅門一切細相，成就方便善巧，念念隨入滅盡定。滿心位證得「如犍闥婆城」現觀。

八地：由七地極細相觀成就故再證道種智一分而入八地。此地主修一切種智及願波羅蜜多。至滿心位純無相觀任運恆起，故於相土自在，滿心位復證「如實覺知諸法相意生身」故。

九地：由八地再證道種智一分故入九地。主修力波羅蜜多及一切種智，成就四無礙，滿心位證得「種類俱生無行作意生身」。

十地：由九地再證道種智一分故入此地。此地主修一切種智——智波羅蜜多。滿心位起大法智雲，及現起大法智雲所含藏種種功德，成受職菩薩。

等覺：由十地道種智成就故入此地。此地應修一切種智，圓滿等覺地無生法忍；於百劫中修集極廣大福德，以之圓滿三十二大人相及無量隨形好。

妙覺：示現受生人間已斷盡煩惱障一切習氣種子，並斷盡所知障一切隨眠，永斷變易生死無明，成就大般涅槃，四智圓明。人間捨壽後，報身常住色究竟天利樂十方地上菩薩；以諸化身利樂有情，永無盡期，成就究竟佛道。

七地滿心斷除故意保留之最後一分思惑時，煩惱障所攝色、受、想三陰有漏習氣種子全部斷盡。

←

煩惱障所攝行、識二陰無漏習氣種子任運漸斷，所知障所攝上煩惱任運漸斷。

←

斷盡變易生死成就大般涅槃

圓滿成就究竟佛果

佛子蕭平實 謹製
（二〇〇九、〇二 修訂）
（二〇一二、〇二 增補）

佛教正覺同修會〈修學佛道次第表〉

第一階段

* 以憶佛及拜佛方式修習動中定力。
* 學第一義佛法及禪法知見。
* 無相拜佛功夫成就。
* 具備一念相續功夫—動靜中皆能看話頭。
* 努力培植福德資糧，勤修三福淨業。

第二階段

* 參話頭，參公案。
* 開悟明心，一片悟境。
* 鍛鍊功夫求見佛性。
* 眼見佛性〈餘五根亦如是〉親見世界如幻，成就如幻觀。
* 學習禪門差別智。
* 深入第一義經典。
* 修除性障及隨分修學禪定。
* 修證十行位陽焰觀。

第三階段

* 學一切種智真實正理—楞伽經、解深密經、成唯識論…。
* 參究末後句。
* 解悟末後句。
* 透牢關—親自體驗所悟末後句境界，親見實相，無得無失。
* 救護一切眾生迴向正道。護持了義正法，修證十迴向位如夢觀。
* 發十無盡願，修習百法明門，親證猶如鏡像現觀。
* 修除五蓋，發起禪定。持一切善法戒。親證猶如光影現觀。
* 進修四禪八定、四無量心、五神通。進修大乘種智，求證猶如谷響現觀。

佛教正覺同修會 共修現況 及 招生公告 2020/05/03

一、共修現況：（請在共修時間來電，以免無人接聽。）

台北正覺講堂 103 台北市承德路三段 277 號九樓 捷運淡水線圓山站旁
Tel..總機 02-25957295（晚上）（**分機：九樓**辦公室 10、11；知客櫃檯 12、13。 **十樓**知客櫃檯 15、16；書局櫃檯 14。 **五樓**辦公室 18；知客櫃檯 19。**二樓**辦公室 20；知客櫃檯 21。）
Fax..25954493

第一講堂 台北市承德路三段 277 號九樓

禪淨班：週一晚班、週三晚班、週四晚班、週五晚班、週六下午班、週六上午班（共修期間二年半，全程免費。皆須報名建立學籍後始可參加共修，欲報名者詳見本公告末頁。）

增上班：瑜伽師地論詳解：單週六晚班。雙週六晚班（重播班）。17.50～20.50。平實導師講解，2003 年 2 月開講至今，僅限已明心之會員參加。

禪門差別智：每月第一週日全天 平實導師主講（事冗暫停）。

不退轉法輪經詳解 本經所說妙法極爲甚深難解，時至末法，已然無有知者；而其甚深絕妙之法，流傳至今依舊多人可證，顯示佛法眞是義學而非玄談，其中甚深極妙令人拍案稱絕之第一義諦妙義。已於 2019 年元月底開講，由平實導師詳解。每逢週二晚上開講，第一至第六講堂都可同時聽聞，歡迎菩薩種性學人，攜眷共同參與此殊勝法會現場聞法，不限制聽講資格。本會學員憑上課證進入第一至第四講堂聽講，會外學人請以身分證件換證進入聽講（此爲大樓管理處安全管理規定之要求，敬請諒解）；第五及第六講堂（B1、B2）對外開放，不需出示任何證件，請由大樓側門直接進入。

第二講堂 台北市承德路三段 267 號十樓。

禪淨班：週一晚班。

進階班：週三晚班、週四晚班、週五晚班、週六早班、週六下午班。禪淨班結業後轉入共修。

不退轉法輪經詳解：平實導師講解。每週二 18.50~20.50 影像音聲即時傳輸

第三講堂 台北市承德路三段 277 號五樓。

禪淨班：週六下午班。

進階班：週一晚班、週三晚班、週四晚班、週五晚班。

不退轉法輪經詳解：平實導師講解。每週二 18.50~20.50 影像音聲即時傳輸

第四講堂 台北市承德路三段 267 號二樓。

進階班：週一晚班、週三晚班、週四晚班（禪淨班結業後轉入共修）。

不退轉法輪經詳解：平實導師講解。每週二 18.50~20.50 影像音聲即時傳輸

第五、第六講堂

念佛班 每週日晚上，第六講堂共修（B2），一切求生極樂世界的三寶弟子皆可參加，不限制共修資格。

進階班：週一晚班、週三晚班、週四晚班。

不退轉法輪經詳解：平實導師講解。每週二 18.50~20.50 影像音聲即時傳輸。第五、第六講堂爲**開放式講堂**，不需以身分證件換證即可進入聽講，台北市承德路三段 267 號地下一樓、地下二樓。每逢週二晚上講經時段開放給會外人士自由聽經，請由大樓側面梯階逕行進入聽講。**聽講者請尊重講者的著作權及肖像權，請勿錄音錄影，以免違法；若有錄音錄影被查獲者，將依法處理。**

正覺祖師堂　大溪區美華里信義路 650 巷坑底 5 之 6 號（台 3 號省道 34 公里處 妙法寺對面斜坡道進入）電話 03-3886110　傳眞 03-3881692 本堂供奉 克勤圓悟大師，專供會員每年四月、十月各三次精進禪三共修，兼作本會出家菩薩掛單常住之用。開放參訪日期請參見本會公告。教內共修團體或道場，得另申請其餘時間作團體參訪，務請事先與常住確定日期，以便安排常住菩薩接引導覽，亦免妨礙常住菩薩之日常作息及修行。

桃園正覺講堂（第一、第二講堂）：桃園市介壽路 286、288 號 10 樓（陽明運動公園對面）電話：03-3749363（請於共修時聯繫，或與台北聯繫）

禪淨班：週一晚班（1）、週一晚班（2）、週三晚班、週四晚班、週五晚班。

進階班：週四晚班、週五晚班、週六上午班。

增上班：雙週六晚班（增上重播班）。

不退轉法輪經詳解：平實導師講解。每週二晚上，以台北正覺講堂所錄 DVD 放映；歡迎會外學人共同聽講，不需出示身分證件。

新竹正覺講堂　新竹市東光路 55 號二樓之一　電話 03-5724297（晚上）

第一講堂：

禪淨班：週五晚班。

進階班：週三晚班、週四晚班、週六上午班（由禪淨班結業後轉入共修）。

增上班：單週六晚班。雙週六晚班（重播班）。

不退轉法輪經詳解：平實導師講解。每週二晚上，以台北正覺講堂所錄 DVD 放映。歡迎會外學人共同聽講，不需出示身分證件。

第二講堂：

禪淨班：週一晚班、週三晚班、週四晚班、週六上午班。

不退轉法輪經詳解：每週二晚上與第一講堂同步播放講經 DVD。

第三、第四講堂：裝修完畢，即將開放。

台中正覺講堂　04-23816090（晚上）

第一講堂　台中市南屯區五權西路二段 666 號 13 樓之四（國泰世華銀行樓上。鄰近縣市經第一高速公路前來者，由五權西路交流道可以快速到達，大樓旁有停車場，對面有素食館）。

禪淨班：週四晚班、週五晚班。

進階班：週一晚班、週三晚班、週六上午班（由禪淨班結業後轉入共修）。

增上班：單週六晚班。雙週六晚班（重播班）。

不退轉法輪經詳解：平實導師講解。每週二晚上，以台北正覺講堂所錄 DVD 放映。歡迎會外學人共同聽講，不需出示身分證件。

第二講堂　台中市南屯區五權西路二段 666 號 4 樓

禪淨班：週一晚班、週三晚班。

第三講堂台中市南屯區五權西路二段 666 號 4 樓

禪淨班：週一晚班。

第四講堂台中市南屯區五權西路二段 666 號 4 樓。

進階班：週一晚班、週四晚班、週六上午班(由禪淨班結業後轉入共修)。

不退轉法輪經詳解：每週二晚上與第一講堂同步播放講經 DVD。

嘉義正覺講堂　嘉義市友愛路 288 號八樓之一　電話：05-2318228

第一講堂：

禪淨班：週四晚班、週五晚班、週六上午班。

進階班：週一晚班、週三晚班（由禪淨班結業後轉入共修）。

增上班：單週六晚班。雙週六晚班（重播班）。

不退轉法輪經詳解：平實導師講解。每週二晚上，以台北正覺講堂所錄 DVD 放映。歡迎會外學人共同聽講，不需出示身分證件。

第二講堂　嘉義市友愛路 288 號八樓之二。

第三講堂　嘉義市友愛路 288 號四樓之七。

禪淨班：週一晚班、週三晚班。

台南正覺講堂

第一講堂　台南市西門路四段 15 號 4 樓。06-2820541（晚上）

禪淨班：週一晚班、週三晚班、週四晚班、週五晚班、週六下午班。

增上班：單週六晚班。雙週六晚班（重播班）。

第二講堂　台南市西門路四段 15 號 3 樓。

不退轉法輪經詳解：每週二晚上與第三講堂同步播放講經 DVD。

第三講堂　台南市西門路四段 15 號 3 樓。

進階班：週一晚班、週三晚班、週四晚班、週五晚班（由禪淨班結業後轉入共修）。

不退轉法輪經詳解：平實導師講解。每週二晚上，以台北正覺講堂所錄 DVD 放映。歡迎會外學人共同聽講，不需出示身分證件。。

高雄正覺講堂　高雄市新興區中正三路 45 號五樓 07-2234248（晚上）

第一講堂（五樓）：

禪淨班：週一晚班、週三晚班、週四晚班、週五晚班、週六上午班。

增上班：單週六晚班。雙週六晚班（重播班）。

不退轉法輪經詳解：平實導師講解。每週二晚上，以台北正覺講堂所錄 DVD 放映。歡迎會外學人共同聽講，不需出示身分證件。

第二講堂（四樓）：

進階班：週三晚班、週四晚班、週六上午班（由禪淨班結業後轉入共修）。

不退轉法輪經詳解：每週二晚上與第一講堂同步播放講經 DVD。

第三講堂（三樓）：

進階班：週四晚班（由禪淨班結業後轉入共修）。

香港正覺講堂

九龍觀塘，成業街 10 號，電訊一代廣場 27 樓 E 室。

（觀塘地鐵站 B1 出口，步行約 4 分鐘）。電話：(852) 23262231

英文地址：Unit E，27th Floor, TG Place, 10 Shing Yip Street, Kwun Tong, Kowloon

禪淨班：雙週六下午班、雙週日下午班、單週六下午班、單週日下午班

進階班：雙週五晚上班、雙週日早上班（由禪淨班結業後轉入共修）。

增上班：每月第一週週日，以台北增上班課程錄成 DVD 放映之。

增上重播班：每月第一週週六，以台北增上班課程錄成 DVD 放映之。

大法鼓經詳解：平實導師講解。每週六、日 19:00～21:00，以台北正覺講堂所錄 DVD 放映；歡迎會外學人共同聽講，不需出示身分證件。

美國洛杉磯正覺講堂　☆已遷移新址☆

825 S. Lemon Ave Diamond Bar, CA 91789 U.S.A.

Tel. (909) 595-5222（請於週六 9:00~18:00 之間聯繫）

Cell. (626) 454-0607

禪淨班：每逢週末 16：00~18：00 上課。

進階班：每逢週末上午 10：00~12：00 上課。

不退轉法輪經詳解：平實導師講解。每週六下午 13：30~15：30 以台北所錄 DVD 放映。歡迎各界人士共享第一義諦無上法益，不需報名。

二、招生公告　**本會台北講堂及全省各講堂、香港講堂，每逢四月、十月下旬開新班，每週共修一次**（每次二小時。開課日起三個月內仍可插班）；**但美國洛杉磯共修處之禪淨班得隨時插班共修。各班共修期間皆爲二年半，全程免費，欲參加者請向本會函索報名表**（各共修處皆於共修時間方有人執事，非共修時間請勿電詢或前來洽詢、請書），**或直接從本會官方網站**(http://www.enlighten.org.tw/newsflash/class)**或成**

佛之道網站下載報名表。共修期滿時，若經報名禪三審核通過者，可參加四天三夜之禪三精進共修，有機會明心、取證如來藏，發起般若實相智慧，成爲實義菩薩，脫離凡夫菩薩位。

三、新春禮佛祈福 農曆**年假**期間停止共修：自農曆新年前七天起停止共修與弘法，正月 8 日起回復共修、弘法事務。新春期間正月初一～初七 9.00～17.00 開放台北講堂、正月初一~初三開放新竹、台中、嘉義、台南、高雄講堂，以及大溪禪三道場（正覺祖師堂），方便會員供佛、祈福及會外人士請書。美國洛杉磯共修處之休假時間，請逕詢該共修處。

密宗四大派修雙身法，是外道性力派的邪法；又以生滅的識陰作為常住法，是常見外道，是假的藏傳佛教。

西藏覺囊巴以他空見弘揚第八識如來藏勝法，才是真藏傳佛教

佛教正覺同修會　弘法行事表

2019/02/18

1、**禪淨班**　以無相念佛及拜佛方式修習動中定力，實證一心不亂功夫。傳授解脫道正理及第一義諦佛法，以及參禪知見。共修期間：二年六個月。每逢四月、十月開新班，詳見招生公告表。

2、**進階班**　禪淨班畢業後得轉入此班，進修更深入的佛法，期能證悟明心。各地講堂各有多班，繼續深入佛法、增長定力，悟後得轉入增上班修學道種智，期能證得無生法忍。

3、**增上班 瑜伽師地論**詳解　詳解論中所言凡夫地至佛地等 17 師之修證境界與理論，從凡夫地、聲聞地……宣演到諸地所證無生法忍、一切種智之真實正理。由平實導師開講，每逢一、三、五週之週末晚上開示，僅限已明心之會員參加。2003 年二月開講至今，預定 2019 年講畢。

4、**不退轉法輪經**詳解　本經所說妙法極為甚深難解，時至末法，已然無有知者；而其甚深絕妙之法，流傳至今依舊多人可證，顯示佛法真是義學而非玄談，其中甚深極妙令人拍案稱絕之第一義諦妙義。已於 2019 年元月底開講，由平實導師詳解。不限制聽講資格。

5、**精進禪三**　主三和尚：平實導師。於四天三夜中，以克勤圓悟大師及大慧宗杲之禪風，施設機鋒與小參、公案密意之開示，幫助會員剋期取證，親證不生不滅之真實心——人人本有之如來藏。每年四月、十月各舉辦三個梯次；平實導師主持。僅限本會會員參加禪淨班共修期滿，報名審核通過者，方可參加。並選擇會中定力、慧力、福德三條件皆已具足之已明心會員，給以指引，令得眼見自己無形無相之佛性遍佈山河大地，真實而無障礙，得以肉眼現觀世界身心悉皆如幻，具足成就如幻觀，圓滿十住菩薩之證境。

6、**阿含經**詳解　選擇重要之阿含部經典，依無餘涅槃之實際而加以詳解，令大眾得以現觀諸法緣起性空，亦復不墮斷滅見中，顯示經中所隱說之涅槃實際—如來藏—確實已於四阿含中隱說；令大眾得以聞後觀行，確實斷除我見乃至我執，證得**見到**真現觀，乃至**身證**……等真現觀；已得大乘或二乘見道者，亦可由此聞熏及聞後之觀行，除斷我所之貪著，成就慧解脫果。由平實導師詳解。不限制聽講資格。

7、**解深密經**詳解　重講本經之目的，在於令諸已悟之人明解大乘法道之成佛次第，以及悟後進修一切種智之內涵，確實證知三種自性性，並得據此證解七真如、十真如等正理。每逢週二 18.50~20.50 開示，由平實導師詳解。將於《**不退轉法輪經**》講畢後開講。不限制聽講資格。

8、**成唯識論**詳解　詳解一切種智眞實正理，詳細剖析一切種智之微細深妙廣大正理；並加以舉例說明，使已悟之會員深入體驗所證如來藏之微密行相；及證驗見分相分與所生一切法，皆由如來藏—阿賴耶識—直接或展轉而生，因此證知一切法無我，證知無餘涅槃之本際。將於增上班《瑜伽師地論》講畢後，由平實導師重講。僅限已明心之會員參加。

9、**精選如來藏系經典**詳解　精選如來藏系經典一部，詳細解說，以此完全印證會員所悟如來藏之眞實，得入不退轉住。另行擇期詳細解說之，由平實導師講解。僅限已明心之會員參加。

10、**禪門差別智**　藉禪宗公案之微細淆訛難知難解之處，加以宣說及剖析，以增進明心、見性之功德，啓發差別智，建立擇法眼。每月第一週日全天，由平實導師開示，僅限破參明心後，復又眼見佛性者參加（事冗暫停）。

11、**枯木禪**　先講智者大師的《小止觀》，後說《釋禪波羅蜜》，詳解四禪八定之修證理論與實修方法，細述一般學人修定之邪見與岔路，及對禪定證境之誤會，消除枉用功夫、浪費生命之現象。已悟般若者，可以藉此而實修初禪，進入大乘通教及聲聞教的三果心解脫境界，配合應有的大福德及後得無分別智、十無盡願，即可進入初地心中。親教師：平實導師。未來緣熟時將於正覺寺開講。不限制聽講資格。

註：本會例行年假，自 2004 年起，改爲每年農曆新年前七天開始停息弘法事務及共修課程，農曆正月 8 日回復所有共修及弘法事務。新春期間（每日 9.00~17.00）開放台北講堂，方便會員禮佛祈福及會外人士請書。大溪區的正覺祖師堂，開放參訪時間，詳見〈正覺電子報〉或成佛之道網站。本表得因時節因緣需要而隨時修改之，不另作通知。

佛教正覺同修會　贈閱書籍 目錄　　2018/10/20

1.**無相念佛**　平實導師著　回郵 36 元
2.**念佛三昧修學次第**　平實導師述著　回郵 52 元
3.**正法眼藏—護法集**　平實導師述著　回郵 76 元
4.**真假開悟簡易辨正法&佛子之省思**　平實導師著　回郵 26 元
5.**生命實相之辨正**　平實導師著　回郵 31 元
6.**如何契入念佛法門**（附：印順法師否定極樂世界）平實導師著　回郵 26 元
7.**平實書箋**—答元覽居士書　平實導師著　回郵 52 元
8.**三乘唯識**—如來藏系經律彙編　平實導師編　回郵 80 元
（精裝本　長 27 cm　寬 21 cm　高 7.5 cm　重 2.8 公斤）
9.**三時繫念全集**—修正本　回郵掛號 52 元（長 26.5 cm×寬 19 cm）
10.**明心與初地**　平實導師述　回郵 31 元
11.**邪見與佛法**　平實導師述著　回郵 36 元
12.**甘露法雨**　平實導師述　回郵 36 元
13.**我與無我**　平實導師述　回郵 36 元
14.**學佛之心態**—修正錯誤之學佛心態始能與正法相應 孫正德老師著 回郵52元
附錄：平實導師著**《略說八、九識並存…等之過失》**
15.**大乘無我觀**—《悟前與悟後》別說　平實導師述著　回郵 36 元
16.**佛教之危機**—中國台灣地區現代佛教之真相（附錄：公案拈提六則）
平實導師著　回郵 52 元
17.**燈　影**—燈下黑（覆「求教後學」來函等）　平實導師著　回郵 76 元
18.**護法與毀法**—覆上平居士與徐恒志居士網站毀法二文
張正圜老師著　回郵 76 元
19.**淨土聖道**—兼評選擇本願念佛　正德老師著　由正覺同修會購贈 回郵 52 元
20.**辨唯識性相**—對「紫蓮心海《辯唯識性相》書中否定阿賴耶識」之回應
正覺同修會 台南共修處法義組 著　回郵 52 元
21.**假如來藏**—對法蓮法師《如來藏與阿賴耶識》書中否定阿賴耶識之回應
正覺同修會 台南共修處法義組 著　回郵 76 元
22.**入不二門**—公案拈提集錦 第一輯（於平實導師公案拈提諸書中選錄約二十則，
合輯爲一冊流通之）平實導師著　回郵 52 元
23.**真假邪說**—西藏密宗索達吉喇嘛《破除邪說論》真是邪說
釋正安法師著　上、下冊回郵各 52 元
24.**真假開悟**—真如、如來藏、阿賴耶識間之關係　平實導師述著　回郵 76 元
25.**真假禪和**—辨正釋傳聖之謗法謬說　孫正德老師著　回郵 76 元
26.**眼見佛性**—駁慧廣法師眼見佛性的含義文中謬說

游正光老師著　回郵52元

27.**普門自在**—公案拈提集錦 第二輯（於平實導師公案拈提諸書中選錄約二十則，合輯爲一冊流通之）平實導師著　回郵52元

28.**印順法師的悲哀**—以現代禪的質疑為線索　恒毓博士著　回郵52元

29.**識蘊真義**—現觀識蘊內涵、取證初果、親斷三縛結之具體行門。
—依《成唯識論》及《惟識述記》正義，略顯安慧《大乘廣五蘊論》之邪謬
平實導師著　回郵76元

30.**正覺電子報** 各期紙版本　免附回郵　每次最多函索三期或三本。
（已無存書之較早各期，不另增印贈閱）

31.**現代人應有的宗教觀**　蔡正禮老師 著　回郵31元

32.**遠惑趣道**—正覺電子報般若信箱問答錄　第一輯　回郵52元

33.**遠惑趣道**—正覺電子報般若信箱問答錄　第二輯　回郵52元

34.**確保您的權益**—器官捐贈應注意自我保護　游正光老師 著　回郵31元

35.**正覺教團電視弘法三乘菩提 DVD 光碟（一）**

由正覺教團多位親教師共同講述錄製 DVD 8 片，MP3 一片，共 9 片。有二大講題：一爲「三乘菩提之意涵」，二爲「學佛的正知見」。內容精闢，深入淺出，精彩絕倫，幫助大眾快速建立三乘法道的正知見，免被外道邪見所誤導。有志修學三乘佛法之學人不可不看。（製作工本費 100 元，回郵 52 元）

36.**正覺教團電視弘法 DVD 專輯（二）**

總有二大講題：一爲「三乘菩提之念佛法門」，一爲「學佛正知見（第二篇）」，由正覺教團多位親教師輪番講述，內容詳細闡述如何修學念佛法門、實證念佛三昧，以及學佛應具有的正確知見，可以幫助發願往生西方極樂淨土之學人，得以把握往生，更可令學人快速建立三乘法道的正知見，免於被外道邪見所誤導。有志修學三乘佛法之學人不可不看。（一套 17 片，工本費 160 元。回郵 76 元）

37.**喇嘛性世界**—揭開假藏傳佛教譚崔瑜伽的面紗　張善思 等人合著
由正覺同修會購贈　回郵52元

38.**假藏傳佛教的神話**—性、謊言、喇嘛教　張正玄教授編著
由正覺同修會購贈　回郵52元

39.**隨 緣**—理隨緣與事隨緣　平實導師述　回郵52元。

40.**學佛的覺醒**　正枝居士 著　回郵52元

41.**導師之真實義**　蔡正禮老師 著　回郵31元

42.**淺談達賴喇嘛之雙身法**—兼論解讀「密續」之達文西密碼
吳明芷居士 著　回郵31元

43.**魔界轉世**　張正玄居士 著　回郵31元

44.**一貫道與開悟**　蔡正禮老師 著　回郵31元

45.**博愛**—愛盡天下女人　正覺教育基金會 編印　回郵36元

46.**意識虛妄經教彙編**—實證解脫道的關鍵經文　正覺同修會編印　回郵36元

47.**邪箭囈語**—破斥藏密外道多識仁波切《破魔金剛箭雨論》之邪説

陸正元老師著　上、下冊回郵各 52 元

48.**真假沙門**—依 佛聖教闡釋佛教僧寶之定義

蔡正禮老師著　俟正覺電子報連載後結集出版

49.**真假禪宗**—藉評論釋性廣《印順導師對變質禪法之批判

及對禪宗之肯定》以顯示真假禪宗

附論一：凡夫知見 無助於佛法之信解行證

附論二：世間與出世間一切法皆從如來藏實際而生而顯

余正偉老師著　俟正覺電子報連載後結集出版　回郵未定

★ 上列贈書之郵資，係台灣本島地區郵資，大陸、港、澳地區及外國地區，請另計酌增（大陸、港、澳、國外地區之郵票不許通用）。尚未出版之書，請勿先寄來郵資，以免增加作業煩擾。

★ 本目錄若有變動，唯於後印之書籍及「成佛之道」網站上修正公佈之，不另行個別通知。

函索書籍請寄：佛教正覺同修會　103 台北市承德路 3 段 277 號 9 樓

台灣地區函索書籍者請附寄郵票，無時間購買郵票者可以等值現金抵用，但不接受郵政劃撥、支票、匯票。大陸地區得以人民幣計算，國外地區請以美元計算（請勿寄來當地郵票，在台灣地區不能使用）。欲以掛號寄遞者，請另附掛號郵資。

親自索閱：正覺同修會各共修處。　★請於共修時間前往取書，餘時無人在道場，請勿前往索取；共修時間與地點，詳見書末正覺同修會共修現況表（以近期之共修現況表爲準）。

註：正智出版社發售之局版書，請向各大書局購閱。若書局之書架上已經售出而無陳列者，請向書局櫃台指定洽購；若書局不便代購者，請於正覺同修會共修時間前往各共修處請購，正智出版社已派人於共修時間送書前往各共修處流通。 郵政劃撥購書及 大陸地區 購書，請詳別頁正智出版社發售書籍目錄最後頁之說明。

成佛之道 網站：http://www.a202.idv.tw　正覺同修會已出版之結緣書籍，多已登載於 成佛之道 網站，若住外國、或住處遙遠，不便取得正覺同修會贈閱書籍者，可以從本網站閱讀及下載。　書局版之《宗通與說通》亦已上網，台灣讀者可向書局洽購，售價 300 元。《狂密與眞密》第一輯~第四輯，亦於 2003.5.1.全部於本網站登載完畢；台灣地區讀者請向書局洽購，每輯約 400 頁，售價 300 元（網站下載紙張費用較貴，容易散失，難以保存，亦較不精美）。

＊＊假藏傳佛教修雙身法，非佛教＊＊

正智出版社 籌募弘法基金發售書籍目錄　2020/11/14

1.**宗門正眼**—公案拈提 第一輯 重拈　平實導師著　500 元
因重寫內容大幅度增加故，字體必須改小，並增為 576 頁 主文 546 頁。比初版更精彩、更有內容。初版《禪門摩尼寶聚》之讀者，可寄回本公司免費調換新版書。免附回郵，亦無截止期限。（2007 年起，每冊附贈本公司精製公案拈提〈超意境〉CD 一片。市售價格 280 元，多購多贈。）

2.**禪淨圓融**　平實導師著　200 元（第一版舊書可換新版書。）

3.**真實如來藏**　平實導師著　400 元

4.**禪—悟前與悟後**　平實導師著　上、下冊，每冊 250 元

5.**宗門法眼**—公案拈提 第二輯　平實導師著　500 元
（2007 年起，每冊附贈本公司精製公案拈提〈超意境〉CD 一片）

6.**楞伽經詳解**　平實導師著　全套共 10 輯　每輯 250 元

7.**宗門道眼**—公案拈提 第三輯　平實導師著　500 元
（2007 年起，每冊附贈本公司精製公案拈提〈超意境〉CD 一片）

8.**宗門血脈**—公案拈提 第四輯　平實導師著　500 元
（2007 年起，每冊附贈本公司精製公案拈提〈超意境〉CD 一片）

9.**宗通與說通**—成佛之道 平實導師著 主文 381 頁 全書 400 頁售價 300 元

10.**宗門正道**—公案拈提 第五輯　平實導師著　500 元
（2007 年起，每冊附贈本公司精製公案拈提〈超意境〉CD 一片）

11.**狂密與真密 一～四輯**　平實導師著　西藏密宗是人間最邪淫的宗教，本質不是佛教，只是披著佛教外衣的印度教性力派流毒的喇嘛教。此書中將西藏密宗密傳之男女雙身合修樂空雙運所有祕密與修法，毫無保留完全公開，並將全部喇嘛們所不知道的部分也一併公開。內容比大辣出版社喧騰一時的《西藏慾經》更詳細。並且函蓋藏密的所有祕密及其錯誤的中觀見、如來藏見……等，藏密的所有法義都在書中詳述、分析、辨正。每輯主文三百餘頁　每輯全書約 400 頁　售價每輯 300 元

12.**宗門正義**—公案拈提 第六輯　平實導師著　500 元
（2007 年起，每冊附贈本公司精製公案拈提〈超意境〉CD 一片）

13.**心經密意**—心經與解脫道、佛菩提道、祖師公案之關係與密意　平實導師述　300 元

14.**宗門密意**—公案拈提 第七輯　平實導師著　500 元
（2007 年起，每冊附贈本公司精製公案拈提〈超意境〉CD 一片）

15.**淨土聖道**—兼評「選擇本願念佛」　正德老師著　200 元

16.**起信論講記**　平實導師述著　共六輯　每輯三百餘頁　售價各 250 元

17.**優婆塞戒經講記**　平實導師述著 共八輯 每輯三百餘頁 售價各 250 元

18.**真假活佛**—略論附佛外道盧勝彥之邪說（對前岳靈犀網站主張「盧勝彥是證悟者」之修正）　正犀居士（岳靈犀）著　流通價 140 元

19.**阿含正義**—唯識學探源　平實導師著　共七輯　每輯 300 元

20.**超意境** CD 以平實導師公案拈提書中超越意境之頌詞，加上曲風優美的旋律，錄成令人嚮往的超意境歌曲，其中包括正覺發願文及平實導師親自譜成的黃梅調歌曲一首。詞曲雋永，殊堪翫味，可供學禪者吟詠，有助於見道。內附設計精美的彩色小冊，解說每一首詞的背景本事。每片 280 元。【每購買公案拈提書籍一冊，即贈送一片。】

21.**菩薩底憂鬱** CD 將菩薩情懷及禪宗公案寫成新詞，並製作成超越意境的優美歌曲。 1.主題曲〈菩薩底憂鬱〉，描述地後菩薩能離三界生死而迴向繼續生在人間，但因尚未斷盡習氣種子而有極深沈之憂鬱，非三賢位菩薩及二乘聖者所知，此憂鬱在七地滿心位方才斷盡；本曲之詞中所說義理極深，昔來所未曾見；此曲係以優美的情歌風格寫詞及作曲，聞者得以激發嚮往諸地菩薩境界之大心，詞、曲都非常優美，難得一見；其中勝妙義理之解說，已印在附贈之彩色小冊中。 2.以各輯公案拈提中直示禪門入處之頌文，作成各種不同曲風之超意境歌曲，值得玩味、參究；聆聽公案拈提之優美歌曲時，請同時閱讀內附之印刷精美說明小冊，可以領會超越三界的證悟境界；未悟者可以因此引發求悟之意向及疑情，眞發菩提心而邁向求悟之途，乃至因此眞實悟入般若，成眞菩薩。 3.正覺總持咒新曲，總持佛法大意；總持咒之義理，已加以解說並印在隨附之小冊中。本 CD 共有十首歌曲，長達 63 分鐘。每盒各附贈二張購書優惠券。每片 280 元。

22.**禪意無限** CD 平實導師以公案拈提書中偈頌寫成不同風格曲子，與他人所寫不同風格曲子共同錄製出版，幫助參禪人進入禪門超越意識之境界。盒中附贈彩色印製的精美解說小冊，以供聆聽時閱讀，令參禪人得以發起參禪之疑情，即有機會證悟本來面目而發起實相智慧，實證大乘菩提般若，能如實證知般若經中的眞實意。本 CD 共有十首歌曲，長達 69 分鐘，每盒各附贈二張購書優惠券。每片 280 元。

23.**我的菩提路**第一輯　釋悟圓、釋善藏等人合著　售價 300 元

24.**我的菩提路**第二輯　郭正益等人合著　售價 300 元（停售，俟改版後另行發售）

25.**我的菩提路**第三輯　王美伶等人合著　售價 300 元

26.**我的菩提路**第四輯　陳晏平等人合著　售價 300 元

27.**我的菩提路**第五輯　林慈慧等人合著　售價 300 元

28.**我的菩提路**第六輯　劉惠莉等人合著　售價 300 元

29.**我的菩提路**第七輯　余正偉等人合著　售價 300 元　預定 2021/6/30 出版

30.**鈍鳥與靈龜**—考證後代凡夫對大慧宗杲禪師的無根誹謗。

平實導師著 共 458 頁 售價 350 元

31.**維摩詰經講記** 平實導師述 共六輯 每輯三百餘頁 售價各 250 元

32.**真假外道**—破劉東亮、杜大威、釋證嚴常見外道見　正光老師著　200 元

33.**勝鬘經講記**—兼論印順《勝鬘經講記》對於《勝鬘經》之誤解。

平實導師述　共六輯　每輯三百餘頁　售價 250 元

34.**楞嚴經講記** 平實導師述 共**15**輯，每輯三百餘頁 售價300元
35.**明心與眼見佛性**—駁慧廣〈蕭氏「眼見佛性」與「明心」之非〉文中謬說
正光老師著 共448頁 售價300元
36.**見性與看話頭** 黃正倖老師 著，本書是禪宗參禪的方法論。
內文375頁，全書416頁，售價300元。
37.**達賴真面目**—玩盡天下女人 白正偉老師 等著 中英對照彩色精裝大本800元
38.**喇嘛性世界**—揭開假藏傳佛教譚崔瑜伽的面紗 張善思 等人著 200元
39.**假藏傳佛教的神話**—性、謊言、喇嘛教 正玄教授編著 200元
40.**金剛經宗通** 平實導師述 共九輯 每輯售價250元。
41.**空行母**—性別、身分定位，以及藏傳佛教。
珍妮·坎貝爾著 呂艾倫 中譯 售價250元
42.**末代達賴**—性交教主的悲歌 張善思、呂艾倫、辛燕編著 售價250元
43.**霧峰無霧**—給哥哥的信 辨正釋印順對佛法的無量誤解
游宗明 老師著 售價250元
44.**霧峰無霧**—第二輯—救護佛子向正道 細說釋印順對佛法的各類誤解
游宗明 老師著 售價250元
45.**第七意識與第八意識？**—穿越時空「超意識」
平實導師述 每冊300元
46.**黯淡的達賴**—失去光彩的諾貝爾和平獎
正覺教育基金會編著 每冊250元
47.**童女迦葉考**—論呂凱文〈佛教輪迴思想的論述分析〉之謬。
平實導師 著 定價180元
48.**人間佛教**—實證者必定不悖三乘菩提
平實導師 述，定價400元
49.**實相經宗通** 平實導師述 共八輯 每輯250元
50.**真心告訴您(一)**—達賴喇嘛在幹什麼？
正覺教育基金會編著 售價250元
51.**中觀金鑑**—詳述應成派中觀的起源與其破法本質
孫正德老師著 分爲上、中、下三冊，每冊250元
52.**藏傳佛教要義**—《狂密與真密》之簡體字版 平實導師 著 上、下冊
僅在大陸流通 每冊300元
53.**法華經講義** 平實導師述 共二十五輯 每輯300元
已於2015/05/31起開始出版，每二個月出版一輯
54.**西藏「活佛轉世」制度**—附佛、造神、世俗法
許正豐、張正玄老師合著 定價150元
55.**廣論三部曲** 郭正益老師著 定價150元
56.**真心告訴您(二)**—達賴喇嘛是佛教僧侶嗎？
—補祝達賴喇嘛八十大壽
正覺教育基金會編著 售價300元
57.**次法**—實證佛法前應有的條件
張善思居士著 分爲上、下二冊，每冊250元

58.**涅槃**—解說四種涅槃之實證及內涵　平實導師著 上、下冊 各350元
59.**山法**—西藏關於他空與佛藏之根本論
篤補巴·喜饒堅贊著　傑弗里·霍普金斯英譯
張火慶教授、張志成、呂艾倫等中譯 精裝大本1200元
60.**佛藏經講義**　平實導師述　2019年7月31日開始出版　共21輯
每二個月出版一輯，每輯300元。
61.**假鋒虛焰金剛乘**—揭示顯密正理，兼破索達吉師徒《般若鋒兮金剛焰》
釋正安法師著 簡體字版 即將出版 售價未定
62.**廣論之平議**—宗喀巴《菩提道次第廣論》之平議　正雄居士著
約二或三輯　俟正覺電子報連載後結集出版　書價未定
63.**大法鼓經講義**　平實導師講述　《佛藏經講義》出版後發行，每輯300元
64.**不退轉法輪經講義** 平實導師講述　《大法鼓經講義》出版後發行
65.**八識規矩頌**詳解　○○居士 註解　出版日期另訂　書價未定。
66.**中觀正義**—註解平實導師《中論正義頌》。
○○法師（居士）著　出版日期未定　書價未定
67.**中論正義**—釋龍樹菩薩《中論》頌正理。
孫正德老師著　出版日期未定　書價未定
68.**中國佛教史**—依中國佛教正法史實而論。○○老師 著　書價未定。
69.**印度佛教史**—法義與考證。依法義史實評論印順《印度佛教思想史、佛教史地考論》之謬說　正偉老師著　出版日期未定　書價未定
70.**阿含經講記**—將選錄四阿含中數部重要經典全經講解之，講後整理出版。
平實導師述　約二輯　每輯300元　出版日期未定
71.**寶積經講記** 平實導師述　每輯三百餘頁 優惠價300元 出版日期未定
72.**解深密經講義**　平實導師述 約四輯　將於重講後整理出版
73.**成唯識論略解**　平實導師著　五～六輯　每輯300元　出版日期未定
74.**修習止觀坐禪法要講記**　平實導師述　每輯三百餘頁
將於正覺寺建成後重講、以講記逐輯出版　出版日期未定
75.**無門關**—《無門關》公案拈提　平實導師著　出版日期未定
76.**中觀再論**—兼述印順《中觀今論》謬誤之平議。正光老師著 出版日期未定
77.**輪迴與超度**—佛教超度法會之真義。
○○法師（居士）著　出版日期未定　書價未定
78.**《釋摩訶衍論》平議**—對偽稱龍樹所造《釋摩訶衍論》之平議
○○法師（居士）著　出版日期未定　書價未定
79.**正覺發願文**註解—以真實大願為因 得證菩提
正德老師著　出版日期未定　書價未定
80.**正覺總持咒**—佛法之總持　正圜老師著　出版日期未定　書價未定
81.**三自性**—依四食、五蘊、十二因緣、十八界法，說三性三無性。
作者未定　出版日期未定

82.**道品**—從三自性說大小乘三十七道品　　作者未定　出版日期未定
83.**大乘緣起觀**—依四聖諦七真如現觀十二緣起 作者未定　出版日期未定
84.**三德**—論解脫德、法身德、般若德。　　作者未定　出版日期未定
85.**真假如來藏**—對印順《如來藏之研究》謬說之平議　作者未定 出版日期未定
86.**大乘道次第**　　作者未定　出版日期未定　書價未定
87.**四緣**—依如來藏故有四緣。　作者未定　出版日期未定
88.**空之探究**—印順《空之探究》謬誤之平議　作者未定 出版日期未定
89.**十法義**—論阿含經中十法之正義　　作者未定　出版日期未定
90.**外道見**—論述外道六十二見　　作者未定　　出版日期未定

正智出版社有限公司 書籍介紹

禪淨圓融：言淨土諸祖所未曾言，示諸宗祖師所未曾示；禪淨圓融，另闢成佛捷徑，兼顧自力他力，闡釋淨土門之速行易行道，亦同時揭櫫聖教門之速行易行道；令廣大淨土行者得免緩行難證之苦，亦令聖道門行者得以藉著淨土速行道而加快成佛之時劫。乃前無古人之超勝見地，非一般弘揚禪淨法門典籍也，先讀爲快。平實導師著 200元。

宗門正眼——**公案拈提**第一輯：繼承克勤圜悟大師碧巖錄宗旨之禪門鉅作。先則舉示當代大法師之邪說，消弭當代禪門大師鄉愿之心態，摧破當今禪門「世俗禪」之妄談；次則旁通教法，表顯宗門正理；繼以道之次第，消弭古今狂禪；後藉言語及文字機鋒，直示宗門入處。悲智雙運，禪味十足，數百年來難得一睹之禪門鉅著也。平實導師著　500元（原初版書《禪門摩尼寶聚》，改版後補充爲五百餘頁新書，總計多達二十四萬字，內容更精彩，並改名爲《宗門正眼》，讀者原購初版《禪門摩尼寶聚》皆可寄回本公司免費換新，免附回郵，亦無截止期限）（2007年起，凡購買公案拈提第一輯至第七輯，每購一輯皆贈送本公司精製公案拈提〈超意境〉CD一片，市售價格280元，多購多贈）。

禪—悟前與悟後：本書能建立學人悟道之信心與正確知見，圓滿具足而有次第地詳述禪悟之功夫與禪悟之內容，指陳參禪中細微淆訛之處，能使學人明自眞心、見自本性。若未能悟入，亦能以正確知見辨別古今中外一切大師究係眞悟？或屬錯悟？便有能力揀擇，捨名師而選明師，後時必有悟道之緣。一旦悟道，遲者七次人天往返，便出三界，速者一生取辦。學人欲求開悟者，不可不讀。平實導師著。上、下冊共500元，單冊250元。

眞實如來藏：如來藏眞實存在，乃宇宙萬有之本體，並非印順法師、達賴喇嘛等人所說之「唯有名相、無此心體」。如來藏是涅槃之本際，是一切有智之人竭盡心智、不斷探索而不能得之生命實相；是古今中外許多大師自以爲悟而當面錯過之生命實相。如來藏即是阿賴耶識，乃是一切有情本自具足、不生不滅之眞實心。當代中外大師於此書出版之前所未能言者，作者於本書中盡情流露、詳細闡釋。眞悟者讀之，必能增益悟境、智慧增上；錯悟者讀之，必能檢討自己之錯誤，免犯大妄語業；未悟者讀之，能知參禪之理路，亦能以之檢查一切名師是否眞悟。此書是一切哲學家、宗教家、學佛者及欲昇華心智之人必讀之鉅著。平實導師著　售價400元。

宗門法眼—**公案拈提**第二輯：列舉實例，闡釋土城廣欽老和尚之悟處；並直示這位不識字的老和尚妙智橫生之根由，繼而剖析禪宗歷代大德之開悟公案，解析當代密宗高僧卡盧仁波切之錯悟證據，並例舉當代顯宗高僧、大居士之錯悟證據（凡健在者，爲免影響其名聞利養，皆隱其名）。藉辨正當代名師之邪見，向廣大佛子指陳禪悟之正道，彰顯宗門法眼。悲勇兼出，強捋虎鬚；慈智雙運，巧探驪龍；摩尼寶珠在手，直示宗門入處，禪味十足；若非大悟徹底，不能爲之。禪門精奇人物，允宜人手一冊，供作參究及悟後印證之圭臬。本書於2008年4月改版，增寫為大約500頁篇幅，以利學人研讀參究時更易悟入宗門正法，以前所購初版首刷及初版二刷舊書，皆可免費換取新書。平實導師著 500元（2007年起，凡購買公案拈提第一輯至第七輯，每購一輯皆贈送本公司精製公案拈提〈超意境〉CD一片，市售價格280元，多購多贈）。

宗門道眼—**公案拈提**第三輯：繼宗門法眼之後，再以金剛之作略、慈悲之胸懷、犀利之筆觸，舉示寒山、拾得、布袋三大士之悟處，消弭當代錯悟者對於寒山大士……等之誤會及誹謗。 亦舉出民初以來與虛雲和尚齊名之蜀郡鹽亭袁煥仙夫子——南懷瑾老師之師，其「悟處」何在？並蒐羅許多眞悟祖師之證悟公案，顯示禪宗歷代祖師之睿智，指陳部分祖師、奧修及當代顯密大師之謬悟，作爲殷鑑，幫助禪子建立及修正參禪之方向及知見。假使讀者閱此書已，一時尚未能悟，亦可一面加功用行，一面以此宗門道眼辨別眞假善知識，避開錯誤之印證及歧路，可免大妄語業之長劫慘痛果報。欲修禪宗之禪者，務請細讀。平實導師著 售價500元（2007年起，凡購買公案拈提第一輯至第七輯，每購一輯皆贈送本公司精製公案拈提〈超意境〉CD一片，市售價格280元，多購多贈）。

楞伽經詳解：本經是禪宗見道者印證所悟眞僞之根本經典，亦是禪宗見道者悟後起修之依據經典；故達摩祖師於印證二祖慧可大師之後，將此經典連同佛缽祖衣一併交付二祖，令其依此經典佛示金言、進入修道位，修學一切種智。由此可知此經對於眞悟之人修學佛道，是非常重要之一部經典。此經能破外道邪說，亦破佛門中錯悟名師之謬說，亦破禪宗部分祖師之狂禪：不讀經典、一向主張「一悟即成究竟佛」之謬執。並開示愚夫所行禪、觀察義禪、攀緣如禪、如來禪等差別，令行者對於三乘禪法差異有所分辨；亦糾正禪宗祖師古來對於如來禪之誤解，嗣後可免以訛傳訛之弊。此經亦是法相唯識宗之根本經典，禪者悟後欲修一切種智而入初地者，必須詳讀。平實導師著，全套共十輯，已全部出版完畢，每輯主文約320頁，每冊約352頁，定價250元。

宗門血脈—**公案拈提**第四輯：末法怪象—許多修行人自以爲悟，每將無念靈知認作眞實；崇尚二乘法諸師及其徒眾，則將**外於如來藏之緣起性空**—無因論之無常空、斷滅空、一切法空—錯認爲 佛所說之般若空性。這兩種現象已於當今海峽兩岸及美加地區顯密大師之中普遍存在；人人自以爲悟，心高氣壯，便敢寫書解釋祖師證悟之公案，大多出於意識思惟所得，言不及義，錯誤百出，因此誤導廣大佛子同陷大妄語之地獄業中而不能自知。彼等書中所說之悟處，其實處處違背第一義經典之聖言量。彼等諸人不論是否身披袈裟，都非佛法宗門血脈，或雖有禪宗法脈之傳承，亦只徒具形式；猶如螟蛉，非眞血脈，未悟得根本眞實故。禪子欲知佛、祖之眞血脈者，請讀此書，便知分曉。平實導師著，主文452頁，全書464頁，定價500元（2007年起，凡購買公案拈提第一輯至第七輯，每購一輯皆贈送本公司精製公案拈提〈超意境〉CD一片，市售價格280元，多購多贈）。

宗通與說通：古今中外，錯誤之人如麻似粟，每以常見外道所說之靈知心，認作眞心；或妄想虛空之勝性能量爲眞如，或錯認物質四大元素藉冥性（靈知心本體）能成就吾人色身及知覺，或認初禪至四禪中之了知心爲不生不滅之涅槃心。此等皆非通宗者之見地。復有錯悟之人一向主張「宗門與教門不相干」，此即尙未通達宗門之人也。其實宗門與教門互通不二，宗門所證者乃是眞如與佛性，教門所說者乃說宗門證悟之眞如佛性，故教門與宗門不二。本書作者以宗教二門互通之見地，細說「宗通與說通」，從初見道至悟後起修之道、細說分明；並將諸宗諸派在整體佛教中之地位與次第，加以明確之教判，學人讀之即可了知佛法之梗概也。欲擇明師學法之前，允宜先讀。平實導師著，主文共381頁，全書392頁，只售成本價300元。

宗門正道—**公案拈提**第五輯：修學大乘佛法有二果須證解脫果及大菩提果。二乘人不證大菩提果，唯證解脫果；此果之智慧，名爲聲聞菩提、緣覺菩提。大乘佛子所證二果之菩提果爲佛菩提，故名大菩提果，其慧名爲一切種智函蓋二乘解脫果。然此大乘二果修證，須經由禪宗之宗門證悟方能相應。而宗門證悟極難，自古已然；其所以難者，咎在古今佛教界普遍存在三種邪見：1.以修定認作佛法，2.以無因論之緣起性空—否定涅槃本際如來藏以後之一切法空作爲佛法，3.以常見外道邪見（離語言妄念之靈知性）作爲佛法。如是邪見，或因自身正見未立所致，或因邪師之邪教導所致，或因無始劫來虛妄熏習所致。若不破除此三種邪見，永劫不悟宗門眞義、不入大乘正道，唯能外門廣修菩薩行。平實導師於此書中，有極爲詳細之說明，有志佛子欲摧邪見、入於內門修菩薩行者，當閱此書。主文共496頁，全書512頁。售價500元（2007年起，凡購買公案拈提第一輯至第七輯，每購一輯皆贈送本公司精製公案拈提〈超意境〉CD一片，市售價格280元，多購多贈）。

狂密與眞密：密教之修學，皆由有相之觀行法門而入，其最終目標仍不離顯教經典所說第一義諦之修證；若離顯教第一義經典、或違背顯教第一義經典，即非佛教。西藏密教之觀行法，如灌頂、觀想、遷識法、寶瓶氣、大聖歡喜雙身修法、喜金剛、無上瑜伽、大樂光明、樂空雙運等，皆是印度教兩性生生不息思想之轉化，自始至終皆以如何能運用交合淫樂之法達到全身受樂爲其中心思想，純屬欲界五欲的貪愛，不能令人超出欲界輪迴，更不能令人斷除我見；何況大乘之明心與見性，更無論矣！故密宗之法絕非佛法也。而其明光大手印、大圓滿法教，又皆同以常見外道所說離語言妄念之無念靈知心錯認爲佛地之眞如，不能直指不生不滅之眞如。西藏密宗所有法王與徒眾，都尚未開頂門眼，不能辨別眞僞，以依人不依法、依密續不依經典故，不肯將其上師喇嘛所說對照第一義經典，純依密續之藏密祖師所說爲準，因此而誇大其證德與證量，動輒謂彼祖師上師爲究竟佛、爲地上菩薩；如今台海兩岸亦有自謂其師證量高於 釋迦文佛者，然觀其師所述，猶未見道，仍在觀行即佛階段，尚未到禪宗相似即佛、分證即佛階位，竟敢標榜爲究竟佛及地上法王，誑惑初機學人。凡此怪象皆是狂密，不同於眞密之修行者。近年狂密盛行，密宗行者被誤導者極眾，動輒自謂已證佛地眞如，自視爲究竟佛，陷於大妄語業中而不知自省，反謗顯宗眞修實證者之證量粗淺；或如義雲高與釋性圓…等人，於報紙上公然誹謗眞實證道者爲「騙子、無道人、人妖、癩蛤蟆…」等，造下誹謗大乘勝義僧之大惡業；或以外道法中有爲有作之甘露、魔術……等法，誑騙初機學人，狂言彼外道法爲眞佛法。如是怪象，在西藏密宗及附藏密之外道中，不一而足，舉之不盡，學人宜應愼思明辨，以免上當後又犯毀破菩薩戒之重罪。密宗學人若欲遠離邪知邪見者，請閱此書，即能了知密宗之邪謬，從此遠離邪見與邪修，轉入眞正之佛道。

平實導師著 共四輯 每輯約400頁（主文約340頁）每輯售價300元。

宗門正義——公案拈提第六輯：佛教有六大危機，乃是藏密化、世俗化、膚淺化、學術化、宗門密意失傳、悟後進修諸地之次第混淆；其中尤以宗門密意之失傳，爲當代佛教最大之危機。由宗門密意失傳故，易令世尊本懷普被錯解，易令世尊正法被轉易爲外道法，以及加以淺化、世俗化，是故宗門密意之廣泛弘傳與具緣佛弟子，極爲重要。然而欲令宗門密意之廣泛弘傳予具緣之佛弟子者，必須同時配合錯誤知見之解析、普令佛弟子知之，然後輔以公案解析之直示入處，方能令具緣之佛弟子悟入。而此二者，皆須以公案拈提之方式爲之，方易成其功、竟其業，是故平實導師續作宗門正義一書，以利學人。全書500餘頁，售價500元（2007年起，凡購買公案拈提第一輯至第七輯，每購一輯皆贈送本公司精製公案拈提〈超意境〉CD一片，市售價格280元，多購多贈）。

心經密意——心經與解脫道、佛菩提道、祖師公案之關係與密意。二乘菩提所證之解脫道，實依第八識心之斷除煩惱障現行而立解脫之名；大乘菩提所證之佛菩提道，實依親證第八識如來藏之涅槃性、清淨自性、及其中道性而立般若之名；禪宗祖師公案所證之眞心，即是此第八識如來藏；是故三乘佛法所修所證之三乘菩提，皆依此如來藏心而立名也。此第八識心，即是《心經》所說之心也。證得此如來藏已，即能漸入大乘佛菩提道，亦可因證知此心而了知二乘無學所不能知之無餘涅槃本際，是故《心經》之密意，與三乘佛菩提之關係極爲密切、不可分割，三乘佛法皆依此心而立名故。今者平實導師以其所證解脫道之無生智及佛菩提之般若種智，將《心經》與解脫道、佛菩提道、祖師公案之關係與密意，以演講之方式，用淺顯之語句和盤托出，發前人所未言，呈三乘菩提之眞義，令人藉此《心經密意》一舉而窺三乘菩提之堂奧，迥異諸方言不及義之說；欲求眞實佛智者、不可不讀！主文317頁，連同跋文及序文…等共384頁，售價300元。

宗門密意——公案拈提第七輯：佛教之世俗化，將導致學人以信仰作為學佛，則將以感應及世間法之庇祐，作為學佛之主要目標，不能了知學佛之主要目標為親證三乘菩提。大乘菩提則以般若實相智慧為主要修習目標，以二乘菩提解脫道為附帶修習之標的；是故學習大乘法者，應以禪宗之證悟為要務，能親入大乘菩提之實相般若智慧中故，般若實相智慧非二乘聖人所能知故。此書則以台灣世俗化佛教之三大法師，說法似是而非之實例，配合眞悟祖師之公案解析，提示證悟般若之關節，令學人易得悟入。平實導師著，全書五百餘頁，售價500元（2007年起，凡購買公案拈提第一輯至第七輯，每購一輯皆贈送本公司精製公案拈提〈超意境〉CD一片，市售價格280元，多購多贈）。

淨土聖道——兼評日本本願念佛：佛法甚深極廣，般若玄微，非諸二乘聖僧所能知之，一切凡夫更無論矣！所謂一切證量皆歸淨土是也！是故大乘法中「聖道之淨土、淨土之聖道」，其義甚深，難可了知；乃至眞悟之人，初心亦難知也。今有正德老師眞實證悟後，復能深探淨土與聖道之緊密關係，憐憫眾生之誤會淨土實義，亦欲利益廣大淨土行人同入聖道，同獲淨土中之聖道門要義，乃振奮心神、書以成文，今得刊行天下。主文279頁，連同序文等共301頁，總有十一萬六千餘字，正德老師著，成本價200元。

起信論講記：詳解大乘起信論**心生滅門**與**心眞如門**之眞實意旨，消除以往大師與學人對起信論所說**心生滅門**之誤解，由是而得了知眞心如來藏之非常非斷中道正理；亦因此一講解，令此論以往隱晦而被誤解之眞實義，得以如實顯示，令大乘佛菩提道之正理得以顯揚光大；初機學者亦可藉此正論所顯示之法義，對大乘法理生起正信，從此得以眞發菩提心，眞入大乘法中修學，世世常修菩薩正行。平實導師演述，共六輯，都已出版，每輯三百餘頁，售價250元。

優婆塞戒經講記：本經詳述在家菩薩修學大乘佛法，應如何受持菩薩戒？對人間善行應如何看待？對三寶應如何護持？應如何正確地修集此世後世證法之福德？應如何修集後世「行菩薩道之資糧」？並詳述第一義諦之正義：五蘊非我非異我、自作自受、異作異受、不作不受……等深妙法義，乃是修學大乘佛法、行菩薩行之在家菩薩所應當了知者。出家菩薩今世或未來世登地已，捨報之後多數將如華嚴經中諸大菩薩，以在家菩薩身而修行菩薩行，故亦應以此經所述正理而修之，配合《楞伽經、解深密經、楞嚴經、華嚴經》等道次第正理，方得漸次成就佛道；故此經是一切大乘行者皆應證知之正法。平實導師講述，每輯三百餘頁，售價各250元；共八輯，已全部出版。

真假活佛—略論附佛外道盧勝彥之邪說：人人身中都有眞活佛，永生不滅而有大神用，但眾生都不了知，所以常被身外的西藏密宗假活佛籠罩欺瞞。本來就眞實存在的眞活佛，才是眞正的密宗無上密！諾那活佛因此而說禪宗是大密宗，但藏密的所有活佛都不知道、也不曾實證自身中的眞活佛。本書詳實宣示眞活佛的道理，舉證盧勝彥的「佛法」不是眞佛法，也顯示盧勝彥是假活佛，直接的闡釋第一義佛法見道的眞實正理。眞佛宗的所有上師與學人們，都應該詳細閱讀，包括盧勝彥個人在內。正犀居士著，優惠價140元。

阿含正義—唯識學探源：廣說四大部《阿含經》諸經中隱說之眞正義理，一一舉示佛陀本懷，令阿含時期初轉法輪根本經典之眞義，如實顯現於佛子眼前。並提示末法大師對於阿含眞義誤解之實例，一一比對之，證實唯識增上慧學確於原始佛法之阿含諸經中已隱覆密意而略說之，證實 世尊確於原始佛法中已曾密意而說第八識如來藏之總相；亦證實 世尊在四阿含中已說此藏識是名色十八界之因、之本—證明如來藏是能生萬法之根本心。佛子可據此修正以往受諸大師（譬如西藏密宗應成派中觀師：印順、昭慧、性廣、大願、達賴、宗喀巴、寂天、月稱、……等人）誤導之邪見，建立正見，轉入正道乃至親證初果而無困難；書中並詳說三果所證的**心解脫**，以及四果**慧解脫**的親證，都是如實可行的具體知見與行門。全書共七輯，已出版完畢。平實導師著，每輯三百餘頁，售價300元。

超意境CD：以平實導師公案拈提書中超越意境之頌詞，加上曲風優美的旋律，錄成令人嚮往的超意境歌曲，其中包括正覺發願文及平實導師親自譜成的黃梅調歌曲一首。詞曲雋永，殊堪翫味，可供學禪者吟詠，有助於見道。內附設計精美的彩色小冊，解說每一首詞的背景本事。每片280元。【每購買公案拈提書籍一冊，即贈送一片。】

鈍鳥與靈龜：鈍鳥及靈龜二物，被宗門證悟者說爲二種人：前者是精修禪定而無智慧者，也是以定爲禪的愚癡禪人；後者是或有禪定、或無禪定的宗門證悟者，凡已證悟者皆是靈龜。但後者被人虛造事實，用以嘲笑大慧宗杲禪師，說他雖是靈龜，卻不免被天童禪師預記「患背」痛苦而亡：「**鈍鳥離巢易，靈龜脫殼難。**」藉以貶低大慧宗杲的證量。同時將天童禪師實證如來藏的證量，曲解爲意識境界的離念靈知。自從大慧禪師入滅以後，錯悟凡夫對他的不實毀謗就一直存在著，不曾止息，並且捏造的假事實也隨著年月的增加而越來越多，終至編成「鈍鳥與靈龜」的假公案、假故事。本書是考證大慧與天童之間的不朽情誼，顯現這件假公案的虛妄不實；更見大慧宗杲面對惡勢力時的正直不阿，亦顯示大慧對天童禪師的至情深義，將使後人對大慧宗杲的誣謗至此而止，不再有人誤犯毀謗賢聖的惡業。書中亦舉證宗門的所悟確以第八識如來藏爲標的，詳讀之後必可改正以前被錯悟大師誤導的參禪知見，日後必定有助於實證禪宗的開悟境界，得階大乘眞見道位中，即是實證般若之賢聖。全書459頁，售價350元。

我的菩提路第一輯：凡夫及二乘聖人不能實證的佛菩提證悟，末法時代的今天仍然有人能得實證，由正覺同修會釋悟圓、釋善藏法師等二十餘位實證如來藏者所寫的見道報告，已爲當代學人見證宗門正法之絲縷不絕，證明大乘義學的法脈仍然存在，爲末法時代求悟般若之學人照耀出光明的坦途。由二十餘位大乘見道者所繕，敘述各種不同的學法、見道因緣與過程，參禪求悟者必讀。全書三百餘頁，售價300元。

我的菩提路第二輯：由郭正益老師等人合著，書中詳述彼等諸人歷經各處道場學法，一一修學而加以檢擇之不同過程以後，因閱讀正覺同修會、正智出版社書籍而發起抉擇分，轉入正覺同修會中修學；乃至學法及見道之過程，都一一詳述之。（本書暫停發售，俟改版重新發售流通。）

我的菩提路第三輯：由王美伶老師等人合著。自從正覺同修會成立以來，每年夏初、冬初都舉辦精進禪三共修，藉以助益會中同修們得以證悟明心發起般若實相智慧；凡已實證而被平實導師印證者，皆書具見道報告用以證明佛法之眞實可證而非玄學，證明佛法並非純屬思想、理論而無實質，是故每年都能有人證明正覺同修會的「實證佛教」主張並非虛語。特別是眼見佛性一法，自古以來中國禪宗祖師實證者極寡，較之明心開悟的證境更難令人信受；至2017年初，正覺同修會中的證悟明心者已近五百人，然而其中眼見佛性者至今唯十餘人爾，可謂難能可貴，是故明心後欲冀眼見佛性者實屬不易。黃正倖老師是懸絕七年無人見性後的第一人，她於2009年的見性報告刊於本書的第二輯中，爲大眾證明佛性確實可以眼見；其後七年之中求見性者都屬解悟佛性而無人眼見，幸而又經七年後的2016冬初，以及2017夏初的禪三，復有三人眼見佛性，希冀鼓舞四眾佛子求見佛性之大心，今則具載一則於書末，顯示求見佛性之事實經歷，供養現代佛教界欲得見性之四眾弟子。全書四百頁，售價300元，已於2017年6月30日發行。

我的菩提路第四輯：由陳晏平等人著。中國禪宗祖師往往有所謂「見性」之言，所言多屬看見如來藏具有能令人發起成佛之自性，並非《大般涅槃經》中 如來所說之眼見佛性。眼見佛性者，於親見佛性之時，即能於山河大地眼見自己佛性，亦能於他人身上眼見自己佛性及對方之佛性，如是境界無法爲尚未實證者解釋；勉強說之，縱使眞實明心證悟之人聞之，亦只能以自身明心之境界想像之，但不論如何想像多屬非量，能有正確之比量者亦是稀有，故說眼見佛性極爲困難。眼見佛性之人若所見極分明時，在所見佛性之境界下所眼見之山河大地、自己五蘊身心皆是虛幻，自有異於明心者之解脫功德受用，此後永不思證二乘涅槃，必定邁向成佛之道而進入第十住位中，已超第一阿僧祇劫三分有一，可謂之爲超劫精進也。今又有明心之後眼見佛性之人出於人間，將其明心及後來見性之報告，連同其餘證悟明心者之精彩報告一同收錄於此書中，供養眞求佛法實證之四眾佛子。全書380頁，售價300元，已於2018年6月30日發行。

我的菩提路第五輯：林慈慧老師等人著，本輯中所舉學人從相似正法中來到正覺同修會的過程，各人都有不同，發生的因緣亦是各有差別，然而都會指向同一個目標——證實生命實相的源底，確證自己生從何來、死往何去的事實，所以最後都證明佛法眞實而可親證，絕非玄學；本書將彼等諸人的始修及末後證悟之實例，羅列出來以供學人參考。本期亦有一位會裡的老師，是從1995年即開始追隨平實導師修學，1997年明心後持續進修不斷，直到2017年眼見佛性之實例，足可證明《大般涅槃經》中世尊開示眼見佛性之法正眞無訛，第十住位的實證在末法時代的今天仍有可能，如今一併具載於書中以供學人參考，並供養現代佛教界欲得見性之四眾弟子。全書四百頁，售價300元，已於2019年12月31日發行。

我的菩提路第六輯：劉惠莉老師等人著，本輯中舉示劉老師明心多年以後的眼見佛性實錄，供末法時代學人了知明心之異於見性本質，足可證明《大般涅槃經》中世尊開示眼見佛性之法正眞無訛。亦列舉多篇學人從各道場來到正覺學法之不同過程，以及如何發覺邪見之異於正法的所在，最後終能在正覺禪三中悟入的實況，以證明佛教正法仍在末法時代的人間繼續弘揚的事實，鼓舞一切眞實學法的菩薩大眾思之：我等諸人亦可有因緣證悟，絕非空想白思。約四百頁，售價300元，已於2020年6月30日發行。

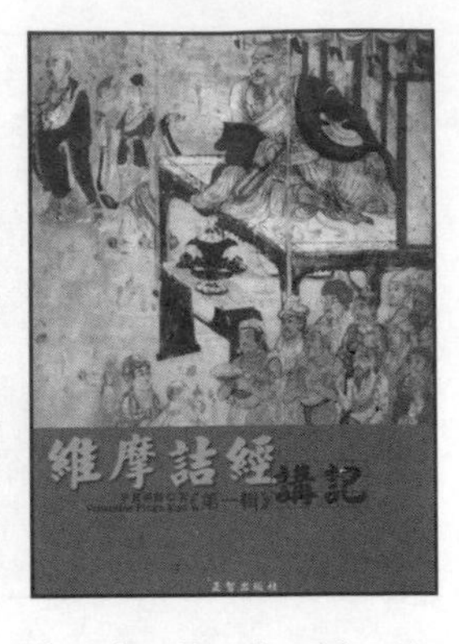

維摩詰經講記：本經係 世尊在世時，由等覺菩薩維摩詰居士藉疾病而演說之大乘菩提無上妙義，所說函蓋甚廣，然極簡略，是故今時諸方大師與學人讀之悉皆錯解，何況能知其中隱含之深妙正義，是故普遍無法為人解說；若強為人說，則成依文解義而有諸多過失。今由平實導師公開宣講之後，詳實解釋其中密意，令維摩詰菩薩所說大乘不可思議解脫之深妙正法得以正確宣流於人間，利益當代學人及與諸方大師。書中詳實演述大乘佛法深妙不共二乘之智慧境界，顯示諸法之中絕待之實相境界，建立大乘菩薩妙道於永遠不敗不壞之地，以此成就護法偉功，欲冀永利娑婆人天。已經宣講圓滿整理成書流通，以利諸方大師及諸學人。全書共六輯，每輯三百餘頁，售價各250元。

真假外道：本書具體舉證佛門中的常見外道知見實例，並加以教證及理證上的辨正，幫助讀者輕鬆而快速的了知常見外道的錯誤知見，進而遠離佛門內外的常見外道知見，因此即能改正修學方向而快速實證佛法。游正光老師著。成本價200元。

勝鬘經講記：如來藏為三乘菩提之所依，若離如來藏心體及其含藏之一切種子，即無三界有情及一切世間法，亦無二乘菩提緣起性空之出世間法；本經詳說無始無明、一念無明皆依如來藏而有之正理，藉著詳解煩惱障與所知障間之關係，令學人深入了知二乘菩提與佛菩提相異之妙理；聞後即可了知佛菩提之特勝處及三乘修道之方向與原理，邁向攝受正法而速成佛道的境界中。平實導師講述，共六輯，每輯三百餘頁，售價各250元。

楞嚴經講記：楞嚴經係密教部之重要經典，亦是顯教中普受重視之經典；經中宣說明心與見性之內涵極為詳細，將一切法都會歸如來藏及佛性—妙眞如性；亦闡釋佛菩提道修學過程中之種種魔境，以及外道誤會涅槃之狀況，旁及三界世間之起源。然因言句深澀難解，法義亦復深妙寬廣，學人讀之普難通達，是故讀者大多誤會，不能如實理解佛所說之明心與見性內涵，亦因是故多有悟錯之人引為開悟之證言，成就大妄語罪。今由平實導師詳細講解之後，整理成文，以易讀易懂之語體文刊行天下，以利學人。全書十五輯，全部出版完畢。每輯三百餘頁，售價每輯300元。

售價300元。

明心與眼見佛性：本書細述明心與眼見佛性之異同，同時顯示了中國禪宗破初參明心與重關眼見佛性二關之間的關聯；書中又藉法義辨正而旁述其他許多勝妙法義，讀後必能遠離佛門長久以來積非成是的錯誤知見，令讀者在佛法的實證上有極大助益。也藉慧廣法師的謬論來教導佛門學人回歸正知正見，遠離古今禪門錯悟者所墮的意識境界，非唯有助於斷我見，也對未來的開悟明心實證第八識如來藏有所助益，是故學禪者都應細讀之。游正光老師著　共448頁

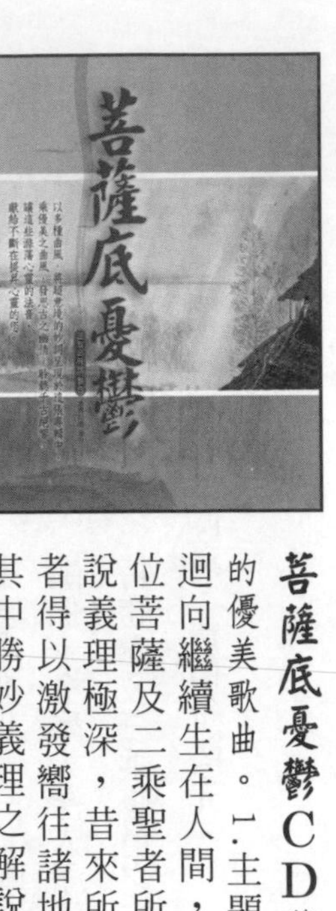

菩薩底憂鬱CD將菩薩情懷及禪宗公案寫成新詞，並製作成超越意境的優美歌曲。1.主題曲〈菩薩底憂鬱〉，描述地後菩薩能離三界生死而迴向繼續生在人間，但因尚未斷盡習氣種子而有極深沈之憂鬱，非三賢位菩薩及二乘聖者所知，此憂鬱在七地滿心位方才斷盡；本曲之詞中所說義理極深，昔來所未曾見；此曲係以優美的情歌風格寫詞及作曲，聞者得以激發嚮往諸地菩薩境界之大心，詞、曲都非常優美，難得一見；其中勝妙義理之解說，已印在附贈之彩色小冊中。2.以各輯公案拈提中直示禪門入處之頌文，作成各種不同曲風之超意境歌曲，值得玩味、參究；聆聽公案拈提之優美歌曲時，請同時閱讀內附之印刷精美說明小冊，可以領會超越三界的證悟境界；未悟者可以因此引發求悟之意向及疑情，眞發菩提心而邁向求悟之途，乃至因此眞實悟入般若，成眞菩薩。3.正覺總持咒新曲，總持佛法大意；總持咒之義理，已加以解說並印在隨附之小冊中。本CD共有十首歌曲，長達63分鐘，附贈二張購書優惠券。每片280元。

禪意無限CD平實導師以公案拈提書中偈頌寫成不同風格曲子，與他人所寫不同風格曲子共同錄製出版，幫助參禪人進入禪門超越意識之境界。盒中附贈彩色印製的精美解說小冊，以供聆聽時閱讀，令參禪人得以發起參禪之疑情，即有機會證悟本來面目，實證大乘菩提般若。本CD共有十首歌曲，長達69分鐘，每盒各附贈二張購書優惠券。每片280元。

金剛經宗通：三界唯心，萬法唯識，是成佛之修證內容，是諸地菩薩之所修；般若則是成佛之道（實證三界唯心、萬法唯識）的入門，若未證悟實相般若，即無成佛之可能，必將永在外門廣行菩薩六度，永在凡夫位中。然而實相般若的發起，全賴實證萬法的實相；若欲證知萬法的眞相，則必須探究萬法之所從來，則須實證自心如來—金剛心如來藏，然後現觀這個金剛心的金剛性、眞實性、如如性、清淨性、涅槃性、能生萬法的自性性、本住性，名爲證眞如；進而現觀三界六道唯是此金剛心所成，人間萬法須藉八識心王和合運作方能現起。如是實證《華嚴經》的「三界唯心、萬法唯識」以後，由此等現觀而發起實相般若智慧，繼續進修第十住位的如幻觀、第十行位的陽焰觀、第十迴向位的如夢觀，再生起增上意樂而勇發十無盡願，方能滿足三賢位的實證，轉入初地；自知成佛之道而無偏倚，從此按部就班、次第進修乃至成佛。第八識自心如來是般若智慧之所依，般若智慧的修證則要從實證金剛心自心如來開始；《金剛經》則是解說自心如來之經典，是一切三賢位菩薩所應進修之實相般若經典。這一套書，是將平實導師宣講的《金剛經宗通》內容，整理成文字而流通之；書中所說義理，迴異古今諸家依文解義之說，指出大乘見道方向與理路，有益於禪宗學人求開悟見道，及轉入內門廣修六度萬行，已於2013年9月出版完畢，總共9輯，每輯約三百餘頁，售價各250元。

空行母—性別、身分定位，以及藏傳佛教：本書作者爲蘇格蘭哲學家，因爲嚮往佛教深妙的哲學內涵，於是進入當年盛行於歐美的假藏傳佛教密宗，擔任卡盧仁波切的翻譯工作多年以後，被邀請成爲卡盧的空行母（又名佛母、明妃），開始了她在密宗裡的實修過程；後來發覺在密宗雙身法中的修行，其實無法使自己成佛，也發覺密宗對女性岐視而處處貶抑，並剝奪女性在雙身法中擔任一半角色時應有的身分定位。當她發覺自己只是雙身法中被喇嘛利用的工具，沒有獲得絲毫應有的尊重與基本定位時，發現了密宗的父權社會控制女性的本質；於是作者傷心地離開了卡盧仁波切與密宗，但是卻被恐嚇不許講出她在密宗裡的經歷，也不許她說出自己對密宗的教義與教制下對女性剝削的本質，否則將被咒殺死亡。後來她去加拿大定居，十餘年後方才擺脫這個恐嚇陰影，下定決心將親身經歷的實情及觀察到的事實寫下來並且出版，公諸於世。出版之後，她被流亡的達賴集團人士大力攻訐，誣指她爲精神狀態失常、說謊……等。但有智之士並未被達賴集團的政治操作及各國政府政治運作吹捧達賴的表相所欺，使她的書銷售無阻而又再版。正智出版社鑑於作者此書是親身經歷的事實，所說具有針對「藏傳佛教」而作學術研究的價值，也有使人認清假藏傳佛教剝削佛母、明妃的男性本位實質，因此洽請作者同意中譯而出版於華人地區。珍妮·坎貝爾女士著，呂艾倫 中譯，每冊250元。

霧峰無霧—給哥哥的信：本書作者藉兄弟之間信件往來論義，略述佛法大義；並以多篇短文辨義，舉出釋印順對佛法的無量誤解證據，並一一給予簡單而清晰的辨正，令人一讀即知。久讀、多讀之後即能認清楚釋印順的六識論見解，與眞實佛法之牴觸是多麼嚴重；於是在久讀、多讀之後，於不知不覺之間提升了對佛法的極深入理解，正知正見就在不知不覺間建立起來了。當三乘佛法的正知見建立起來之後，對於三乘菩提的見道條件便將隨之具足，於是聲聞解脫道的見道也就水到渠成；接著大乘見道的因緣也將次第成熟，未來自然也會有親見大乘菩提之道的因緣，悟入大乘實相般若也將自然成功，自能通達般若系列諸經而成實義菩薩。作者居住於南投縣霧峰鄉，自喻見道之後不復再見霧峰之霧，故鄉原野美景一一明見，於是立此書名爲《霧峰無霧》；讀者若欲撥霧見月，可以此書爲緣。游宗明 老師著 已於2015年出版 售價250元。

霧峰無霧—第二輯—**救護佛子向正道**：本書作者藉釋印順著作中之各種錯謬法義提出辨正，以詳實的文義一一提出理論上及實證上之解析，列舉釋印順對佛法的無量誤解證據，藉此教導佛門大師與學人釐清佛法義理，遠離岐途轉入正道，然後知所進修，久之便能見道明心而入大乘勝義僧數。被釋印順誤導的大師與學人極多，很難救轉，是故作者大發悲心深入解說其錯謬之所在，佐以各種義理辨正而令讀者在不知不覺之間轉歸正道。如是久讀之後欲得斷身見、證初果，即不爲難事；乃至久之亦得大乘見道而得證眞如，脫離空有二邊而住中道，實相般若智慧生起，於佛法不再茫然，漸漸亦知悟後進修之道。屆此之時，對於大乘般若等深妙法之迷雲暗霧亦將一掃而空，生命及宇宙萬物之故鄉原野美景一一明見，是故本書仍名《霧峰無霧》，爲第二輯；讀者若欲撥雲見日、離霧見月，可以此書爲緣。游宗明 老師著 已於2019年出版 售價250元。

假藏傳佛教的神話—**性**、**謊言**、**喇嘛教**：本書編著者是由一首名爲「阿姊鼓」的歌曲爲緣起，展開了序幕，揭開假藏傳佛教—喇嘛教—的神祕面紗。其重點是蒐集、摘錄網路上質疑「喇嘛教」的帖子，以揭穿「假藏傳佛教的神話」爲主題，串聯成書，並附加彩色插圖以及說明，讓讀者們瞭解西藏密宗及相關人事如何被操作爲「神話」的過程，以及神話背後的眞相。作者：張正玄教授。售價200元。

達賴真面目—玩盡天下女人：假使您不想戴綠帽子，請記得詳細閱讀此書；假使您不想讓好朋友戴綠帽子，請您將此書介紹給您的好朋友。假使您想保護家中的女性，也想要保護好朋友的女眷，請記得將此書送給家中的女性和好友的女眷都來閱讀。本書爲印刷精美的大本彩色中英對照精裝本，爲您揭開達賴喇嘛的眞面目，內容精彩不容錯過，爲利益社會大眾，特別以優惠價格嘉惠所有讀者。編著者：白志偉等。大開版雪銅紙彩色精裝本。售價800元。

喇嘛性世界—揭開假藏傳佛教譚崔瑜伽的面紗：這個世界中的喇嘛，號稱來自世外桃源的香格里拉，穿著或紅或黃的喇嘛長袍，散布於我們的身邊傳教灌頂，吸引了無數的人嚮往學習；這些喇嘛虔誠地爲大眾祈福，手中拿著寶杵（金剛）與寶鈴（蓮花），口中唸著咒語：「唵．嘛呢．叭咪．吽……」，咒語的意思是說：「我至誠歸命金剛杵上的寶珠伸向蓮花寶穴之中」！「喇嘛性世界」是什麼樣的「世界」呢？本書將爲您呈現喇嘛世界的面貌。當您發現眞相以後，您將會唸：「噢！喇嘛．性．世界，譚崔性交嘛！」作者：張善思、呂艾倫。售價200元。

末代達賴—性交教主的悲歌：簡介從藏傳僞佛教（喇嘛教）的修行核心—性力派男女雙修，探討達賴喇嘛及藏傳僞佛教的修行內涵。書中引用外國知名學者著作、世界各地新聞報導，包含：歷代達賴喇嘛的祕史、達賴六世修雙身法的事蹟，以及《時輪續》中的性交灌頂儀式……等；達賴喇嘛書中開示的雙修法、達賴喇嘛的黑暗政治手段；達賴喇嘛所領導的寺院爆發喇嘛性侵兒童；新聞報導《西藏生死書》作者索甲仁波切性侵女信徒、澳洲喇嘛秋達公開道歉、美國最大假藏傳佛教組織領導人邱陽創巴仁波切的性氾濫；等等事件背後眞相的揭露。作者：張善思、呂艾倫、辛燕。售價250元。

第七意識與第八意識？—穿越時空「超意識」：「三界唯心，萬法唯識」是佛教中應該實證的聖教，也是《華嚴經》中明載而可以實證的法界實相。唯心者，三界一切境界、一切諸法唯是一心所成就，即是每一個有情的第八識如來藏，不是意識心。唯識者，即是人類各各都具足的八識心王——眼識、耳鼻舌身意識、意根、阿賴耶識，第八阿賴耶識又名如來藏，人類五陰相應的萬法，莫不由八識心王共同運作而成就，故說萬法唯識。依聖教量及現量、比量，都可以證明意識是二法因緣生，是由第八識藉意根與法塵二法爲因緣而出生，又是夜夜斷滅不存之生滅心，即無可能反過來出生第七識意根、第八識如來藏，當知不可能從生滅性的意識心中，細分出恆審思量的第七識意根，更無可能細分出恆而不審的第八識如來藏。本書是將演講內容整理成文字，細說如是內容，並已在〈正覺電子報〉連載完畢，今彙集成書以廣流通，欲幫助佛門有緣人斷除意識我見，跳脫於識陰之外而取證聲聞初果；嗣後修學禪宗時即得不墮外道神我之中，得以求證第八識金剛心而發起般若實智。平實導師 述，每冊300元。

黯淡的達賴──失去光彩的諾貝爾和平獎：本書舉出很多證據與論述，詳述達賴喇嘛不爲世人所知的一面，顯示達賴喇嘛並不是眞正的和平使者，而是假借諾貝爾和平獎的光環來欺騙世人；透過本書的說明與舉證，讀者可以更清楚的瞭解，達賴喇嘛是結合暴力、黑暗、淫欲於喇嘛教裡的集團首領，其政治行爲與宗教主張，早已讓諾貝爾和平獎的光環染污了。本書由財團法人正覺教育基金會寫作、編輯，由正覺出版社印行，每冊250元。

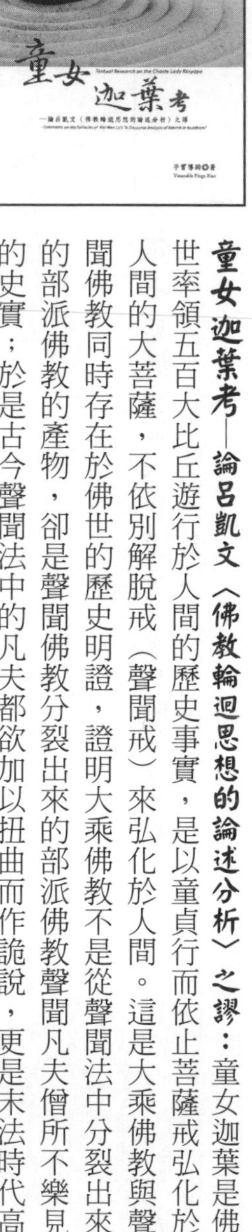

童女迦葉考──論呂凱文〈佛教輪迴思想的論述分析〉之謬：童女迦葉是佛世率領五百大比丘遊行於人間的歷史事實，是以童貞行而依止菩薩戒弘化於人間的大菩薩，不依別解脫戒（聲聞戒）來弘化於人間。這是大乘佛教與聲聞佛教同時存在於佛世的歷史明證，證明大乘佛教不是從聲聞法中分裂出來的部派佛教的產物，卻是聲聞佛教分裂出來的部派佛教聲聞凡夫僧所不樂見的史實；於是古今聲聞法中的凡夫都欲加以扭曲而作詭說，更是末法時代高聲大呼「大乘非佛說」的六識論聲聞凡夫極力想要扭曲的佛教史實之一，於是想方設法扭曲迦葉菩薩爲聲聞僧，以及扭曲迦葉童女爲比丘僧等荒謬不實之論著便陸續出現，古時聲聞僧寫作的《分別功德論》是最具體之事例，現代之代表作則是呂凱文先生的〈佛教輪迴思想的論述分析〉論文。鑑於如是假藉學術考證以籠罩大眾之不實謬論，未來仍將繼續造作及流竄於佛教界，繼續扼殺大乘佛教學人法身慧命，必須舉證辨正之，遂成此書。平實導師 著，每冊180元。

人間佛教—實證者必定不悖三乘菩提：「大乘非佛說」的講法似乎流傳已久，卻只是日本人企圖擺脫中國正統佛教的影響，而在明治維新時期才開始提出來的說法；台灣佛教、大陸佛教的淺學無智之人，由於未曾實證佛法而迷信日本人錯誤的學術考證，錯認為這些別有用心的日本佛學考證的講法為天竺佛教的真實歷史；甚至還有更激進的反對佛教者提出「釋迦牟尼佛並非真實存在，只是後人捏造的假歷史人物」，竟然也有少數佛教徒願意跟著「學術」的假光環而信受不疑，亦導致部分台灣佛教界人士，造作了反對中國大乘佛教而推崇南洋小乘佛教的行為，使台灣佛教的信仰者難以檢擇，亦導致一般大陸人士開始轉入基督教的盲目迷信中。在這些佛教及外教人士之中，也就有一分人根據此邪說而大聲主張「大乘非佛說」的謬論，這些人以「人間佛教」的名義來抵制中國正統佛教，公然宣稱中國的大乘佛教是由聲聞部派佛教的凡夫僧所創造出來的。這樣的說法流傳於台灣及大陸佛教界凡夫僧之中已久，卻非真正的佛教歷史中曾經發生過的事，只是繼承六識論的聲聞法中凡夫僧，以及別有居心的日本佛教界，依自己的意識境界立場，純憑臆想而編造出來的妄想說法，卻已經影響許多無智之凡夫僧俗信受不移。本書則是從佛教的經藏法義實質及實證的現量內涵本質立論，證明大乘佛法本是佛說，是從《阿含正義》尚未說過的不同面向來討論「人間佛教」的議題，證明「大乘真佛說」。閱讀本書可以斷除六識論邪見，迴入三乘菩提正道發起實證的因緣；也能斷除禪宗學人學禪時普遍存在之錯誤知見，對於建立參禪時的正知見有很深的著墨。平實導師 述，內文488頁，全書528頁，定價400元。

見性與看話頭：黃正倖老師的《見性與看話頭》於《正覺電子報》連載完畢，今集結出版。書中詳說禪宗看話頭的詳細方法，並細說看話頭與眼見佛性的關係，以及眼見佛性者求見佛性前必須具備的條件。本書是禪宗實修者追求明心開悟時參禪的方法書，也是求見佛性者作功夫時必讀的方法書，內容兼顧眼見佛性的理論與實修之方法，是依實修之體驗配合理論而詳述，條理分明而且極為詳實、周全、深入。本書內文375頁，全書416頁，售價300元。

中觀金鑑—詳述應成派中觀的起源與其破法本質：學佛人往往迷於中觀學派之不同學說，被應成派與自續派所迷惑；修學般若中觀二十年後自以爲實證般若中觀了，卻仍不曾入門，甫聞實證般若中觀者之所說，則茫無所知，迷惑不解；隨後信心盡失，不知如何實證佛法；凡此，皆因惑於這二派中觀學說所致。自續派中觀所說同於常見，以意識境界立爲第八識如來藏之境界，應成派所說則同於斷見，但又同立意識爲常住法，故亦具足斷常二見。今者孫正德老師有鑑於此，乃將起源於密宗的應成派中觀學說，追本溯源，詳考其來源之外，亦一一舉證其立論內容，詳加辨正，令密宗雙身法祖師以識陰境界而造之應成派中觀學說本質，詳細呈現於學人眼前，令其維護雙身法之目的無所遁形。若欲遠離密宗此二大派中觀謬說，欲於三乘菩提有所進道者，允宜具足閱讀並細加思惟，反覆讀之以後將可捨棄邪道返歸正道，則於般若之實證即有可能，證後自能現觀如來藏之中道境界而成就中觀。本書分上、中、下三冊，每冊250元，已全部出版完畢。

真心告訴您(一)—達賴喇嘛在幹什麼？ 這是一本報導篇章的選集，更是「破邪顯正」的暮鼓晨鐘。「破邪」是戳破假象，說明達賴喇嘛及其所率領的密宗四大派法王、喇嘛們，弘傳的佛法是仿冒的佛法；他們是假藏傳佛教，是坦特羅(譚崔性交)外道法和藏地崇奉鬼神的苯教混合成的「喇嘛教」，推廣的是以所謂「無上瑜伽」的男女雙身法冒充佛法的假佛教，詐財騙色誤導眾生，常常造成信徒家庭破碎、家中兒少失怙的嚴重後果。「顯正」是揭櫫眞相，指出眞正的藏傳佛教只有一個，就是覺囊巴，傳的是 釋迦牟尼佛演繹的第八識如來藏妙法，稱爲他空見大中觀。正覺教育基金會即以此古今輝映的如來藏正法正知見，在眞心新聞網中逐次報導出來，將箇中原委「眞心告訴您」，如今結集成書，與想要知道密宗眞相的您分享。售價250元。

實相經宗通：學佛之目的在於實證一切法界背後之實相，禪宗稱之爲本來面目或本地風光，佛菩提道中稱之爲實相法界；此實相法界即是金剛藏，又名佛法之祕密藏，即是能生有情五陰、十八界及宇宙萬有（山河大地、諸天、三惡道世間）的第八識如來藏，又名阿賴耶識心，即是禪宗祖師所說的眞如心，此心即是三界萬有背後的實相。證得此第八識心時，自能瞭解般若諸經中隱說的種種密意，即得發起實相般若——實相智慧。每見學佛人修學佛法二十年後仍對實相般若茫然無知，亦不知如何入門，茫無所趣；更因不知三乘菩提的互異互同，是故越是久學者對佛法越覺茫然，都肇因於尚未瞭解佛法的全貌，亦未瞭解佛法的修證內容即是第八識心所致。本書對於修學佛法者所應實證的實相境界提出明確解析，並提示趣入佛菩提道的入手處，有心親證實相般若的佛法實修者，宜詳讀之，於佛菩提道之實證即有下手處。平實導師述著，共八輯，已於2016年出版完畢，每輯成本價250元。

法華經講義：此書爲平實導師始從2009/7/21演述至2014/1/14之講經錄音整理所成。世尊一代時教，總分五時三教，即是華嚴時、聲聞緣覺教、般若教、種智唯識教、法華時；依此五時三教區分爲藏、通、別、圓四教。本經是最後一時的圓教經典，圓滿收攝一切法教於本經中，是故最後的圓教聖訓中，特地指出無有三乘菩提，其實唯有一佛乘；皆因眾生愚迷故，方便區分爲三乘菩提以助眾生證道。世尊於此經中特地說明如來示現於人間的唯一大事因緣，便是爲有緣眾生「開、示、悟、入」諸佛的所知所見——第八識如來藏妙眞如心，並於諸品中隱說「妙法蓮花」如來藏心的密意。然因此經所說甚深難解，眞義隱晦，古來難得有人能窺堂奧；平實導師以知如是密意故，特爲末法佛門四眾演述《妙法蓮華經》中各品蘊含之密意，使古來未曾被古德註解出來的「此經」密意，如實顯示於當代學人眼前。乃至〈藥王菩薩本事品〉、〈妙音菩薩品〉、〈觀世音菩薩普門品〉、〈普賢菩薩勸發品〉中的微細密意，亦皆一併詳述之，可謂開前人所未曾言之密意，示前人所未見之妙法。最後乃至以〈法華大義〉而總其成，全經妙旨貫通始終，而依佛旨圓攝於一心如來藏妙心，厥爲曠古未有之大說也。平實導師述，共有25輯，已於2019/05/31出版完畢。每輯300元。

西藏「活佛轉世」制度—附佛、造神、世俗法：歷來關於喇嘛教活佛轉世的研究，多針對歷史及文化兩部分，於其所以成立的理論基礎，較少系統化的探討。尤其是此制度是否依據「佛法」而施設？是否合乎佛法眞實義？現有的文獻大多含糊其詞，或人云亦云，不曾有明確的闡釋與如實的見解。因此本文先從活佛轉世的由來，探索此制度的起源、背景與功能，並進而從活佛的尋訪與認證之過程，發掘活佛轉世的特徵，以確認「活佛轉世」在佛法中應具足何種果德。定價150元。

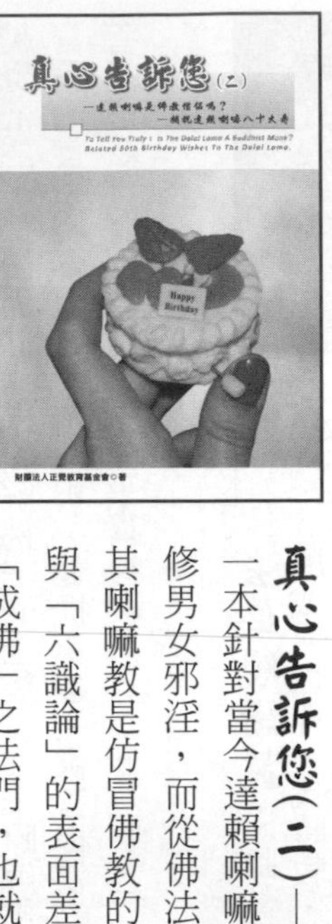

真心告訴您(二)—達賴喇嘛是佛教僧侶嗎？補祝達賴喇嘛八十大壽：這是一本針對當今達賴喇嘛所領導的喇嘛教，冒用佛教名相、於師徒間或師兄姊間，實修男女邪淫，而從佛法三乘菩提的現量與聖教量，揭發其謊言與邪術，證明達賴及其喇嘛教是仿冒佛教的外道，是「假藏傳佛教」。藏密四大派教義雖有「八識論」與「六識論」的表面差異，然其實修之內容，皆共許「無上瑜伽」四部灌頂爲究竟「成佛」之法門，也就是共以男女雙修之邪淫法爲「即身成佛」之密要，雖美其名曰「欲貪爲道」之「金剛乘」，並誇稱其成就超越於（應身佛）釋迦牟尼佛所傳之顯教般若乘之上；然詳考其理論，則或以意識離念時之粗細心爲第八識如來藏，或以中脈裡的明點爲第八識如來藏，或如宗喀巴與達賴堅決主張第六意識爲常恆不變之眞心者，分別墮於外道之常見與斷見中；全然違背　佛說能生五蘊之如來藏的實質。售價300元。

涅槃—解說四種涅槃之實證及內涵：眞正學佛之人，首要即是見道，由見道故方有涅槃之實證，證涅槃者方能出生死，但涅槃有四種：二乘聖者的有餘涅槃、無餘涅槃，以及大乘聖者的本來自性清淨涅槃、佛地的無住處涅槃。大乘聖者實證本來自性清淨涅槃，入地前再取證二乘涅槃，然後起惑潤生捨離二乘涅槃，繼續進修而在七地心前斷盡三界愛之習氣種子，依七地無生法忍之具足而證得念念入滅盡定；八地後進斷異熟生死，直至妙覺地下生人間成佛，具足四種涅槃，方是眞正成佛。此理古來少人言，以致誤會涅槃正理者比比皆是，今於此書中廣說四種涅槃、如何實證之理、實證前應有之條件，實屬本世紀佛教界極重要之著作，令人對涅槃有正確無訛之認識，然後可以依之實行而得實證。本書共有上下二冊，每冊各四百餘頁，對涅槃詳加解說，每冊各350元。

佛藏經講義：本經說明爲何佛菩提難以實證之原因，都因往昔無數阿僧祇劫前的邪見，引生此世求證時之業障而難以實證。即以諸法實相詳細解說，繼之以念佛品、念法品、念僧品，說明諸佛與法之實質；然後以淨戒品之說明，期待佛弟子四眾堅持清淨戒而轉化心性，並以往古品的實例說明，教導四眾務必滅除邪見轉入正見中，然後以了戒品的說明和囑累品的付囑，期望末法時代的佛門四眾弟子皆能清淨知見而得以實證。平實導師於此經中有極深入的解說，總共21輯，每輯300元，於2019/07/31開始發行。

我的菩提路第七輯：余正偉老師等人著，本輯中舉示余老師明心二十餘年以後的眼見佛性實錄，供末法時代學人了知明心異於見性之本質，並且舉示其見性後與平實導師互相討論眼見佛性之諸多疑訛處；除了證明《大般涅槃經》中 世尊開示眼見佛性之法正眞無訛以外，亦得一解明心後尚未見性者之所未知處，甚爲精彩。此外亦列舉多篇學人從各不同宗教進入正覺學法之不同過程，以及發覺諸方道場邪見之內容與過程，最終得於正覺精進禪三中悟入的實況，足供末法精進學人借鑑，以彼鑑己而生信心，得以投入了義正法中修學及實證。凡此，皆足以證明不唯明心所證之第七住位般若智慧及解脫功德仍可實證，乃至第十住位的實證與當場發起如幻觀之實證，於末法時代的今天皆仍有可能。本書約四百頁，售價300元，將於2021年6月30日發行。

大法鼓經講義：本經解說佛法的總成：法、非法。由開解法、非法二義，說明了義佛法與世間戲論法的差異，指出佛法實證之標的即是法——第八識如來藏；並顯示實證後的智慧，如實擊大法鼓、演深妙法，演說如來祕密教法，非二乘定性及諸凡夫所能得聞，唯有具足菩薩性者方能得聞。正聞之後即得依於 世尊大願而拔除邪見，入於正法而得實證；深解不了義經之方便說，亦能實解了義經所說之眞實義，得以證法——如來藏，而得發起根本無分別智，乃至進修而發起後得無分別智；並堅持布施及受持清淨戒而轉化心性，得以現觀眞我如來藏之各種層面。此爲第一義諦聖教，於末法最後餘四十年時，一切世間樂見離車童子將繼續護持此經所說正法。平實導師於此經中有極深入的解說，總共約六輯，每輯300元，於《佛藏經講義》出版完畢後開始發行，每二個月發行一輯。

解深密經講義：本經係　世尊晚年第三轉法輪，宣說地上菩薩所應熏修之唯識正義經典，經中所說義理乃是大乘一切種智增上慧學，以阿陀那識—如來藏—阿賴耶識為主體。禪宗之證悟者，若欲修證初地無生法忍乃至八地無生法忍者，必須修學《楞伽經、解深密經》所說之八識心王一切種智；此二經所說正法，方是真正成佛之道；印順法師否定如來藏之後所說萬法緣起性空之法，是以誤會後之二乘解脫道取代大乘真正成佛之道，亦已墮於斷滅見中，不可謂為成佛之道也。平實導師曾於本會郭故理事長往生時，於喪宅中從初七至第十七，宣講圓滿，作為郭老之往生佛事功德，迴向郭老早證八地、速返娑婆住持正法；茲為今時後世學人故，將擇期重講《解深密經》，以淺顯之語句講畢後將會整理成文，用供證悟者進道；亦令諸方未悟者，據此經中佛語正義，修正邪見，依之速能入道。平實導師述著，全書輯數未定，每輯三百餘頁，將於未來重講完畢後逐輯出版。

修習止觀坐禪法要講記：修學四禪八定之人，往往錯會禪定之修學知見，欲以無止盡之坐禪而證禪定境界，卻不知修除性障之行門才是修證四禪八定不可或缺之要素，故智者大師云「性障初禪」；性障不除，初禪永不現前，云何修證二禪等？又：行者學定，若唯知數息，而不解六妙門之方便善巧者，欲求一心入定，未到地定極難可得，智者大師名之為「事障未來」：障礙未到地定之修證。又禪定之修證，不可違背二乘菩提及第一義法，否則縱使具足四禪八定，亦不能實證涅槃而出三界。此諸知見，智者大師於《修習止觀坐禪法要》中皆有闡釋。作者平實導師以其第一義之見地及禪定之實證證量，曾加以詳細解析。將俟正覺寺竣工啓用後重講，不限制聽講者資格；講後將以語體文整理出版。欲修習世間定及增上定之學者，宜細讀之。平實導師述著。

阿含經講記──小乘解脫道之修證：數百年來，南傳佛法所說證果之不實，所說解脫道之虛妄，所弘解脫道法義之世俗化，皆已少人知之；從南洋傳入台灣與大陸之後，所說法義虛謬之事，亦復少人知之；今時台灣全島印順系統之法師居士，多不知南傳佛法數百年來所說解脫道之義理已然偏斜、已然世俗化、已非眞正之二乘解脫正道，猶極力推崇與弘揚。彼等南傳佛法近代所謂之證果者皆非眞實證果者，譬如阿迦曼、葛印卡、帕奧禪師、一行禪師……等人，悉皆未斷我見故。近年更有台灣南部大願法師，高抬南傳佛法之二乘修證行門爲「捷徑究竟解脫之道」者，然而南傳佛法縱使眞修實證，得成阿羅漢，至高唯是二乘菩提解脫之道，絕非究竟解脫，無餘涅槃中之實際尙未得證故，法界之實相尙未了知故，習氣種子待除故，一切種智未實證故，焉得謂爲「究竟解脫」？即使南傳佛法近代眞有實證之阿羅漢，尙且不及三賢位中之七住明心菩薩本來自性清淨涅槃智慧境界，則不能知此賢位菩薩所證之無餘涅槃實際，仍非大乘佛法中之見道者，何況普未實證聲聞果乃至未斷我見之人？謬充證果已屬逾越，更何況是誤會二乘菩提之後，以未斷我見之凡夫知見所說之二乘菩提解脫偏斜法道，焉可高抬爲「究竟解脫」？而且自稱「捷徑之道」？又妄言解脫之道即是成佛之道，完全否定般若實智、否定三乘菩提所依之如來藏心體，此理大大不通也！平實導師爲令修學二乘菩提欲證解脫果者，普得迴入二乘菩提正見、正道中，是故選錄四阿含諸經中，對於二乘解脫道法義有具足圓滿說明之經典，預定未來十年內將會加以詳細講解，令學佛人得以了知二乘解脫道之修證理路與行門，庶免被人誤導之後，未證言證，梵行未立，干犯道禁自稱阿羅漢或成佛，成大妄語，欲升反墮。本書首重斷除我見，以助行者斷除我見而實證初果爲著眼之目標，若能根據此書內容，配合平實導師所著《識蘊眞義》《阿含正義》內涵而作實地觀行，實證初果非爲難事，行者可以藉此三書自行確認聲聞初果爲實際可得現觀成就之事。此書中除依二乘經典所說加以宣示外，亦依斷除我見等之證量，及大乘法中道種智之證量，對於意識心之體性加以細述，令諸二乘學人必定得斷我見、常見，免除三縛結之繫縛。次則宣示斷除我執之理，欲令升進而得薄貪瞋癡，乃至斷五下分結…等。平實導師將擇期講述，然後整理成書。共二冊，每冊三百餘頁。每輯300元。

總經銷： 聯合發行股份有限公司

231 新北市新店區寶橋路 235 巷 6 弄 6 號 4F

Tel.02－2917-8022（代表號） Fax.02－2915-6275（代表號）

零售：1.**全台連鎖經銷書局：**

三民書局、誠品書局、何嘉仁書店

敦煌書店、紀伊國屋、金石堂書局、建宏書局

諾貝爾圖書城、墊腳石圖書文化廣場

2.**台北市：**佛化人生 **大安區**羅斯福路 3 段 325 號 6 樓之 4　台電大樓對面

3.**新北市：**春大地書店 **蘆洲區**中正路 117 號

4.**桃園市：**御書堂 **龍潭區**中正路 123 號

5.**新竹市：**大學書局 **東區**建功路 10 號

6.**台中市：**瑞成書局 **東區**雙十路 1 段 4 之 33 號

佛教詠春書局 **南屯區**永春東路 884 號

文春書店 **霧峰區**中正路 1087 號

7.**彰化市：**心泉佛教文化中心 南瑤路 286 號

8.**高雄市：**政大書城 **前鎮區**中華五路 789 號 2 樓（高雄夢時代店）

明儀書局 **三民區**明福街 2 號

青年書局 **苓雅區**青年一路 141 號

9.**台東市：**東普佛教文物流通處 博愛路 282 號

10.**其餘鄉鎮市經銷書局：**請電詢總經銷**聯合**公司。

11.**大陸地區請洽：**

香港：樂文書店

旺角店 :香港九龍旺角西洋菜街 62 號 3 樓

電話 : (852) 2390 3723 email: luckwinbooks@gmail.com

銅鑼灣店 :香港銅鑼灣駱克道 506 號 2 樓

電話 : (852) 2881 1150 email: luckwinbs@gmail.com

廈門：廈門外圖臺灣書店有限公司

地址:廈門市思明區湖濱南路809 號 廈門外圖書城3 樓 郵編:361004

電話：0592-5061658（臺灣地區請撥打 86-592-5061658）

E-mail：JKB118＠188.COM

12.**美國：世界日報圖書部：**紐約圖書部　電話 7187468889#6262

洛杉磯圖書部　電話 3232616972#202

13.**國內外地區網路購書：**

正智出版社 書香園地　http://books.enlighten.org.tw/

（書籍簡介、經銷書局可直接聯結下列網路書局購書）

三民 網路書局　http://www.sanmin.com.tw

誠品 網路書局　http://www.eslitebooks.com

博客來 網路書局　http://www.books.com.tw

金石堂 網路書局　http://www.kingstone.com.tw

聯合 網路書局　http:// www.nh.com.tw

附註：1.請儘量向各經銷書局購買：郵政劃撥需要八天才能寄到（本公司在您劃撥後第四天才能接到劃撥單，次日寄出後第二天您才能收到書籍，此六天中可能會遇到週休二日，是故共需八天才能收到書籍）若想要早日收到書籍者，請劃撥完畢後，將劃撥收據貼在紙上，旁邊寫上您的姓名、住址、郵區、電話、買書詳細內容，直接傳眞到本公司 02-28344822，並來電 02-28316727、28327495 確認是否已收到您的傳眞，即可提前收到書籍。 **2.** 因台灣每月皆有五十餘種宗教類書籍上架，書局書架空間有限，故唯有新書方有機會上架，通常每次只能有一本新書上架；本公司出版新書，大多上架不久便已售出，若書局未再叫貨補充者，書架上即無新書陳列，則請直接向書局櫃台訂購。 **3.**若書局不便代購時，可於晚上共修時間向正覺同修會各共修處請購（共修時間及地點，詳閱**共修現況表**。每年例行年假期間請勿前往請書，年假期間請見共修現況表）。 **4.**郵購：郵政劃撥帳號 19068241。 **5.**正覺同修會會員購書都以八折計價（戶籍台北市者爲一般會員，外縣市爲護持會員）都可獲得優待，欲一次購買全部書籍者，可以考慮入會，節省書費。入會費一千元（第一年初加入時才需要繳），年費二千元。**6.尚未出版之書籍，請勿預先郵寄書款與本公司，謝謝您！** **7.**若欲一次購齊本公司書籍，或同時取得正覺同修會贈閱之全部書籍者，請於正覺同修會共修時間，親到各共修處請購及索取；**台北市讀者**請洽：103 台北市承德路三段 267 號 10 樓（捷運淡水線 圓山站旁）請書時間：週一至週五爲 18.00~21.00，第一、三、五週週六爲 10.00~21.00，雙週之週六爲 10.00~18.00 請購處專線電話：25957295-分機 14（於請書時間方有人接聽）。

敬告大陸讀者：

大陸讀者購書、索書捷徑（尚未在大陸出版的書籍，以下二個途徑都可以購得，電子書另包括結緣書籍）：

1.廈門外國圖書公司：廈門市思明區湖濱南路 809 號 廈門外圖書城 3F
郵編：361004　電話：0592-5061658　網址：http://www.xibc.com.cn/

2.電子書：正智出版社有限公司及正覺同修會在台灣印行的各種局版書、結緣書，已有『**正覺電子書**』陸續上線中，提供讀者於手機、平板電腦上購書、下載、閱讀正智出版社、正覺同修會及正覺教育基金會所出版之電子書，詳細訊息敬請參閱『正覺電子書』專頁：http://books.enlighten.org.tw/ebook

關於平實導師的書訊，請上網查閱：

成佛之道　http://www.a202.idv.tw

正智出版社 書香園地　http://books.enlighten.org.tw/

中國網採訪佛教正覺同修會、正覺教育基金會訊息：

http://big5.china.com.cn/gate/big5/fangtan.china.com.cn/2014-06/19/content_32714638.htm

http://pinpai.china.com.cn/

★ 正智出版社有限公司售書之稅後盈餘，全部捐助財團法人正覺寺籌備處、佛教正覺同修會、正覺教育基金會，供作弘法及購建道場之用；懇請諸方大德支持，功德無量。

★ 聲　明 ★

本社於 2015/01/01 開始調整本目錄中部分書籍之售價，以因應各項成本的持續增加。

＊ 喇嘛教修外道雙身法、墮識陰境界，非佛教 ＊

＊ 弘揚如來藏他空見的覺囊派才是真正藏傳佛教 ＊

售後服務—換書啓事（免附回郵） 2017/12/05

《楞伽經詳解》第三輯初版免費調換新書啓事：茲因 平實導師弘法早期尚未回復往世全部證量，有些法義接受他人的說法，寫書當時並未察覺而有二處（同一種法義）跟著誤說，如今發現已將之修正。茲爲顧及讀者權益，已開始免費調換新書；敬請所有讀者將以前所購第三輯（不論第幾刷），攜回或寄回本公司免費換新；郵寄者之回郵由本公司負擔，不需寄來郵票。因此而造成讀者閱讀、以及換書的不便，在此向所有讀者致上萬分的歉意，祈請讀者大眾見諒！

《楞嚴經講記》第 14 輯初版首刷本免費調換新書啓事：本講記第 14 輯出版前因 平實導師諸事繁忙，未將之重新閱讀而只改正校對時發現的錯別字，故未能發覺十年前所說法義有部分錯誤，於第 15 輯付印前重閱時才發覺第 14 輯中有部分錯誤尚未改正。今已重新審閱修改並已重印完成，煩請所有讀者將以前所購第 14 輯初版首刷本，寄回本公司免費換新（初版二刷本無錯誤），本公司將於寄回新書時同時附上您寄書來換新時的郵資，並在此向所有讀者致上最誠懇的歉意。

《心經密意》初版書免費調換二版新書啓事：本書係演講錄音整理成書，講時因時間所限，省略部分段落未講。後於再版時補寫增加 13 頁，維持原價流通之。茲爲顧及初版讀者權益，自 2003/9/30 開始免費調換新書，原有初版一刷、二刷書籍，皆可寄來本公司換書。

《宗門法眼》已經增寫改版爲 464 頁新書，2008 年 6 月中旬出版。讀者原有初版之第一刷、第二刷書本，都可以寄回本公司免費調換改版新書。改版後之公案及錯悟事例維持不變，但將內容加以增說，較改版前更具有廣度與深度，將更能助益讀者參究實相。

換書者**免附回郵**，亦無截止期限；舊書請寄：111 台北郵政 73-151 號信箱 或 103 台北市承德路三段 267 號 10 樓 正智出版社有限公司。舊書若有塗鴨、殘缺、破損者，仍可換取新書；但缺頁之舊書至少應仍有五分之三頁數，方可換書。所有讀者不必顧念本公司是否有盈餘之問題，都請踴躍寄來換書；本公司成立之目的不是營利，只要能眞實利益學人，即已達到成立及運作之目的。若以郵寄方式換書者，免附回郵；並於寄回新書時，由本公司附上您寄來書籍時耗用的郵資。造成您不便之處，再次致上萬分的歉意。

正智出版社有限公司 啓

國家圖書館出版品預行編目(CIP)資料

金剛經宗通／平實導師述. -- 初版. -- 臺北市：
正智，2013.01
冊； 公分
ISBN 978-986-6431-33-3（第 1 輯：平裝）
ISBN 978-986-6431-37-1（第 2 輯：平裝）
ISBN 978-986-6431-38-8（第 3 輯：平裝）
ISBN 978-986-6431-39-5（第 4 輯：平裝）
ISBN 978-986-6431-48-7（第 5 輯：平裝）
ISBN 978-986-6431-49-4（第 6 輯：平裝）
ISBN 978-986-6431-50-0（第 7 輯：平裝）
ISBN 978-986-6431-51-7（第 8 輯：平裝）
ISBN 978-986-6431-60-9（第 9 輯：平裝）
1.般若部
221.44　　101007242

金剛經宗通——第八輯

著 述 者：平實導師
音文轉換：劉惠莉
校　　對：章乃鈞 陳介源 孫淑貞 傅素嫻 王美伶
出 版 者：正智出版社有限公司
電話：〇二 28327495 28316727（白天）
傳眞：〇二 28344822
111 台北郵政 73-151 號信箱
郵政劃撥帳號：一九〇六八二四一
正覺講堂：總機〇二 25957295（夜間）
總 經 銷：聯合發行股份有限公司
231 新北市新店區寶橋路 235 巷 6 弄 6 號 4 樓
電話：〇二 29178022（代表號）
傳眞：〇二 29156275
初版首刷：二〇一三年七月三十一日 二千冊
初版七刷：二〇二〇年十一月 二千冊
成 本 價：二五〇元